JN336266

Mark Kanzer and Jules Glenn
Freud and His Patients

「ねずみ男」の解読
フロイト症例を再考する

マーク・カンザー＋ジュール・グレン |編|

馬場謙一 |監訳|
児玉憲典 |訳|

金剛出版

Freud and His Patients
edited by
Mark Kanzer, M.D. and Jules Glenn, M.D.
Copyright © 1980 M. Kanzer et al.
Japanese translation rights arranged with Jason Aronson
through Japan UNI Agency, Inc., Tokyo
Printed in Japan

目　　次

第Ⅰ部　症例：ねずみ男

第 1 章　ねずみ男の転移神経症〔マーク・カンザー〕……………………………… 9

第 2 章　強迫性の発達における自我機構——動作パターンの相互関係にもとづくねずみ男の研究——〔ジュディス・S・ケステンバーグ〕……… 19

第 3 章　再びねずみおよびねずみ男について〔レオナード・シェンゴールド〕…………………………………………………………………………… 63

第 4 章　ねずみ男の精神分析に関する考察と推測〔スタンリー・S・ワイス〕…………………………………………………………………………… 95

第 5 章　症例ねずみ男における誤同盟の次元〔ロバート・J・ラングス〕…… 111

第 6 章　ねずみ男に対するフロイトの《人間的な影響力》〔マーク・カンザー〕……………………………………………………………………… 133

第 7 章　統合的要約〔マーク・カンザー〕………………………………… 143

第Ⅱ部　要約と全体の結論

第 8 章　人間関係における新しい次元〔マーク・カンザー〕…………… 153

第 9 章　結　　論〔マーク・カンザー，ジュール・グレン〕……………… 179

第 10 章　フロイト症例の概要〔ハーヴェイ・ビザァラー〕……………… 183

文　　献 ……………………………………………………………………… 201

解説として：『再検討』の再検討：フロイト臨床の実態とフロイトの〈原〉技法
——相互主体性（Intersubjektivität）——………………… 及川　卓　209

監訳者あとがき ……………………………………………………………… 233

「ねずみ男」の解読

―― フロイト症例を再考する ――

第 I 部

症例：ねずみ男

第1章

ねずみ男の転移神経症

マーク・カンザー

　「ねずみ男」としてよく知られている論文は、フロイトが記した古典的な『強迫神経症の一症例に関する覚え書き』(1909)であり、それは精神分析の理論と技法の初期段階を代表するものである。クリス(Kris 1951)が指摘しているように、そこでは当時一般に行われていた患者に対する「顕著な知的教化」に力点がおかれ、転移の中での再体験(分析がのちに獲得することになるもの)については、あまり力点がおかれていない。しかしフロイトは、この論文においても、転移が効果的な治療作因であることを強調している。しかしながら、分析的思考の発展という観点から興味深いのは、当時彼が、ねずみ男と自分自身のやりとりの多くにひそむ転移の意味合いを明確には理解していなかったということである。分析技法のこの段階を再検討してみると、当時必要と考えられ、また分析家の「鏡としての役割」と相容れると考えられた知的教化の多くが、実際には少なくとも無意識のレベルでは抵抗の認識であり、また、治療者に対する患者の態度を変えさせようとする多少とも能動的な介入であったように思われる。論文『ねずみ男』には、フロイトが患者の心を探究した直観的過程について研究し、将来分析的な見解がとるべき方向を決定した臨床経験について研究するための、すばらしい資料が含まれている。

　フロイトは、みずからの方法論を示すに当たって、「かつて分析家だった」アルフレッド・アドラー(Adler)の名を挙げて、彼が患者が最初に語ることそのものの特別の重要性を指摘していることを紹介した。そして、ねずみ

男が最初に話したことにみられる同性愛的対象選択の証拠をもちだして，この考えを確証している。しかしながら，フロイトはこのことから，転移が発達しつつあることを明確に推測しはしなかった。さらにまた，当時，同性愛は，自我や超自我の機能と結びつけられていなかった。たとえばねずみ男の話しはじめの言葉はある友人のことにふれており，ねずみ男は，なにか犯罪的な衝動に苦しめられるときまってその友人のところに行って，自分のことを犯罪者とみはしないか知ろうとした。しかし，この友人は，彼が間違いなくすばらしい性格の持ち主であり，単に自分自身を悪く考えやすい癖があるにすぎないのだと請け合って，彼に精神的な支えを与えていた。この導入期の言葉は治療を求める動機を具体的に表現し，また超自我を宥めかつ欺きたい欲求を明確にしている（――ここに抵抗を発見し操作するための間違えようのない焦点が認められる――）が，そのことは，分析のその後の経過から実証される。

　今の時点から振り返ってみると，1回目の分析セッションの残りの部分では，この患者が自由連想の原則に服するという「誓約」を守る際の厳しさに，いくつか疑問を提起しているように思われる。彼は，ごく幼い頃の自分の性的経験について詳細なヒストリーを語ったと報告されている。こうしたことは，彼が『日常生活の精神病理』を読み，そしてまさにそれゆえにフロイトを自分の治療者に選んだという事実と，たしかに関係がないわけではない。これらの記憶は，転移と抵抗に関する最初の力動を明確化しようとする立場からみて，興味のないものではなかった。それらは，観察される恐怖と対になった，窃視空想に満ちみちていた。親に自分の考えが見抜かれるのではないかという幼児期の疑惑についての回想がなされたが，この疑惑は分析と直接関連して生じたに違いない観念であり，それは，父親が息子の内密な空想を知ったとたんに死んでしまうという強迫的な考えを彼が告白した際に最高潮に達した。おそらく，分析家との戦線はこのようにして敷かれたのであった。

　次回の面接では，この患者と，患者の神経症を引き起こした残忍な将校とが出会う有名な話が出てくるが，これは当時考えられたような単なる病歴の

説明ではなく，すでに転移の一開花を示すものであった。皆さんが想起されるように，このねずみ男の物語は，神経症の一軍人をめぐってのものであり，この軍人は食堂での会話が東洋で行われている残酷な刑罰の話に及ぶとひどく興奮した。東洋では，罪人の尻に，ねずみを入れた鉢をかぶせたという。その後まもなく患者は，この異国の拷問をさも愉しそうに語ったこの同じ将校から送られてきた小包みをめぐって，支払いの詳細に関する強迫的な疑惑を発症したのである。

　患者はこれらの出来事を詳しく語っているうちに狼狽のあまり，なんども話を中断して寝椅子から立ち上がらなければならなかった。分析家は，被分析者が言語化できない詳細を言ってやることで手助けしようとした。すなわち，フロイトは，「私は，なんであれ彼が与えてくれるヒントの意味を完全に推測できるように……できる限りのことをしようと言うにいたった」と記している。この当てっこゲーム（guessing game）は，興味深い，思いもよらなかった行動化を生み出すこととなった。この若い男性は，ねずみ刑の重大な詳細を話すにいたったとき，フロイトを，語られたその刑の手順の再現ともいえる会話に引き込むことができたのである。彼は，ためらいながらその齧歯動物がどんなふうに尻にあてがわれたかを語りながら，恐怖と抵抗の表情をみせて，「ねずみは食い破って入り込んだんです……」と叫びつつ，ふたたび寝椅子から立ち上がった。しかし，それ以上言葉を続けることができなかった。このときフロイトは介入し，ねずみが肛門に入ったことを正確に示唆して，ねずみ男が口にできなかった考えを補完したのである。

　実際，分析家はその話をした残忍な将校の役割だけでなく，その犠牲者の身体に侵入したねずみの役割をも演じるように誘惑されていた。分析の原則は明らかに，患者の心が無意識の力によって侵害されているととらえる解釈に役立った——そのまえのセッションで，親たちがかつて自分の心を読めていたのではないかという懸念についてのねずみ男の回想によって，すでに予示されていた点であった——。すなわち，フロイトは記している。「私は彼に，分析のただ一つの条件に従うことを誓わせた，——つまり，脳裏に浮かぶことをことごとく，たとえ不愉快なことでも話すこと……」。この被分

析者は，ねずみ刑について語るときでさえ，この誓約を免除してほしいと懇願した。「私は彼に，私自身は残忍なことをする趣味などまったくないこと，もちろん，彼をいじめたい気持ちなどないことを請け合った」。フロイトは，こんなかたちでみずからにもたらされた微妙な非難に対して，はっきりと感情を込めて付言した。「けれども当然，私の力をこえるようなものは与えることはできない。……抵抗の克服ということが治療の一法則であり，どんなことがあっても，それなしではすまされないのだ」と。

　強迫神経症者特有の狡猾さをもちあわせたこの患者は，分析の原則を何とかして自分自身の目的にふさわしい一道具にねじ曲げようとしたのであり，さらに分析家は，患者が寝椅子から起き上がるのを許すことで誓約に対する違反を大目に見，また患者の心よりもむしろ自分自身の心の内容を漏らすことで，すなわち，彼自身が行為と等価であるような魔術的な言葉である「肛門へ」を口にすることで，その違反に積極的に加わるようにさせられたのである。

　フロイトは述べている。「彼が自分の話をしているときの重要な瞬間のすべてにおいて，その顔はじつに奇妙で複雑な表情を帯びていた。私はそれを，**彼自身が気づいていない彼自身の快感に対する恐怖**の表情としか解釈できなかった」。この快感の完璧な意義は，「……患者は，あたかも当惑しうろたえているかのようにふるまった……。彼はくり返し私に『大尉殿』と呼びかけた……」という事実に着目すれば捉えられていたかもしれない。このことをフロイトは，「……たぶんその時間の初めに，私自身はM大尉のような残忍さは好きではないと語ったがゆえに……」と，（それにとって代わるものは完全に見過ごして）説明したのだった。

　その次のセッションでは，患者はまだ誓約をめぐる葛藤のうちにあった──今度は，この大尉から送られてきた小包みの支払いに対してつくりあげた強迫的な儀式をめぐってのものであった。このために，彼は軍の野営から脱走してウィーンに逃げ，そこで自分の罪悪感に対する慰めを最初はある友人に求め，次にフロイトに求めたのである。そのセッションのあいだに彼がしたこれについての説明は，ここでもそれが単なる回想ではなく明確な転移の含みをもつものだったのではないか，という疑いを呼びおこす。いまや分

析家が残忍な大尉の位置を占めたからには，患者は（治療を受けるという）誓約を新たに破り，ウィーンから逃げ出してキャンプに戻ることを計画していたのではなかったか？　ともあれ彼は，この時間の中でフロイトに，もともと自分は軍に戻るための診断書が欲しかったのだ，軍に戻って，自分の強迫行為を実行する診断書をもらうためにのみ医師を求めたのだと語った。このように人や場所のあいだを行きつ戻りつ往復するのは，このタイプの神経症の特徴である。フロイトは，「何カ月もたって彼の抵抗が最高に高まったとき，彼はもう一度，結局は P ——に旅行し，A 中尉を訪ねて借金を返すという茶番を演じたい気持ちに駆られた」と述べている。

　それにつづく面接ではおそらく，患者の，医師を信じて頼る能力について，内的な議論が続けられたと思われる。彼は，自分の攻撃性や報復的敵意を恐れる気持ちにとりつかれた。彼は，父親の突然の死と，それにつづいて生じた自分自身の罪悪感を思い出して語った。この青年が1時間ほど横になって休んでいるあいだに父親が息をひきとったのである（フロイトに対する死の願望？）。にもかかわらず，彼は父親の死の現実をけっして完全には受け入れておらず，なにか洒落た言葉を耳にするとすぐに「これをお父さんに話さなくては」（分析の取り決め？）と考えているのに気づくのだった。部屋に入るとき，父親がその中にいることを期待した（部屋は分析家の治療室？）。けれども，他のおりには，父親の死をめぐっての自己非難で気持ちがふさぐあまり，君に罪はないと言ってくれる友人の慰めが何より助けになった——これは，この患者がまさに最初に話したことや，自分を信頼していると請け合ってくれる人（フロイトをも含む）を求める気持ちに通じる状況である。無意識的な父親代理としての友人もしくは分析家が存在することは，彼が彼らを殺さなかったことをこのうえなく説得力のあるやり方で証明し，自らの潔白に自信をもたせてくれたものだったのである。

　フロイトはこれに対応して，神経症における観念と感情の関係について長々と理論的な話を続けたが，それは患者に，罪悪感には実際になにか妥当な無意識的正当性があったに違いないことを納得させ，そして自分自身のうちにその自己非難の説明となるものを捜させるためであった。こうして分

析は，この若者が自分で開発した保証や励まし，また他のほとんどの治療法が与えたと思われる保証や励ましの技法とは，明確に区別されることになった。にもかかわらず保証と励ましは，フロイトによって間接的に与えられた。なぜなら，患者が隠れた動機を発見することの価値をたずねたとき，フロイトは，たぶん彼の厄介な感情がそうした方法で除去されるだろうと告げたのである。

　この言外の赦免の言葉の後に，幼児期の不行跡に関する曖昧であやふやな告白が続いた。フロイトはただちにそれをとらえ，幼少期に起きた出来事がまさに最高に重要であること，また，患者が自分で無意識の法則を発見するのだということをくどいほど請け合った（これがどんな意味をもったのか，ねずみ男がすでにフロイトの著作に通じていた点からみて，それほど明確ではない）。この知的な説明には，分析家の側のなんらかの是認や満足のしるしが伴っていたに違いないと思われる。その上，患者は親しみのこもった態度でふたたび自分の自己分析の能力を試すように勧められたのである。実際には，この被分析者は次には疑念を抱くようになり，こんなにも長く続いている病的な観念がフロイトの指示するやり方で本当に解消されうるのかを知りたがった。それに対してフロイトは，彼を高く評価していると言って激励した――フロイトのこの言葉に，彼は「さも嬉しそうに」反応したのであった。要するに，この面接では，理論的説明をはるかに上回るものが治療者によって用いられたのである。

　いずれにしても抵抗は，こうしたやりとりによってやわらげられたと思われる。その次のセッションの初めで患者は，親が自分の考えを見抜けると信じていたという彼がまえに語ったこと（分析家の確かな技量に対する贈り物？）を蒸し返し，そして，父親の死をめぐる幼児期空想をついに告白する勇気を持つに至った。彼は，この追想をいまや事実と認めることができた。フロイトがすでにこのような観念が潜んでいることを推量し，それに対して寛容な態度を示していたからである。しかし，フロイトはまだ満足しなかった。そして「理論的な説明」によるさらなる激励と元気づけののちに，いっそう多くの告白が得られることになった。

フロイトは注で,「患者に納得させることがこうした議論の目的ではけっしてない。こうした議論は,抑圧された内容を意識化させること,葛藤を意識的な精神活動の領域内で進行させること,無意識からの新しい材料の出現を促すことを意図しているに過ぎない」と述べている。ねずみ男はフロイトの理論的説明に反応して,現在ではよく知られている強迫症者のもつ傾向,つまり,基本規則を一層踏みにじり,治療者をさらなる知的説明へと引きずり込もうとする傾向を示した。しかし,この場合にはフロイトは,患者の質問によって自分に仕掛けられた罠を巧みに避け,患者はいくつかの答えを自分で用意しているに違いないので,それを発見するために,自分自身の思考の流れに従いさえすればよいのだ,と述べた。
　一連の連想が続いた。まずは父親には話せないような事柄から始まり,第二に,弟に対する羨望へ,そして第三に,彼がこの弟に銃口を覗くように誘って引き金を引いたという出来事の回想へと続いた。ここで転移の解釈が,積極的にもまた消極的にもなされるかもしれない。相手の心を見抜こうとする互いの無言の戦いのなかで,患者は医師との関係の中で攻撃を意図し,また同時に怖れてもいた。「ねずみ刑」は基本規則のもつ無意識的な意義に完全に浸透していたのであり,そして分析の仕事は,それを暴いて除去することであった。
　こうした事態でフロイトは,弟との出来事の回想は,単に父親に対する敵意を覆い隠すものでしかないと主張して治療を進めた。こうして,隠された攻撃性の問題が前景に保たれた。分析家の理論的な言葉が鋭い探査器となり,患者自身は自分自身の無意識のイメージの中で,追い詰められたねずみのような苦境へとしだいに押し込められていった。こうした緊迫した事態で,彼は自分の「卑劣さ」を嘆く。しかしフロイトは彼に,自分のうちに生き続けている幼児生活の残渣(ざんき)に責任があると考えるべきではないと言ってやって,その苦痛をやわらげた。こんなふうにして患者は,自分が不埒な衝動をもっているにもかかわらず,本当は罪人ではないことを尊敬する友人に保証してもらおうとする習性を,分析的な言葉に置き換えてどうにか表現したのである。

不幸にもフロイトは，強迫神経症の理論的側面を検討するために，この時点でこの症例に関する正式な提示を終えている。ねずみ男はフロイトに，強迫神経症に対するまったく前例のない洞察を与えたのであった。けれどもわれわれは，いくつかの文献から，その後の分析について2,3の詳細な事柄を拾い集めることができる。弟をそそのかして銃口を覗かせたうえ負傷させるという記憶には，紛れもない性的な含意が隠されており，おそらくそれは，患者がひと頃行っていた奇妙な儀式によって明らかにされると思われる。学生時代，また父親の死後，彼は夜中の12時から1時にかけて勉強を中断し，誰かが外に立っているかのようにドアをあける習慣をつくりあげていた。それから彼は，自分のペニスを取り出して，鏡に映ったそれをじっと見つめるのであった。

説明の中でフロイトは，患者が父親に対する両価性を表現していると考えた。夜遅くまで勤勉に勉強して父親を喜ばせようとすること，しかし，同時にまた性的な遊びで父親を侮辱することである。もちろん，この出来事は，以前の弟との出来事の置き換えを示唆している。弟は，偽りの口実のもとに銃（ペニス）を見るように誘われたのである。転移の含意もまたその1時間の面接の中に認められるかもしれない。その1時間の中で患者は，父親の願望（基本規則）への服従と反抗のあいだを行きつ戻りつした。すなわち，以前にわれわれがみたように，分析家の上にのりうつった父親の幽霊に直面するためにドアを開けたり，みずからの露出癖（究極的には性的目的をもって，治療者に告白しようとする衝動）をなんとか抑えようとした。鏡の役割（鏡＝分析家？）においてすらも転移の含意が認められる。

それらの理論的な仮説が真実であることを「[患者に]納得させることができるのは，転移という苦痛な道のりをへてのみであった」というフロイトの言明が正しいことを証明する証拠が積み重ねられていった。患者は夢で，分析家の娘が目のところに糞便の眼帯をつけて立っているのを見た。フロイトはそれを解釈して，彼がその女性と美しい目のためではなく，女性のもっているお金のために結婚したがっていることを意味している，と述べた（もしもこの夢に現れた人物をねずみ男自身とみるなら，ほかにもいろいろな解

釈の可能性が浮かんでくる)。それを補足して，フロイトが権勢ある裕福な男性であり，自分を義理の息子にしたいという気持ちから自分に関心をもったのだ，という空想が浮かんできた。行動化のかたちでこの仮説は検証された。彼はたずねる。「あなたのような紳士がどうして，私のような卑しいろくでなしにののしられるままになっているのですか？　あなたは私を追い払うべきです」と。ついで彼は，寝椅子から立ち上がって歩きまわり，分析家を見，自分の無礼さに対する攻撃が怖いとはっきり言った。彼は分析の規則に違反し，その規則を破棄する好機をとらえたのである。フロイトは最初のセッションでそれとなく残忍な大尉の役割，また肛門に貫入するねずみの役割を演じるように誘われたが，これはそのときよりさらに進んだ状況を示していた。転移の要素は，いまやいっそう明確に認識できるものになった。

　ふり返ってみると，精神分析学発展途上のこの段階では，過去の記憶がどれほど現在の態度によって表現されているか，またどれほど現在の態度の構成要素をなしているかが，まだ十分認識されていなかったといってもよいだろう。以前の出来事の再構成が，直接的な転移の力動的な分析，つまりフロイトがつい先頃ドラの症例で理解するにいたった危険性の力動的な分析よりも優先して導入されたのである。転移分析の適用を彼はまだ完全には理解していなかった。たしかにねずみ男の脚注では，「幼児期の記憶」が歪曲されて後年の出来事と統合される事実について論じてある。けれども，その結果として起こってくる種々の事柄の意味に関して，検討すべき多くのことが残されたのである。

　ねずみ男の症例に認められるように，過去の再構成を優先する態度は，患者を理論的に教化しようとする傾向や，患者に情緒的確信を与える補助手段を見つけようとする気持ちのなかで，大きな役割を演じた。直接的な感情(分析家に対する攻撃や不信)に焦点づけられた転移解釈のほうが，抵抗の感情的核心にいっそうふれやすいし，また，内容解釈のまえに抵抗解釈をなすべきだという原則ともよく適合するのである。にもかかわらず，ふり返ってみると，フロイトが理論的な説明をしながら，巧みに，また直観的に，転移を認識し扱っていたことがわかるであろう。

第2章

強迫性の発達における自我機構
──動作パターンの相互関係にもとづくねずみ男の研究──

ジュディス・S・ケステンバーグ

　本論文は，以前に刊行された，「運動（motility）と思考パターンの観察が，一連の発達段階全般の理解に，またとりわけ強迫機構の発生にいかに寄与しうるか」の立証を試みた論文（1966, p.151）の続編である。当時，私は，ねずみ男の欲動機構を解釈するうえで手がかりとなる動作パターンについて述べた。本論文では，この患者の自我機構の再構成を試みるために，患者の動作および「行為‐思考」（Laban 1960）についてフロイトが記載していることから引用しよう。そのあとで，臨床的な観点からこの患者の発達について一つの説明をしてみたい。

　1966年の論文では私は，フロイトがファルスの果たしている中心的な役割を強調し，そうすることで患者の思考を前性器期的関心からそらして性器期的機構へと方向づけたということを示唆した。本論文では私は，フロイトがねずみのイメージの中で赤ん坊が中心的な役割を果たしているのを突き止めたこと，しかしそれを，停留睾丸を体外に排出したいという患者の気持ちと結びつけはしなかったことを明らかにしたい。私は，空間，重力，時間と関係する動作要因というレイバン（Laban 1947, 1960）の概念や，またその使用と構造（Lamsden 1973）についてのラム（Lamb 1961）の解釈を用いて，次の各節で，いかにフロイトの技法が分析家自身の現実への適応と対象への順応にもとづいていたか（そして現在もなおもとづいているか）を明らかにしたいと思う。

はじめに

　動作と思考とが本質的に一致していることは，とりわけ強迫症者において明白である（Freud 1909）。動作，感情，行為，思考，言語のあいだの一対一の相関をことさらに主張しなくても，これらのシステムのうちの一つのシステムの調節についての情報は，その他のシステムについての研究から引き出すことができる。さらに，それらのシステムは互いに発生的に一致している。たとえば，対象への適応や順応に役立つ動作パターンの成熟は，関連する認知構造の成熟と歩を一にしている（Freud, A 1965, Piaget & Inhelder 1969, Kestenberg 1965, 1967, Kestenberg et al. 1971）。それらは，互いに影響し合って展開し，特定の発達課題を支えるべく互いに強化し合うのである（Kestenberg 1975）。

　1歳代の肛門サディズム期の盛りに，増大した攻撃性が感情，思考，行為の分化を促進する（Hartmann 1939）。最初，子どもの思考は「行為－思考」だが，子どもはそれをゆっくりと「言葉－思考」に変換してゆく（Laban 1960）。それまでもっぱら運動的なものであった防衛は，その作用領域を観念や言語化の領域に移す。強迫症者は，行為－思考で考えまた運動的な防衛を用いるが，彼らの症状はその程度に応じて，イド退行のみでなく自我退行をも示す。彼らはねずみ男がそうであったように，一連の行為を幼児期から成人期の中へと転置する傾向がある。

　すべての精神過程は，ある程度まで運動器官によって強化されるものである（Birdwhistell 1970）。抑圧でさえも，患者が内部でなそうとしていることを外部で表現する，ちょっとした抑えるような所作を伴っている。カンザー（Kanzer 1966）は，行動化が運動の相特異的（phase-specific）な形態に由来していることを示しているのを記載した。アンナ・フロイト（Freud, A 1966）は，強迫的な反復を，反復強迫から生じる前自我的な諸機制と混同しないように警告した。後者の反復強迫では，吸啜やマウジング（mouthing）など高頻度の振動リズムが認められる。前者の強迫的な反復は，保持と，緊張と，排出という肛門サディズム的なリズムをモデルとしてい

る。まさにこのリズムを起源として，強迫症者は子どものように，保持と放棄とを反復によって学習しようとするが，それは，あたかもまだ「分離－個体化」の段階の「ラプロシュマン」亜期にある子どもが，母親と離れたり母親のもとに戻ったりを反復するのと同根なのである（Mahler 1968, Mahler et al. 1975）。

　強迫的となる定めにある子どもの運動機能は，しばしば他の自我機能に先立って発達する。彼らは，動くように促されたり動きを通して学ぶようにせき立てられ，早くから母親にたてつくために，時期尚早に離乳させられるかもしれない。母親との相互作用は，支配を求める戦いに形を変える。通常は障害をのりこえる手段を工夫するために用いられる思考は道を逸れて，自分を閉じ込める大人から逃れる方法を見出すことへと向かうかもしれない。言葉は武器として使われ，学習は防衛的な行為のうちに停留し，愛する大人との同一化は断たれる。争いを差し控え，衝動的な行為のかわりに言語化を促すような親（子どもに求めるだけでなく親自身の中でもそうである親）は，発達の調和的な前進と，葛藤のない学習を促進する。そのような教育的スタンスは，行動化を非難せず，そのかわりに行動を記憶の想起へと変換するのを助ける分析家の立場の原型である。ねずみ男の一連の行動，情動，表情，動作についてのフロイトの綿密な記載は，ねずみ男が早期の学習様式に頼って最初は説明を受け入れなかったことをある程度詳しく示している。フロイトの介入についての詳細な記載は，患者に大人としての学習と適応様式を取り戻させていったそのさまざまな方法を，垣間見させてくれる。

　動作分析の資料に依拠してねずみ男の自我機構を再構成するまえに，彼の欲動機構を評価しようとした私の以前の試みについて簡単に要約しておきたい。

「強迫的な欲動機構の再構成」(1966) の簡単な要約と，ねずみ男の分析への適用

　緊張の変化のリズムは，生涯を通してみることができる。われわれは，成長，分化，統合の連続する諸段階において，あるリズムが他のリズムよりも

優勢であるのに気づく。たとえば，口唇期の振動性のリズム（洞性リズム），肛門サディズム期の保持－緊張－排出のリズム，また，そのあとの尿道期の流出型のリズムがそれである。ある期から次の期への移行に際しては，異なる傾向がたがいに重複したり競合したりする成長危機が存在する。「結果として生じる攻撃性の増大が，分化を高める。性器期衝動の絶えざる流入が統合を促進する。こうした発達的変化の間に母親の果たすべき役割は，より進んだパターンや機構を予見して支持することである」（Kestenberg 1966, p.158）。

　前性器期が経過して，前エディプス期――いわゆる「内性器」期――になると，フロイトがねずみ男においてせん妄（delirium）と呼んだ現象に似た心的不均衡は解決され，内部感覚が発達の内的なオーガナイザーとして機能し，母親は発達の外的なオーガナイザーとして機能する。前性器期の欲動成分と早期性器期の欲動成分の統合が成し遂げられなければならず，また，前エディプス期の赤ん坊願望は，ファルス優勢が支配的となるまえに，「理想的な」ペニス願望と交換されなければならない。

　ねずみ男の神経症について述べた1966年の私の論文に内在しているのは，次のような仮定である。①彼は，口唇サディズム亜期から肛門愛亜期に移行する途中で過剰に刺激された。②彼の攻撃性は，保護者との強烈すぎる戦いによって増大させられた。③肛門サディズム亜期から尿道愛亜期に移行する過程で攻撃性が中和されなかった。④内性器期の間，彼は葛藤する諸傾向が調和的に統合されたなら解決されたはずの，重い心的不均衡に苦しんだ。⑤彼は両価的な肛門サディズム的機構をもって男根期に入った。

　以下のもっと広範な再構成では，私は上述の所見に依拠し，ねずみ男の自我機構に焦点を合わせるために，自我に統制された動作パターン（情動を表出し，防衛と学習のためや，外的現実への適応のためや，対象に到達し諸関係をうちたてるために用いられる動作パターン）を提唱したい。付録に，動作パターンの分類，関係，解釈を説明する表（1, 2, 3）を載せた。

　おのおのの節は，別領域の自我機能に資する動作パターンを扱っているために，またそれらの発達ラインは早期潜伏期へと追跡されなければならないために，ある程度の反復と重複は避けられない。同じことが本論文の最後の

部分にもあてはまるが，そこでは，ねずみ男の早期発達を再構成するために，以前の動作分析にもとづいて臨床資料を照合してある。

ねずみ男の自我機構に対する動作パターンの寄与
——発達的アプローチ——

情動統制

新生児期には，乳児の養育者は，乳児が快適に過ごすために必要とする一次対象（Balint 1960）（空気，明るさ，暖かさ）を提供する。母親は，乳児の欲求のリズム（緊張の変化に表現される）に調子を合わせ，それによってその子が安全を感じ，母親に満足感をもって応えるのを助ける。母親は子どもの呼吸や身体の形に順応し，また子どもが母親のそれらに順応するのを助けることによって，みずからを同一化のモデルとして提供する。二人は呼吸すると，それにつれて，互いに大きくなったり小さくなったりする。こうした相互作用や，緊張と形が変化するなかでの協調を通して，欲求は環境の諸条件と調和したものになり，また，共にあるという最初の運動感覚的な感情と調和したものになっていく。身体諸機能と母性的ケアの統合が，精神内容の最初の徴候を生み出す。新生児期には，情動表出——緊張の流れと形の流れ——のための主なる身体装置が，自我感情を生じさせる（Freud 1923, Kestenberg 1971, Mahler 1971）。緊張の流れの拘束は制止と感じられ，形の収縮は接触の制限と感じられ，それらは共に不快を意味する。自由な流れは動く自由と感じられ，また，形が大きくなることは（たとえば，吸気のとき）自分自身の境界をこえることと感じられ，それらは共に快を意味する（Glaser 1970, Kestenberg 1976）。これらの動作要因は，組織の伸縮性と可塑性にもとづいている。それらは，さまざまなぼんやりした意識状態の中で，しだいに力を弱めていく。乳児は成長するにつれて，活力低下（reduced vitality）という，緊張が中性的なものに感じられ身体が形のないものに感じられる状態——表1の9および9.9——に陥ることが少なくなる。この活力低下は，脱生命（deanimation）の主要な運動成分である（Schossberger

1963）。

　学習中の乳児と教育中の母親の相互作用を通して，子どもの感情の調子はいっそう明確なものになり，中性的な状態は量が減少する。フロイトがくり返し患者の曖昧さ，言辞の不明確さ，あるいはぼうっとした表情に言及したことは，ねずみ男が自分の感情を感じないでいるために中性的な流れを用いたことを示唆している。患者の心の状態に対するフロイトの執拗な関心は，患者が防衛として脱生命を用いたり，情動の平板化を用いたりするのを減少させる助けとなった。

　口唇期になると，赤ん坊は緊張を平らなレベルに保って自分を落ち着かせること，また，緊張をわずかに変化させて自分の位置を再調整することを学ぶ（表1の2および3）。このような自己平静化の技術と連動して，不快なときのしかめ顔から快適な刺激を受けた際の微笑への転換が生じる。乳児は0歳の終わりまでには，首を伸ばし腕を広げて伸びをして，緊張を下げることで自分をなだめることができるようになる（表1の6および6.6）。彼は，ちょっとした強さの緊張や形のわずかな変化を制御することで，母親の表情や仕草を反射することができるようになる。けれども，あまり多くの人にかかわられると，過度に刺激され，眩惑され，みずからの感情を制しきれなくなる。もっと悪いのは模倣のモデルがいないことであり，これは仮面様の顔貌をつくりだす（Spitz & Wolff 1946）。ある程度の脱生命は子どもでも大人でも誰にでも起きるものであって，生命のないものを恐れずに扱うことを可能にする。子どもは，中性的な流れを制御して，それを意のままに引き起こしたり放棄したりできるようになると，生命のないものを蘇生させ，それを，あたかも人や動物ででもあるかのように扱うこともできるようになる。赤ん坊は，0歳の最後の頃には，内外の過度の刺激にさらされると，一時的な意識変容によって，また刺激に対する部分的に失われた防御バリヤーを再確立する脱生命によって，自分自身を守ることができる。世界の生命化（animating）と脱生命は，物の恒常性を学び，母親のもとに戻って噛んだり，触ったり，捜したりする口唇サディズム期の子どもの一つの重要な遊びである。

すべて蘇らせ，ごたまぜにするようにみえる。彼は凝視し，身体をくねらせ，跳び上がり，身をかがめ，突如駆け去り，ぶらぶらと歩く。落ち着き払い，敏捷で，一緒だと喜び，怒り，また，とめどもなくしゃべりつづけ，ついでは，ぽつりぽつりと単音節の言葉でしゃべる。彼の退行発作は特に不穏だが，それは，彼がねずみ男のように「冴えて，すばしこく」なれて，道理を受け入れて大人のように統制できるのを誇りに思うからである。他方，彼は，自分にのみ属している世界のあらゆるものに関して，自分をとても小さく感じたり，逆に大きく感じたり，蔑まれ放り出されているように感じたり，誇大的に感じることもあるかもしれない。彼は，自分の物にはどれにも触ったり乱したりされたくないと強情張りながらも，あらゆることに手を出して秩序を乱すかもしれない。声高にしゃべりまた囁き，種々の感情をないまぜにして表現するので，嬉しいのか悲しいのか誰にも判じ難い。彼の表情は，感情の「二種の交じり合い」のようである。思考を覆う感情的混乱は，ねずみ男のせん妄に似ている。

　2歳半児の不均衡からの回復は，衝突し合う不適切な情動の再統合によって達成される（Kestenberg 1967b）。彼の「せん妄」は，漸進的に，あるいは一気に合理性に取って代わられる。内性器期リズムの流入が，統合的効果をもつ。その特徴的な漸進性は，緊張の低下と結びついていて，忍耐力がついて平静になったという印象を与える（表1の6および8）。子どもはこうした緊張の特質と協調して，あたかも妊婦の態度を模倣するかのように自分の胴体をふくらましたり，伸ばしたりする（表1の8.8および6.6）。母親のように優しくなり，内的な形態感覚を発達させて感情を組織化し，母親が大きくなりつつある胎動している赤ん坊で満たされていると想像し，それを感じとる。彼は母親と同一化して，しだいに，泣き叫んだり衝動的にひっかんだりするよりも，むしろ言語化に頼るようになる。けれども，内性器から発する衝動の鎮静効果は，次のものによって妨害されうる。①あまりにたくさんの攻撃的，前性器期的衝動によって，②母親自身が，緊張が強く，せっかちだったり，もしくは苛立ったりしていることによって，あるいは，③内性器に障害や病気があることによって，である。

そのような場合には，不均衡は長引き，漸進的な解体かそれともストレス下で解体されやすい傾向かの，どちらかが生じてくる。ねずみ男は，この三つの悪条件のすべてにさらされ，結果として，「せん妄」をきたすほどにも混乱しがちとなったのである。

正常な発達においては，内性器から外性器へと放射される非常に強力な緊張の波の到来が，子どもを欲求不満に陥れ，攻撃性を起こさせる。想像上の赤ん坊を追い出してバラバラにしてしまいたいという攻撃的な衝動は，母親との親密な前エディプス期的関係を終焉させる。内性器の否認はファルスへの没頭の先触れとなる。おそらくねずみ男は，均衡（equilibrium）を達成できずに，肛門サディズム的機構の退行的な復活を伴ったまま男根期に入ったのであろう。激しい感情は支配欲求に変わり，赤ん坊が欲しいという願望は糞便への嫌悪によって歪められた。内性器の否認は，停留睾丸にたえず心を奪われていて達成されえなかった。結果としてねずみ男は，女性的肛門的同一化（feminine-anal identification）の傾向を伴って男根期に入ったに違いない。

正常な発達においては，**ファルス的－エディプス期的な**子どもは，母親との二人だけの前エディプス期的関係を諦め，かわりに父親のほうに向きを変える。奔流のように襲ってくるファルス的リズムは，情動に活気に溢れた特質をもたらし，それが母親にまつわる失望という悪感情に対する解毒剤として作用する。いまや優勢なファルス的リズムに内在しているのは，自由な流れにおける緊張の強さであり，それは突然発達し，また同様に突然停止する（表1の2,5および7）。これに先立つ期には内的な形状と感じられたものが，いまや，堅固な係留点として経験される。腰部の短小化と空洞化（るいそう化）（表1の5.5および7.7）は，これに先立つ期で妊娠空想を支えていた長さ（length）と充満（fullness）の感じ（表1の6.6および8.8）を打ち消し，それにとって代わる。男根期の子どもの胴部と骨盤は一つの堅固な構造体となり，頭部や四肢はそれの延長部として機能する。これが，ファルスとしての身体のイメージの基礎をなし（Lewin 1933），それは，妊娠不能な閉鎖系となる。陰性のエディパル空想がこの表象を歪曲させるとしても，

わずかでしかない。男の子は父親のペニスで満たされたいと思うとき，裸の（ペニスのない）母親に，張り切って堅い，母親の賛嘆を得るような大きなファルス的な身体を見せたいと思う。しかしながら，かつての価値を失った，汚らしい肛門的な母親と同一化しつつ貫通が願望されるときは，そのファルス的な閉鎖系に対する永続的な危険と，それに応じた自信や自尊心の低下がもたらされる。その結果生じる，潜伏期にまでうちつづく情動統制の障害は，強迫的な症状の最初のあらわれとなる可能性がある。

　ねずみ男の男根期は，性器期的統合よりもむしろ肛門期的統合のうえに築かれており，彼の男根期は，疑いもなく，ファルス的サディズム的衝動と女性的肛門的衝動の激しい衝突に満ちていた。周期的なせん妄への退行——2歳半児の不均衡を反復していると思われる——は，口唇的，肛門的，尿道的，内性器的，ファルス的な衝動のあいだの混合と交代を生み出した。衝動の過多が，安定した超自我の形成を妨げた。**潜伏期**には通常，自我と超自我の支配下で適切な調和のとれた情動調整（affect-regulation）が生じるものだが，この潜伏期に，ねずみ男の不安定な超自我と，防衛機制に支配されすぎた自我が結合して，情動の強迫的な解離を固定させてしまった。

　患者の顔の表情や動作についてのフロイトの詳細な記載，および患者の感情についての分析は，発達のすべての段階で，ねずみ男の情動調節が損なわれていたことを示唆している。彼は，情動の平板化と締め付けられる感じ，接触を求めてもそれを無効にしてしまう自己表現の調整の下手さ加減，緊張を下げることで自分自身を慰めなだめる能力の低下などを患っていた。彼は，興奮すると脱生命感へと向きを変えたが，それにともなって万能的な自己誇大と自己侮辱とが交互に現れた。彼は不十分な衝動統制——これが彼に，内と外からの攻撃にさらされていると感じさせた——を示しており，また，侵入性（intrusiveness）と対になった基本的な我慢のなさが，彼を性急で他人の気に障る人間にした。母性性（maternality）に欠陥があったために，優しい接近は攻撃と受け取られ，みずからのファルス的な男性性を喜びかつ誇りに感じることに失敗したため，彼は女性との関連では小さな男の子

のように，また父親との関連では女性のようにふるまうようになってしまった。結局彼は，正常な場合には安定した超自我に支配されるさまざまな感情を，安定させることができなかった。

　フロイトは患者に「治療のただ一つの条件」，つまり，基本的な規則——不快なことであれ，重要でないことであれ，無関係で意味のないことであれ，あらゆることを話すこと——を説明し，それによって患者が自分の感情を認識するのを助けた。患者が最初に話したことは実際，分析家の原型である古くからの友人にまつわる，自分の感情についての正確な記載に満ちていた。フロイトは患者の情動に注意を払ったばかりでなく，自分自身の情動にも鋭敏に気づいていた。彼はねずみ男の父親が数年前に亡くなっていたことを知って驚き，また，強迫思考は女友だちだけでなく父親に対するものでもあったという患者の告白に驚かされた。ときおり彼は，自分自身の感情を語り，それによって患者を励まし導こうとした。

　ねずみ男は，情動を歪曲されない自己表現のために用いることは少なかったが，その分むしろ情動を防衛的な目的に利用した。早期の情動操作の形態から，より複雑な防衛的構造が生じてきて，それが絶えず反復されることによって，成熟した適応パターンの学習と展開を妨げた。

学習，防衛，外的諸力への適応

　新生児は，まだいろいろな行為をすることができない。彼は，内外の刺激に対して緊張と形状を変化させることによって応じる。しだいに，空間，重力，時間に適応することを学び，この過程で，現実に向けられた目標が，衝動の圧力によって左右されないように，緊張を調整する。空間，重力（重さとして経験される），時間への関心が，緊張の調節（欲求，欲動，感情の表出）に加わると，子どもは外部と内部に同時に向かうようになる。彼は新たな課題を恐れずにやりとげるために緊張を調節する。行為がもはや防衛的なものでなくなり，学習された技能が自動化されると，**努力**と呼ばれる動作パターン（Laban 1947, 1960, Kestenberg 1975）が，身体の諸機能を気にせずに適応のために用立てられる。フロイトの患者は，自分の説明は，自分自

身の「思考の努力」に似ていると述べた。フロイトの解釈は実際，動作によるこういった適応様式に類似していた。対照的に，ねずみ男の思考は，防衛的行為や学習において用いられる**努力の先駆体**に類似していた（Kestenberg 1967，1975）。フロイト（Freud 1923）およびハルトマン（Hartmann 1939）によれば，防衛は欲動エネルギーで働くが，適応的自我機能は中性的な，もしくは中性化されたエネルギーを利用する。学習が，早期の防衛が利用するのと同一の運動パターンを利用する以上，動作を通しての学習もまた本能的な特徴をもって働くということがありそうである。あらゆる努力およびその先駆体は0歳代で利用可能であるが，**空間の支配**に関わる努力およびその先駆体は，口唇期に，他のものよりも多く実行される。われわれは身の回りの空間に**注意**を払うために，空間を直接仕切って鋭く焦点づけることができるし，あるいは，過ぎさるものすべてに注意を払い，間接的なルートから空間に近づく（表3の1および2）。われわれは，こんなふうに注意を払えるようになる以前は，空間を扱うために努力の先駆体を用いる。われわれは，コースから外れないことを確認しつつ，空間に通り道をつけるために注意を平らに保ったり，あるいは，緊張の流れの中で柔軟に適応し，回り道を求めたりする（表2の1および2）。

　ねずみ男は，勉強や自分の思考に注意を払うのがひどく困難だった。軍事演習の現場からウィーンへの旅と関連する道や村を描いた地図を一瞥すれば，彼の観念作用と行為が同一のパターンをとったことが明らかになる。彼は，郵便局員に借金をしているという事実から注意を撤回した。かわりに，A中尉に支払うという自分の誓いをとげることへと考えを向きかえ，そのために，中尉がどこにいるのかを知ろうとした。フロイトは，彼が中尉を見つけようとしたその村の郵便局員に対してと同じく，地主の娘にも惹かれていることを示唆した。ねずみ男は，率直な直接的なやり方で振る舞わずに，方向転換（チャネリング）を分離の一様式として用い，貸し主の所在を知ろうとして動いた。彼は，もしも自分に与えられた情報すべてを検討していたなら，間接的なルートを用いて旅行のために適切な選択をしていたはずである。その代わりに彼はもがき，事実に手を加え，適当な思いつきに従ったの

であり，事実を知るよりも真実を回避するのを許した防衛的柔軟性を用いたのである。

　ねずみ男の分離と回避の機制が，幼児の空間見当識の学習の仕方とどれほど似ているかを知って，私は強い印象を受けた。最初，幼児は叩いたりはずしたりし，ついで手を見，それから手を対象への道筋をつけるのに備えて平衡状態に保つ（Piaget & Inhelder 1948, Kestenberg 1975）。空間の一部を他の部分から分離して失敗に備える必要がもはやなくなると，手に注意を払うことをやめ，腕は自動的に直接的なルートを選択する。幼児は最初，自分の緊張のレベルを再調整し，動いている対象を視界から消えないよう柔軟に追跡できるように，無関係な刺激を回避する。幼児は，自分の緊張をしかるべく調整して空間の一定部分を回避する必要がなくなると，独りでに自分から動いて，視線は容易に回旋するようになる。ねずみ男は空間見当識を学ぶ過程で阻止されたようであり，自分の目標を恐怖なしに達成するために不合理な分離と回避を用いている。フロイトはねずみ男の「防御手段」を分析しただけでなく，注意深い探索のモデルを与え，また外的出来事の記憶に留意するように励まして，適応的な二次過程の思考を育むこともした。ねずみ男は，空間をめぐる実験に逆戻りしたいという欲求が大き過ぎたために，それを思考内にのみ閉じ込めておくことができず，フロイトの部屋の中を，まるでまだよちよち歩きの子ででもあるかのように歩き回らないではいられなかった。フロイトの介入はこの真剣な活動を組織づけて，ある幼児期の出来事に関する明確な説明に焦点づけた。カンザー（第8章）は，患者の注意を転移の幼児期源泉へと導くまえに，分析家との今現在の相互作用に，もっと直接的に焦点を当てるべきであったと感じている。私は，フロイトがたえず探索の目を不合理行動の源泉に向けていた，という事実に関心をもっている。彼は，幼児的，反復的な防衛的活動を，現在の思考の真の努力（二次過程思考）に転換する助けをしたのである。

　空間の支配——これは論理的思考の基礎となる（Piaget 1930）——は，乳児が行為の外的出来事への影響を評価できるようになるまえに，少なくとも初歩的な段階にまでは発達していなければならない。肛門サディズム期の

よちよち歩きの子は，たえず**重力**と戦うための活動をつづけ，それによって**意図的な**行為が可能になってゆく。彼は，自分の体重や物の重みを評価できるようになると，何とかして自分自身を引き上げようとし，夢中になって物を投げ落とし，小さな物を拾い上げるために指を上手に用いる（表2の3および4）。結果として彼は，初歩的なやり方で強さ（strength）と軽さ（lightness）を用いることができるようになる（表3の3および4）。彼はものごとを自分流儀にやろうとするようになり，また，命令や禁止を内在化するまえに，まずそれらと遊ぶようになる。

ねずみ男は，強い確信をもって行動することができなかったようであった。彼は，命令や禁止をつくりあげ，そして遊びのようなやり方で服従と不従順を行動化したが，それは，母親の躾のための行為を模倣する，よちよち歩きの子を思い出させる。深刻な事柄にも気軽にとりくむ彼の潜在能力は，症状のうちに冗談や言葉の歪曲を編み込む点に現れているが，フロイトがこのテクニックを解釈したときに笑えるようになったのは，治療がようやく終末にさしかかった頃であった。彼は，攻撃者（父親か母親）と同一化して乱暴になり，彼の動作や顔の表情は強さ（strength）よりもむしろ激しさ（vehemence）を示した。彼は暴力に対する反動形成をしてどうにか大人しくなったが，しかし最初は父親のようにのんびりしていなかった。彼は，周囲への力の影響を評価すること，問題の相対的な重要性を計ること，立場をはっきりさせ，自分の確信に責任をとること，などの重力への適応に由来する自我機能を安定させなかった。かわりに彼は，まだ自分自身を現実的に評価するようになっていない万能的なよちよち歩きの子の権力闘争を続けていた。

フロイトは，患者の攻撃者との同一化や反動形成を分析しただけでなく，また「彼の語ることすべてのうちにある特異な不確かさ」（p.167）を記述し，強さ（strength）を育むためのモデルとして自分自身を提供した。彼は積極的に患者のうちに確信の感覚をもたらそうと努めたが，その確信の感覚は，患者が抑圧のうちから再生した資料を自分自身で吟味することにもとづいて生まれてくると思われた（p.181）。彼はまた，隠喩を用いたり物語を話すことによって，論点を押しつけたり議論に勝ったりするやり方を避けて，問題

を気軽に（lightly）攻略する方法があることを示した。ときにはフロイトの理想どおりにはいかないこともあったが，そのようなときには，患者に精神分析理論についての知的な情報を与えたり，また彼自身が議論がましくなることすらあった（p.179）。ここで私が関心をもっているのは，フロイトが患者に伝えたフロイト自身の確信の感覚であり，また，患者の自主的な判断の発達を助けようとするフロイトの一貫した努力である。

　空間や重さを扱う営みが安定と信頼を確立させ，それにもとづいて子どもは時間の中で変化し始めることが可能となる。尿道期には，子どもは**意思決定**に関心をもち，そしてその過程で**時間**を扱うことを学ぶ。ねずみ男の顕著な特徴の一つは，優柔不断であった。彼は，自分の行為を加速もしくは減速（表3の5および6）して時機に合わせることができず，考えが「心に閃いた」ときに思考が自分を攻撃するのを許した（表2の5）。彼は，そのような脅威を避けるために，同じく突然に浮かぶ対抗恐怖的な手段を用いるほかなく，あるいは躊躇することによって危険な決断を打ち消さなければならなかった（表2の5および6）。彼は，駆けまわったりぐずぐずしたりして，人見知りのために突然逃げ出したり部屋に入るのを躊躇する2歳児のようにふるまった。こうした防衛は，時間の意味がまだよくわかっていないときにつくり出される。ねずみ男は，こうしたタイプの学習段階で停滞していたようであり，そして彼の神経症の文脈内では，この水準で現実的なやり方で時間を処理できなかった。フロイトは，彼の対抗恐怖的防衛と先延ばしする防衛を分析しただけでなく，フロイト自身の決断的態度によって，彼が時間を現実的に扱えるように，学習を完成させようと試みた。フロイトは，適切な時期に解釈を与え，不確かなときには解釈を延期することができた。いざ彼が口をきくときには，その確信的な口調はねずみ男の過度の疑惑とは対照的だった。顕著な例外は，フロイトの，「私自身のコンプレックスが原因で起きる」不確かさと忘れっぽさであった。

　内性器期には，子どもはしばしば優しさと躊躇を結びつけるのであり，そしてこの躊躇は，子どもの反動形成に微妙な特質を与える（表2の4および6）。彼は，最初の不均衡の時期ののちに説明を受け入れるようになり，徐々

に同化と演繹をする。このタイプの学習の結果，くつろぎや忍耐は，一方で反動形成や遅延戦術と統合され，また他方で心の軽さ（lightness of spirit）や時間をかける能力（ability to take time）と統合される。これらの**母性性**の主要な要素が，ねずみ男には欠けていたのである。彼はあれこれ心配したり保護するやり方で行為できたけれども，これらの特性を維持することも統合することもできなかった。彼の反動形成は早期肛門期の特徴である不安定をよぎなくされ，彼の攻撃的なタイプの防衛は，他者への配慮の気持ちにははるかに勝っていた。フロイトは，腹を空かせたこの患者に食事をとらせたり彼を褒めたりしたとき，自らの母性性を自由に表出した。今日の標準に照らせば，こうした行為は治療的とは考えられないが，しかし，フロイトが示したような親切な，許容的な，疑似母性的な態度は，今も基本的な精神分析的スタンスでありつづけている。

　男根期には子どもは瞬間的に学び，また突然熱心に問題にとりかかる（表2の5）。彼の突然の穏やかな動作（表2の5および4）は否認を強化し，また彼の抑圧は，突然の激しい行為にのっとって形成される（表2の5および3）。たとえば打つとか叩くとかの作業に用いられる加速と強さの優先的な結合（表3の5および3）は，強烈な感情の爆発の中から展開する（表1の7および5）。ねずみ男は，父親のファルス的な特徴の向こうを張ろうとし，結果的に生じてきた去勢恐怖に反応して，臆病な，肛門サディズム的な女性的な態勢へと退行した。その結果，彼は言い争っては服従し，立ち上がってはせん妄状態になって文字通り倒れるのだった。フロイトの**父親的な**態度——しばしばこれは，遅延なしの実行を求めるフロイトの要請を裏打ちした——は，患者の父親転移を加速し強化したかもしれない。けれども，それはまた，過度の対抗恐怖的，対抗攻撃的な防衛を分析するための基礎ともなっていた。そのような防衛が，合理的な命令や禁止の内在化を妨げていたのであって，そうした防衛の弱化が，患者の厳しい超自我を緩和させる道を開いたのであった。

　潜伏期の子どもは，努力の先駆体を複雑な構造に統合するのであり，そしてこの構造が彼の防衛クラスターや学習技能の基礎をかたちづくる（表2）。

彼は，さまざまの衝突パターン（clashing pattern）を鋭く分化させて，現実の急場に従うべく感情的，防衛的，適応的な機能を分離させる（Kestenberg 1975）。潜伏期に入るやいなや，ねずみ男はいろいろな葛藤をまとめて症状を作り出し，そして，内的現実と外的現実を識別しようとたえず努めていた。フロイトは誤ったつながりを切り離し，その意味にしたがってデータをまとめるのを助けることによって，ねずみ男の葛藤を分析することができた。彼はこのことを，治療同盟に方向性を与えることでなし遂げたが，これは患者を強度の転移神経症から抜け出させて，想起や徹底操作へと導き，さらに現実への適応の学習へと導くものとなった。

防衛，対象と関連した学習，対象関係の形成

緊張の流れのパターンと形態の流れのパターンの本質的な類似性を利用して，身体の欲求や欲動は，対象探索（object seeking）のそれぞれ対応する様式によって組織される（Freud, A 1965）。防衛——これが学習を可能にする——は，自己と対象のあいだの両面交通をつくりだす求心性と遠心性の運動ベクトルによって，方向性を与えられる。外的現実の諸力への適応は，より複雑な多次元的な関係によって組織される。たとえば，間接的な注意は，それが，移動して消える対象を追って広い空間領域に広がりうるときに，活動の余地を与えられる（表3の2および2.2）。

子どもが空間の中で目で追うこと（**チャネリング**）を練習する口唇期には，彼の課題は，水平面で**向き直って**傾いてリーチすることを学ぶときに，葛藤外のやり方で達成される（表2の1および1.1）。彼が差し伸ばす腕は，外部からの干渉に対する**分離**のための防壁となる。ねずみ男が転移の中で父親に打たれている記憶を行動化したとき，「彼は恐ろしい暴力による折檻から逃れようとしている絶望的な恐怖のうちにある人のようにふるまった。顔を両手に埋め，腕で顔を覆い……」。自分の喉を掻き切りたいという彼の衝動は，「目で追うことおよびカットすること」をモデルとした考えであった（表2の1および1.1）。多くの決定因子の中でも，それはおそらく干渉する老女を攻撃したいという衝動に対する防衛を含んでいたと思われる。

身体の**柔軟**な回転やひねり——しばしば**回避**や逃避に用いられる——は，**横への移動**と共に，歪曲や置き換えのモデルとなる。動作に由来するそのような複雑な機制の一例は，赤ん坊のペニスをねずみとみるねずみ男の歪んだ表象であり，彼はそれを，彼自身の身体から，彼の恋人の身体あるいは父親の身体へと置き換えたのであった。
　喉あるいは胸への接近を禁じることによるチャネリングは，あらゆる直接的な自己防衛法で用いられており，いかに敵を迂回し敵に間接的に危害をこうむらせるかを学ぶために，柔軟な回避が，身体から離れたものとの置き換えと一緒に働く。
　ねずみ男が反復した防御方法の多くは，幼い子がはじめて母親と交流しようとするときの試みに似ていた。この交流は，通常，テーブルやベビー用食卓など水平面で行われる（Kestenberg et al. 1971）。赤ん坊の視線は，彼が視線を方向づけ視野から母親を隠す障害物を柔軟に回避するにつれ，部屋を横切ったりまた**はすかい**に移ったりする。結果として，彼は母親を空間に位置づけるだけでなく母親を**直接**つかまえることも学ぶのであり，腕を伸ばし，母親がいるあたりの空間を包むようにする（表3の1および1.1）。そんなふうに空間に母親を保持することは，母親のイメージを枠付けして心に保持するためのモデルとなる。空間内に**広がる**ことを通して母親に**間接的**に近づくようになると，赤ん坊は，たとえ母親が自分の直接的な視線上にいないとしても母親を見つけることができるようになる（表3の2および2.2）。母親を見つけることが，母親がいないときでも母親のイメージを想起するためのモデルになる。しばらくすると，こういった「直接的に取り囲むこと」および「間接的に広がること」というパターンが，現実や空想の中の**コミュニケーション**の手段になる。ねずみ男は恋人ギゼラと，あるいはフロイトと，コミュニケーションをうまくとることができなかったようである。彼はいつも，ギゼラに何とかして近づこうとして夢中になっており，彼女がいないと，母親から引き離された幼な子のように苦しんだ。彼の言語表現はあいまいで，ときには理解し難かった。フロイトは，ねずみ男がみずからの進路においた想像上の障害物の源泉へと彼を導いたが，それだけでなく，直接要点

をついてしゃべるように教えた。そしてまた，果てしなく彼を苦しめ何事も明らかにしない「思考のつながり」を追うよりも，むしろ思考の領域を狭めるように教えた。フロイトは，彼の回りくどい反復性の置き換えを跡付けたばかりでなく，彼の**注意**を**探索**のやり方へも引きつけた。彼の探求のやり方は，間接的なルートをたどって事実に突き当たるというもので，広い範囲にわたって認められた。

　肛門期には，子どもは**上方への**スウィングをともなう穏やかな動作——たとえば，糸くずとかパンくずを拾い上げるときのような動作——を用いることを学ぶ（表2の4および4.4）。彼らは，立った姿勢からかがむために，**力み**（straining）あるいは激しさ（vehemence）を**下方への動作**と結びつける（表2の3および3.3）。それと同時に，上方への動きは穏やかさ（gentleness）に構造を与え，この穏やかさは，押すとか投げ下ろすとかといった動作で用いられる衝動的あるいは防衛的な激しさに対する**反動形成**において用いられる。まもなく，母親の顔を見ようとして見上げること，また母親の身体の下部を見ようとして見下ろすことは，垂直面での**上行**と**下行**によって補足されるようになる。母親によじ登ったり膝からおりたりするのは，母親を所有しまた手放そうとする軽重の努力の表れであるが，その際，垂直面は，大人に子どもの意図を突きつけるための手段となる（表3の4および4.4，3および3.3）。子どもは，自分が考えていることを提示すること，自分自身を理解させること，母親を理解することによって，安定した永続的な自己表象や対象表象を構築できるようになる。

　ねずみ男の人間関係の安定性は，振動（oscillation）によってむしばまれた。彼は理解を求める強迫観念を発達させたが，しかし，一方では，誰も彼を理解できなかった。彼は恋人を守るために道の石ころを拾ったが，すぐに不合理な行為をもう一つの不合理な行為で取り替えて，その石をもとあったところに戻した。彼は，身をかがめて物を拾い上げ，ついでそれを投げ捨て，そしてまたそれで遊んだりするよちよち歩きの子どものようにふるまい，方向をでたらめなやり方で用いて恋人の無傷のイメージを懸命に保持しようとした。学習はひどく損なわれていて，彼は文章にされたメッセージ

を符号化したり解読したりするのが下手だった。このことは彼自身の説明に，またフロイトの説明に関係した。フロイトの安定性と，自分の確信を組み上げて問題の相対的な重要性を弁別する能力が——患者や患者の家族について，明確なイメージをかたちづくろうとするたえざる努力と一緒になって——ねずみ男に治療的な影響を及ぼし，ねずみ男は，1歳代からの遊びのような防衛を用いることをやめて，**説明**と**理解**という調和的な一群の適応的，対人関係的な方法を用いるように促された。

　尿道期に入ると，子どもたちは，人間関係についての理解から適切な結論を引き出しはじめる。しばしば**突然生じる後方への動き**，また，**前に出ることへの頻繁な躊躇**（表2の5および5.5，6および6.6）は，ラプロシュマン危機（Mahler 1968, 1975）のピーク時にやってくるのであり，このとき子どもたちは，母親から新たに分離しようと努力しはじめる。障害物につまづくのを避けるために後戻りすること，また前に進むことへの心もとなさは，防衛のためにも学習のためにも用いられる。よちよち歩きの子どもは，この期の終わりまでには決断するようになり，その決断にもとづいて，敵から**退却する**ときは**加速**し，友だちに向かって**前進する**ときは**減速する**（表3の5および5.5，6および6.6）。彼らは**操作的な**思考の基礎を把握し，ゆっくり逃げるのは無意味であり，また友だちに向かって突進するのは友だちを遠ざけかねないことを理解したり直感したりする。彼らは，忍耐対性急さと，また押しつけがましさ対内気さとを調和させて，決断や予想を下すことを学んだのである（表2，表1）。その結果彼らは，母親が去るときにはいさぎよく身を引けるようになり，また（昼食後とか朝食前とかの）決まった出来事と関連して母親が戻るのを予想できるようになる。

　ねずみ男は強迫的な行動化のあいだ，操作的に機能することができなかった。彼は2歳児のように性急に突進したり引き下がったりし，躊躇したり，「大人」が自分を導いてくれるのをあてにしたりした。彼は，他の人びとの反応を予想できないようであったし，自分の記憶を信頼せず，また，自分が手にできる資料から結論を下しはしなかった。いとこのギゼラに拒まれると，行きつ戻りつのかたちで，引き下がったりまた彼女のもとに戻ったりし

た。治療が終了するまで，彼はギゼラとの結婚の計画を決定的に諦めることはなかった。フロイトの時間感覚と，法外なまでの**記憶力**と**予想**能力とに助けられて，患者は自分の人生の出来事を，秩序づけ，意味ある関連性をもつように整理しはじめた。ねずみ男は，フロイトに導かれて，自分の家族のめいめいが，いかに時間とともに変わったかを知りはじめた。彼は，過去と現在の切断されたつながりを復旧し，そしてその結果，幼児的願望を捨て，大人の自己表象という高みから決断するようになった。

　内性器期（Kestenberg 1975）になると，子どもはみずからの内性器的衝動を，世界の中の対象に外在化することによって処理する。彼は，対象を求めて前方や上方に向かって手を伸ばし，それを優しく，ためらいがちに，頻繁に動かしてみる（表2の4.4および6.6，4および6）。これに助けられて，彼は見ることも触れることもできない器官のモデルを，外界に作り出す。この過程で彼は，自分自身についての二重のイメージ，つまり赤ん坊としての自分また母親としての自分という二重のイメージを発達させる。母親との関係は，母親に向かう頻繁な前進と上行に反映される（表3の6.6および4.4）。彼は，母親の目標や願望と同一化して，減速と軽い接触といった特質を，良性の母親に関する発達途中の自我理想のうちに取り入れはじめる（表3の6および4）。フロイトは，軽いまたゆっくりとした接近と，患者の思考や行為に関して患者と対峙することを，矛盾させずにやり遂げた。患者はフロイトを尊敬し，フロイトと同一化して，幼児的願望に対する耐性を発達させ，みずから進んで分析過程におけるパートナーになった。こうした背景の中でフロイトはねずみの意味を分析して，ねずみはねずみ男が宿し分娩した子どもなのだと解釈することができたのである。その結果，患者は母親について，現在どうであり過去どうであったかを，話すことができた。

　男根期には，否認と抑圧が組み合わさり，誤った情報の否定，新たな情報の受容，異質の情報の排除がなされるようになる。これら三つはすべて，組織的な学習のために必要なものである（Freud 1925）。これらのものは最初，迅速に後戻りしたり，喜びをもって見上げたり，あるいは激しく押し下げるなどの経験をかたどってつくられる（表2の5および5.5，4.4および4，

表3の3および3.3）。男根期の子どもは父親の指導のもとに自分の行状を改め，何度も「どうして？」と問い，説明を受け入れたり，あるいは退けたりし，また，自分に閃いた考えを人びとに突きつける（表3の6.6あるいは5.5および5とともに3.3）。彼は父親と同一化して妥当な行動をし，過去の経験にもとづいて決断をする。ねずみ男の場合これらの特質は，防衛的な疑惑，合理化，理解強迫によって曇らされた。当時，フロイトは，自分の新しい考えの妥当性をすぐにも患者に納得させる必要があると感じていた。そこで自分の考えをすぐに納得させようとして彼が論じると，ねずみ男はそれに反応してただちに説明したり論じたりした。これらの出来事を除くと，フロイトは，自分の決然とした態度で知識を与える能力と，過去と現在をつなげる能力をうまく組み合わせて使うことができた。患者はフロイトと同一化し，より信頼できる，自信のある資料提供者になった。

潜伏期には，子どもはそれまでに身につけたやり方で葛藤を解決すると同時に，適応するための多くの新しいやりかたを学んでゆく。対象との関係は，あらゆる方向，あらゆる平面で同時に移動できる能力を基盤として形成される。一つの多次元的で堅固な身体像が，感情的，防衛的，適応的な自我機能の多面的なネットワークの基礎となり，この身体像が子どもの自己表象の中核をなす（Jacobson 1964）。ねずみ男の自己評価や自尊心は，葛藤をはらんだ非現実的なものであった。フロイトによる自己分析の勧めと，家族成員についての再検討とが共に働いていて，患者に，古くからの自己表象や対象表象を改変させ，新しい自己表象と対象表象を固定化させることとなった。

フロイトの，適応し関係をつくる能力が，患者との治療同盟の根幹であった。治療によるねずみ男の自我機構の変化は，フロイトの安定した自我特性を背景にしてみると，いっそうはっきりと見ることができる。次に，フロイトの分析の仕事を詳細に吟味し，ねずみ男の神経症を再構成するための手掛かりを，選び出してみたい。ねずみ男の神経症は，連続する発達段階を通してしだいに進み，ついに潜伏期にいたって強迫症状となって発病したのであった。

ねずみ男の早期発達の再構成

　子どもと親がそれまでの失敗を償い，未完の発達課題を仕上げる第二の機会を得る，という発達上の時期がある（Erikson 1959, Kestenberg et al. 1971, Kestenberg 1974）。こうした時期の一つが内性器期であり，それは不均衡とともに始まり，新旧葛藤の相克するそれまでの古い解決法を再統合するにいたる。子どもは――空想の中で――新たな赤ん坊をつくり出すことによって，前性器期のあらゆる過誤を正す。ねずみ男は，前性器期に受けた外傷から立ち直る機会がなかったようである。彼は，想像上の赤ん坊をつくり出し，それによって前性器期と早期性器期の諸傾向の，相特異的な統一を試みはした。けれども彼は，このイメージから，混乱させるサディスティックな特徴を除去できなかった。また彼は，その赤ん坊を放棄して，赤ん坊の過大評価をやめて男根に誇りをもつようになることもできなかった。確かにフロイトは，ねずみが赤ん坊を意味していることを理解したのちに，患者のねずみコンプレックスが消えたことを述べている。けれどもフロイトは，ねずみすなわち赤ん坊を，患者の停留睾丸と結びつけはしなかった。

　ねずみ男の発達に関する以下の再構成では，私は臨床資料を，動作観察者の眼を通して彼の自我機構をみることから得られた洞察と結びつけるだろう。私は，ねずみ男が自分の内性器の欠陥に対処できなかったこと，そのために前性器期的色合いをもつ自我機構の再構築が妨げられ，姉の死というトラウマの克服も不可能になったことを明らかにしたい。

　19世紀のウィーンでは，乳母を雇うことがごく一般的におこなわれており，乳母はひたすら乳児に献身した。そのような養育係りがねずみ男に，良好な欲求充足的，共生的な関係をつくる機会を与え，その後の分離－個体化の諸期に向かう良好なスタートを切らせたと思われる（Mahler 1968, Mahler et al. 1975）。私たちは，0歳代の終わりに事態が変わったという印象を受ける。おそらく彼にとっては，乳母や姉妹，祖母，また家庭内の何人もの乳母たちのイメージを，母親のイメージと融合することが難しかったの

であろう。疑いもなく彼は，独立歩行の練習に乗り出したときから，相反する命令や禁止や処罰を受けるようになったと思われる。生まれつき動作が敏捷で，そのうえ姉妹たちにそそのかされて，彼はいつも叱られてばかりいたに違いない。

　ハイハイしたての子が空間見当識を失って，母親のところに後戻りする道がわからなくなることがある。幼児は，母親の膝で，休息と燃料補給（Mahler & Furer 1963）を得る必要がある。その道に人がたくさんいると空間的混乱は倍加され，子どもは対象喪失にとくべつ傷つきやすくなる。親しい人の姿を見失うと，最初は心が動揺し，ついでぼんやりして遊びが楽しめなくなることがよくある。

　ローレンツ家では，姉妹や乳母たち，女中たち，親類，両親が，この子を抱き上げたり，押しのけたり，ひどく刺激したり放っておいたりして，まったくてんやわんやだったという印象がある。母親が再度妊娠し，父親がまた金がかかると思って困惑したとき，彼らはそれまで過大評価していたこの一人息子から関心を引き上げたかもしれない。そのとき彼は，「いつだって同じことさ。素敵で幸せなひとときなんて，いつも嫌なことで駄目にされるのさ」と感じはじめたのではなかったか。彼はすぐに気がくさって，締めつけられるように感じ，気兼ねせずに注意を向けたり探索したりすることに興味を失ったのではなかったか。自分自身を分離し保護すること，戦略的防衛として回避と置き換えを用いること，また秘密裡の学習方法は，おそらく，当時の習慣であった早くからの躾によって強化されたと思われる。彼が無理に座らされている小児用便器から逃れようとして容器をつけたままひっくり返り，その中身がお尻から滴っている有様が思い浮かぶ。そのような災難が，糞便が動いて身体の中にまた入ろうとしているという後年の空想の源泉になっていなかったろうか。

　口唇期の終わり頃，自己表現は，世話をしてくれる大人の表情の動きや声の抑揚をまねて豊かなものになる。注意深い探索にもとづいて，しぐさと音声による初歩的なコミュニケーションがなされる。私の想像では，当時この幼い男児は，次から次へと人を模倣して，その間を揺れ動くことをよぎなく

されていた。このことが彼を圧倒し，混乱させ，彼が自分の感情を調節するのを困難にしてしまったのではないか。注意を頻繁に乱され，力づくで押しのけられて探索をやめさせられたことがあったと思われる。

　0歳の終わりと1歳の初め頃のこうした暗い状況にもかかわらず，この幼い男児が肛門期のエロス的欲動の派生物をふんだんに利用して，まわりに取り入ったり罰を回避したりしていた徴候がある。この期の赤ん坊の観察から借用すれば，彼が身をよじったり，回転したり，困らせたり，母親を噛んで怒らせたり，なにか禁じられたものを手に入れようとして身体をくねらせて母親の腕から逃れようとしたり，物を落としてはそれをとり戻そうとして泣いたりする様子が，想像できる。母親の顔を叩いたり，目を突いたり，頬をつねったり，髪の毛を引っ張ったりしたかもしれない。彼はてこずらせ屋，目立ちたがり屋であり，おどけたしぐさで，怒った大人の顔を微笑んだ顔あるいは笑顔に変えることもあったであろう。ねずみ男についてのフロイトの生き生きとした描写からは，彼の陰うつな苦しんでいるような外見の下に，やんちゃなこじつけ屋にして巧みな奇術師が隠れており，その者が些細なことを重大らしく思わせたり，重大なことを滑稽なことにしていたことが見て取れる。こうして彼は，通常は眉をひそめるような逸脱行為を，大人にとって面白おかしいことに変えることができた。それにつり込まれた大人は，行為と打ち消しの律動的な遊びを支持し，この遊びが律動的な超自我の基礎を用意したのであろう。大人たちは，簡単にばかげた行動や言葉のこじつけに買収されるものである。

　肛門サディズム期に，手に負えない赤ん坊は「恐るべき」よちよち歩きの子どもに変わる。彼は自己決定の権利を守って，自分の身体，無生の対象，まわりの人びとに服従を命じる。倦怠と戦い，消耗すると襲ってくる脱力感や無力感を克服しようとする。起き上がり，転び，物を拾い上げ，またそれを乱暴に投げ捨てる。失くなったり壊れたりするものもあり，母親に持ち去られるものもある。母親が他の人に注意を向けたり自分を置き去りにしたりすると，母親の「不服従」と不誠実に激怒し，泣き叫んだり，あるいは母親を攻撃したりする。母親に褒められると穏やかになり，賛嘆の表情を浮

かべて母親を見上げる。母親に贈り物をあげ，またそれを取り返す。数え切れないほど母親にすがりつき，抱っこあるいは抱っこして歩くことを要求する。下におろされることは放り捨てられるような感じと似ていて，高いところ（窓の敷居など）から下りるようにと言われると，ねずみ男が抱いたような感情や観念が生じてくる。ねずみ男は，「切り立った断崖の端に立っていたとき……突然，飛べという命令を受けたのであり，それは確実に死をもたらしたであろう」。激しい復讐心に満ちた空想の中で，子どもは母親をちっぽけで無力な存在にして投げ捨ててしまう。母親はまわりの置物などを子どもの不注意や乱暴な扱いで壊されまいとしてきたが，いまや子どものほうが母親を無生の対象物の一つのように扱って，汚したり壊したりしたいと思うかもしれない。彼は，自分自身を行動でなく言葉で表現できるようになるまでは，——ねずみ男のように——恐ろしい勢いで迫害者をなじるかもしれない。「お前はランプだ！　お前はタオルだ！　お前は皿だ！」と。彼は，こうした未発達な観念を，トイレに落ちていく糞便と結びつけるかもしれないし，また，それらを母親と同一視したり，自分自身と同一視したりして，そのあいだを行き来するかもしれない。

　通常，肛門サディズム期には高い緊張状態と安心状態とが交互に現れ，卑小感に代わって楽天的な高揚感が現れる（表1の5および6，5.5および6.6）。攻撃者との同一化は反動形成によってやわらげられ，暴力的な戦いは消えて，——見せたり説明したりして——納得してもらい，理解し合おうと決意するようになる。けれども，こうした自我の成長は，よちよち歩きの子の内的な葛藤が，世話をする者との外的な争いによって強化され現実化されると，退行したり歪曲されたりしてしまう。母親は，清潔を要求し，行儀良くしなさいと命令し，よくない行為を禁じ，厳しい制裁を課してくるが，子どもはそのような支配的な母親と戦いながら，禁じられた願望を母親に投影するようになってゆく。

　肛門サディズム期の盛りに，ねずみ男の母親は男の赤ん坊を出産したが，その際おそらく，P医師の助けを受けたと思われる。幼い男児の心では，母親と医師が汚いはつかねずみ（どぶねずみ）のようなウンコの赤ちゃんをつ

くりだし，父親がその支払いをしなければならなくなった，と考えたのではなかろうか。これはそれほど不自然なことではない。当時，年長になっていたこの子の反動形成は，清潔でいること，赤ん坊を直腸に送り戻すのではなくそれに生き延びることを許すこと，こうして，報復したいという怒りの願望を保護したいという願望に変形させることを中心にしていたに違いない。それと同時に，赤ん坊の自宅分娩によって好奇心がかなり強まっていただろうし，その分娩から閉め出されたと感じてもいただろう。母親の匂いや厭わしい分泌物を目の当たりにして，窃視的な肛門期衝動は増大したに違いない。その結果，反動形成は弱まり，彼の適応機能は，理解しまた理解されようとする彼の努力を妨げた一連の防衛によって侵害された。

　この時期の防衛は，ほとんどすべて行為もしくは行為言語で営まれる。よちよち歩きの子は，首を振ったり，母親の抑揚をまねて「だめ，だめ」と言ったりして，禁じられたことをする心構えをするだろう。彼は，禁止を命令に変えようと努めて，そのような行為を何度も何度もくり返すかもしれない。つば吐き，唇をぶーっと鳴らす音，げっぷ，おなら，などに由来する音声の遊びが，頭韻を踏んだ言葉となる。これらの言葉による防衛はジョークとして始まり，子どもが言葉をより効率的に使えるようになると，ますます複雑なものになってゆく。それらは，内性器期にとりわけ顕著なものになり，子どもは自分で語呂合わせを考え出すようになる。それらは，早期潜伏期の，読み書きの学習が子どもの防衛構造の一部となる時期にピークを迎える。

　ねずみ男は，よちよち歩きの子のような言語歪曲を用いたが，彼の強迫的な行為の中には，1歳代で起きたに違いない出来事から，文字どおり持ち上げ（lift）られたものもあったと思われる。彼は，道で石ころに足が当たると，いとこが怪我をしないようにそれをどかさないではいられなかった。すぐにその考えを馬鹿げたものと思い直し，引き返して，石をもとあったところに戻した。このことは，子どもがつまずくのを怖れて母親が玩具を片付けるといった，日々の養育経験にそっくりと思われる。子どもがその玩具を取り戻して自分がそれに足を当ててつまずきかねないところに戻しておくことも，珍しいことではない。これは反抗の行為であるばかりでなく，物をなく

し，拾い上げ，落とし，叩き，投げ，また物につまずき，またそれを落とすといった進行中の実験の一部でもある。多くの挑発的な行為が，禁じられていることを発見もしくは確認する手段として用いられる。ねずみ男は，症状としての多くの行為において，不成功ながら，善と悪，重要と重要でないこと，自分自身の願望と他者からの命令，攻撃的行為と愛情ある配慮といったものの区別を立てようとしていた。彼は，肛門サディズム期の目標をまったく完了していないかのようにふるまった。彼は，両価性を解消する情動の安定化を達成せず，また，行為と思考の初歩的な弁別（これによって2歳児は恐れずに意図的なロールプレイができるようになる）も十分にはわきまえずに，その後の発達段階に進んだように思える。

　肛門サディズム期から尿道期に移る頃になると，よちよち歩きの子は，以前よりもっと長時間何でも独りでやれるように，頑張り始める。彼はまだ，未知の世界へのおぼつかない旅の最後に，自分を包み込んでくれる信頼できる大人を必要としている。けれども彼は，行為のタイミングやシークェンスの基礎を学ぶためには（表3の5および6，5.5および6.6），あまり干渉されずに実験しなければならない。彼は，「自分でやる」スペシャリストになって，気が向くと逃げてとんでもない方向に行き，呼ばれてもぐずぐずしていて，我慢できなくてまた逃げ出し，目当ての場所を通り越したり，転んだり，お漏らししたりする。以前の段階では彼の実験は支配を求める戦いへと歪められたのであったが，今度は，それはイニシアチブをとるための戦いによって阻止される。「何」をすべきかについての反対は少なくなり，「いつ」どんな継起でどんな方向でそれをすべきかについての反対がずっと多くなる。彼は，イニシアチブをとる戦いに大人が加わると，簡単な合理的決断をしたり行為の結果を予想したりする学習期間を，不当に引き伸ばす。子どもは，交代することを学び他者に譲るかわりに，どんなことでも一番になろうとする。また課題に専念したりあるいはそれに十分時間をかけたりせずに，誰よりも速くやろうとする。母親が戻るのを待つことを学ぶ代わりに，母親が離れると怒ったり悲しんだり，退行してしがみついたりするかもしれない。あるいは母親が去る前に，対抗恐怖的に急に逃げ出したりするかもし

れない。

　ねずみ男の尿道期は，最初から葛藤がありすぎていたように思われる。彼はまだ赤ん坊の弟を羨みまた姉のキャサリンと競い合っていて，退行して，口唇期願望と尿道期願望を混在させ，また肛門期願望とそれに対する防衛を混在させていた。フロイトの母親（彼の祖母？）からフロイトの妻（彼の母親？）の肛門に伸びた1匹のニシンの夢は，2歳児の生活になじみのあるかたちで構成されていた。彼は，人びとへと橋を架け，人びとを，目に見えるつながりによって操作できる，引き出し玩具のように扱う。食物であり，臭い糞便のようでもあるニシン，また水中に棲む魚であるニシンは，驚くほど活発に動きまわるために，彼にとって特別魅力的である。空想の中ではこの魚は，彼自身と母親のあいだ，祖母と母親のあいだの橋であり，彼自身のところに戻ってくるのである。彼は，祖母を引っ張れば母親をつれ戻すことができる（Kestenberg 1971）。この観念は，臍の緒が母と子に属するペニスだ，という空想の前兆となるものである。尿道的な観念形成と内性器的な観念形成が一緒になって，尿の入った睾丸の中を泳いでいる小さな魚（精子－Samen）が立ち現れる（Kestenberg 1968）。歯が滴の垂れる球根（ラン－睾丸）のように見えたねずみ男の夢には，歯肉の中の歯の感じや唾液の分泌，臼歯が生えてきたようにまだ無い睾丸に下りてきてほしいという2歳児の希望，姉たちが歯を潜伏期に失ったように自分も歯（＝睾丸）を失うのではないかという恐怖が，濃縮されて現れている。

　2歳代では，ねずみ男は自分にまだ無い睾丸の役割のことで頭がいっぱいだったに違いない。キャサリンの性器を見たりおそらくいじったりし，それを自分の性器と比べたり，母親の突き出た腹部や父親の大きな（また弟の小さな）ペニスや陰嚢を見たりして，彼は好奇心を刺激され，見たことを，ちょっとした会話の断片と結びつけた。医師と両親はおそらく彼の停留睾丸について話したであろうし，2歳で変化がなかったときには心配したことだろう。彼は，自分には，姉妹たちの欠陥に匹敵するがそれとはまた違う欠陥がある，と思ったに違いない。自分が人とは違っていて誰も自分を救い得ないと思うことは，達成への野心とイニシアチブが最高潮に達する時点で，彼

のナルシシズムに対する大変な打撃であったに違いない。

　ねずみ男が内性器期に入るときまでに，自分がまとまりのある人間だという統合感，独力で仕事をし，愛情対象を疑うよりもむしろ信じる能力は，すでに損なわれていたに違いない。

　通常，母性的な自我はこの期に生まれるが，それは赤ん坊時代のさまざまな記憶のマトリックスや，世話をしてくれる人への一貫した同一化の中から生まれるのである。子どもは自分の身体の中に，子ども――赤ん坊時代の愛する母親への架橋となるような子ども――をつくるもとになるものを探す（Kestenberg 1971）。小さな男児は赤ん坊を自分の睾丸と結びつけて考えるが，それは可動性である点から独立した存在と思われるからである。彼は，母親の赤ん坊を真に自分のものと感じる。赤ん坊が大便と小便からつくられるという以前の考えは，腹部から落ちて消える物と結びついていた。内性器赤ん坊（inner-genital-baby）という観念は骨盤内部の感覚から生じ，そして，弄ぶことができる形のある対象物となって現れる。鼠蹊（そけい）によって引き上げられまた陰嚢の底に落とされる睾丸は，ミニチュアの赤ん坊のように，形のある柔らかなものである。自分の生殖力に対する誇りは，新たな欲動統合――また自我統合――にその特別の特徴を与える主なる要因の一つである。赤ん坊についての探索と好奇心として始まったものが，知識に対する渇望と，新たな発見物についての言語化能力に変換され，決定が内在化をもたらし，そこから疑問が生じて新たな思考の中に反響し，そしてイニシアチブが創造性に資することになり，この創造性を通して出産に関する初期の空想と，もっとのちのエディプス王の叙事詩が作り上げられることになる。

　ねずみ男は，彼にとって不幸にも，内性器期に魅せられる機会がほとんどなかった。そのような機会こそ彼に，創造しようと強迫的に悩まずに，創造的になるように手助けしたであろう。彼の自尊心は睾丸に欠陥があるがゆえに，また姉たちによって母親になりたいという気持ちを否定されたがゆえに打ち砕かれ，彼には葛藤なしに母性的になる機会がなかった。彼は，自分の身体の前部から注意をそらし，退行して，歯・糞便・睾丸のような赤ん坊をつくり出したいと望んだ。噛りさいなむ汚らしいねずみの赤ちゃんは，隠れ

場から出てこない赤ん坊のイメージにそっくりであった。

　ねずみ男が，愛情対象として不妊の女性を選択したのは，彼の空虚感と欠損感の外在化に由来していた（Bell 1964, Blos 1960）。これは防衛の一法であり，3歳児や4歳児が前性器期的・早期性器期的不均衡と戦うのによく用いるものである。ねずみ男にとって外在化は，新たな統合を助けるものとしては十分でなかった。彼は，無傷の身体イメージをつくろうとするときに，前性器期的な，主として肛門サディズム的な組織形態に頼らなければならなかった。失われた睾丸の回復というテーマ，一つではなく二つの睾丸をもつことが，彼の強迫的な観念や行為の多くに反映していた。彼は睾丸を糞便赤ちゃんと，また女性と同じものと考えた。彼は二人の女性に夢中になった。食事を用意してくれた女性と，彼が結婚したいと思った女性である。彼は，一人に定めることができなかった。夢のニシンは，二人の女性を結びつけた。つまり，母親＝良い卵＝健康な睾丸と，祖母＝死んだ卵＝失われた睾丸である。フロイトの娘がそのつながりを切断し，「健康な子ども＝フロイトの科学」の分娩の手助けをしたのであり，このフロイトの科学が患者の不妊を治したのである。フロイトの「生殖力＝治療力」の証であるこの娘は，二つの「糞便の目＝糞便の睾丸」をもっていた（Bell 1964）。ねずみ男は，自分の身体内部のイメージをつくるために，さまざまな身体部分と身体機能の統合をはかろうとした。2匹のねずみ（歯，大便，小便）のうち，1匹（目に見えない卵巣と同等視される内なる睾丸）は，人の直腸に押し入った。いったん体内に入れられるとそれらの動物は，予定日になれば分娩できるその犠牲者自身の所有物となった。そうした空想の産物のすべての中に，男性が母親のように赤ん坊を産みまた分娩できるといった，ユニセックスをつくり出そうとする試みが存在した。私たちは，幼いねずみ男が姉たちに抗して立ち上がり，自分もまた「母親になれる」ことを証明しようとしているのを想像することができる。

　内性器期の到来を告げる不均衡は，言語や思考への前性器期成分の侵入によっても出現する。口唇期的・肛門期的な（oro-anal）音の遊びに，尿道期的様態の表現である流動性が加わり，さまざまな言葉が一緒に流れ，話し言

葉を理解できなくしたり流暢でなくしたりする。前性器期の発達課題，つまりコミュニケーション，理解，操作が初歩的なかたちにせよ可能になるという発達課題が成就されると，内性器期の子どもは母親に導かれて，話し言葉や思考の欲動派生的成分を非性化し再統合する。ねずみ男はまだ不均衡のさなかにいるかのようにふるまっており，その不均衡からみずからを解き放とうと努めていた。彼の強迫的な言葉の遊びは流産したコミュニケーションだったのであり，それが正常な解読を，操作的な手続きではなく当て推量に変えたのだった。自分の回復をめぐって非難したり疑惑をもったりしたのは，彼の欠陥をつくった「梅毒にかかった」父親からの，また治癒の約束をしながらそれを守らなかった医師からの，転移にもとづくものであったように思われる。誓約はユダヤの律法（testimony）に由来し，嘘をつく者あるいは約束を守らぬ者は，彼らがそれにかけて誓いをした睾丸（testicle）をしぼませられるという考えにもとづいている（Silving 1964）。違う男に支払わねばならぬ——残忍な大尉による誤った情報（嘘言？）に力を得ている——というねずみ男の誓約は，自慰に関する彼自身の嘘言をめぐる思いに由来するところも多々あったかもしれない。おそらく，彼はまた自分の健康な睾丸を「お頭」(a head-man)（「大尉」を意味する独語"Hauptmann"の直訳）に擬人化し，それが，もう一方の睾丸に対して陰嚢に「正しく」下りる道を教えない，といって非難したのであった。おそらく彼は，初めて姉の誘惑に応じて自慰をし，（鏡の中で？）自分の睾丸が上がり，もう一方の睾丸を連れて下りてくるかどうかを見たと思われる（鏡の前で自慰をしているときに，死せる父親［＝procreator（訳注——生む人，男親）］が戻ってくるように扉を開け放したままにしておいた強迫行為を参照されたい）。3歳の女児が，下についているもの——開いている扉——を見ようとして鏡を覗くことは珍しいことではない。この年齢の男児は，自分の鼠蹊部についている見えない「扉」に気づくにいたり，そこから赤ん坊が分娩されると想像する。父親の死についてのねずみ男の疑惑には，その構成要素の一つとして，「隠れた睾丸は死んでいるの？」という停留睾丸児のもつ永遠の疑問が含まれていた。注目されるのは，彼の字謎である「GLEJSAMEN」が，自慰に

対する反応として生まれてきたことである。それを分析する際に彼は，文字「E」と（「J」のあとに）かすかに存在している「I」を説明しないことでフロイトを「欺いた」。それらは一緒にすると「EI」という綴，つまり，「卵」＝睾丸を意味する独語になる。同様に，「VIELKA」を「OLD」と翻訳したのは誤りであって，実際にはそれは女性に関して「BIG」を意味している。「WLK」という凝縮は，**狼**を意味するポーランド語の **Wilk** から来たのだろう。狼は，人間の赤ん坊を盗んで森の中で育てると信じられていた（Gesell 1940～1941）。そこから，ねずみ男が，母親や大きな姉と張り合って，子ども（ジュリー？）を盗んで自分の赤ん坊−睾丸として育てるという考えを抱いた可能性が思い浮かぶ。彼のようなやり方で子どもを愛することと，将来の妻として不妊の女性を選ぶことは，前エディプス的母親との同一化の持続的な失敗を露わにしており，また彼が内性器期の問題を解決できないでいることも露わにしている。フロイトが淡々と彼の「欠陥」を受け入れ，彼を助けてみずから作り出した多くの「誤同盟」を理解するようになるまでは，彼はみずからのせん妄的な不均衡から逃れることができず，また解決できない問題を強迫的に解決してしまおうとする欲求から逃れることもできなかった。

　通常，この期の終わりには，子どもは自分の内性器を否定し，母親や赤ん坊を過小評価するようになる。彼は，最後の行為として自分の想像上の赤ん坊を力づくで「分娩し」，こうして自分の内部にあったものを追い出し，「殺害する」だろう。そして，関心を内部から外部に移し，自分の男根，自分自身の男根と父親の男根を過大評価しはじめるかもしれない。ねずみ男の男根期への移行は，前性器期機能と早期性器期機能の正常な統合を達成できなかったことだけでなく，姉の病気と死という事情によっても妨げられた。疑いもなく彼は，キャサリンと性的な出会いをもっただけでなく，彼女のほうが優れていることに何度も腹を立て，彼女が死んでくれたら良いのにと願った。彼は同年齢の多くの子どもたちがするように，姉が死んだ悲しみをその反対物に転じたに違いない。こうして，「WLK」の中の「W」の文字を，姉が歌った「私の心の大きな悲しみ」（独語の *Weh*）という歌と結びつけたことが，自分ながら「ひどく滑稽」に思えた。罪悪感から，姉の代わりに死ぬ

という考えが生じた．彼は，姉が癌を「孕んで」それに殺されたという考えを抱いたに違いない．彼は，蟹のような口唇期的な攻撃性をもつ動物（「蟹」にあたる独語は Krebs ＝癌である）を自分の身体の中に入れるという考えを弄んだ．彼は，父親（＝医師）に対する殺人衝動と，姉（＝いとこのギゼラ）に対する殺人衝動のあいだを行き来した．これらに続いて，自己拷問や自殺の考えが生じた．結果として，彼の自慰は去勢の恐怖や死の恐怖に満ちたものとなり，陰性エディプス的感情を高め，子どもがほしいというかつての願望を蘇らせるものとなった．広範な前性器期的退行が生じ，みずからの男性性と女性性のあいだの男根期的葛藤は歪曲されて，父親と母親に対する両価性と，自分の性的アイデンティティに関する疑惑が生じた．決意や断固たることといった，通常は直面し予期する能力と対になっている決断という男性的な特性は欠けていた（表3）．早期男根期になると，ふつうは統合機能が働くようになるが，これが彼には認められなかった．かわりに，それぞれ肛門サディズム期と尿道サディズム期の特徴である，反復性の質問，評価のし直し，ためらいが，優勢となった．

　通常，後期男根期には，否認された願望の投影がみられ，また，命令や禁止が，新たに分化した超自我に合体する．子どもは，突発的な激情（表2）による攻撃的な父親との同一化から，時間と力の支配（表3）へと前進する．彼は，人目を引こうとし，多くは父親の保護下にスポーツや授業でよい成績をとろうとするようになる．恐怖で後ずさりしたり怖じ気づいたりする代わりに，危険を逃れる才覚，あるいは攻撃の用意としてそれらのパターンを用いる才覚が発達する（表2および3）．衝動の強さは確信の強さと，また高い徳義心をもたらし，衝動が生起するその突然さは，自動的な意思決定のモデルとなる（表3における後成的（epigenetic）なシークェンスを参照されたい）．これらの自我機能の秩序ある進展は，正しいことと誤ったことの区別を介してなし遂げられ，超自我が処罰機能を引き継ぐ．ねずみ男は，日常生活で自動的な評価と選択を可能にする学習過程をまったく完了していなかった．その結果，彼の超自我は歪曲され，許可と威嚇を交互に表す律動的な組織となった．彼は，父親と同一化して父親の命令を内在化する代わり

に，もっぱら前エディプス的，両価的な母親や姉のキャサリンに同一化した。姉のキャサリンを，彼は蘇生させようとしたのである。

正常な発達においては，早期潜伏期における退行（Bornstein 1951）によって，超自我の要求をやわらげ，新たな昇華をつくり上げるための基礎が作られる。口唇性の中から知恵を取り入れたいという願望が生まれ，肛門性から仕事をする巧みな能力が生まれ，尿道性から達成しようとする野心が生まれる。内性器性からは創造に向かう衝動が現れ，そして男根期の子どもの侵入性は，未知なるものの中に深く突き進む能力に変換される。潜伏期の統合と分化の平衡がうまくとれるようになると（Kestenberg 1975），子どもは複雑なクラスターの諸自我機能をすべて同時に用いたり，必要あればそれらを別々の成分に分解することが可能となる。

早期潜伏期におけるねずみ男の退行は，強迫症状を招じ入れる結果となった。学習は損なわれ，彼はそれまでに達成したことをより高い水準でさらに強固なものにすることができなかった。コミュニケーションをし，自分の考えを提示し，論理的に行動を決定する能力は極度に損なわれた。超自我が容易に外在化されるために，ふたたび内在化する必要があった。そこから母親への過度な依存性が生じた。彼は母親のところに行って自分の勃起を訴えたが，その際女の子の裸を見たいという自分の願望と勃起とのつながりを感じていた。

ねずみ男の好奇心は学びたいという気持ちに昇華されず，また知識の探究は，「これは何？」と何度もくり返し問う，よちよち歩きの子に典型的な，強迫的な詮索のかたちをとった。彼の理解力欠如は弱い抑圧によって支えられており，この抑圧が理解強迫をやわらげるよりもむしろ強化していた。この症状は，自分には聞こえなかったが声に出してしゃべったがゆえに両親に自分の考えを知られてしまった，という潜伏期の病的な観念の一変形体であった。こうして，彼のうちに隠されていたものが明らかにされた。隠したいという彼の気持ちにもかかわらず，両親は彼の睾丸のありかを知っていたのだ。両親が子どもにはわからないだろうと思って禁じられた事柄について話しているのを子どもが偶然に立ち聞きした場合，いったいどうなるかがこ

こから読み取れる。早熟なよちよち歩きの子どもが強迫的に質問したり知らないふりをしたりして，分からないだろうと思い込んでいる両親をなぶるのは，珍しいことではない。これは，退行的，報復的な防衛行動の一典型例であり，それが学習を妨げ，潜伏期における内在化を妨害するのである。

　父親はねずみ男を学習障害があるからといって嘲ったり，からかったりした。ねずみ男は，自分の怠惰のために父親が死ぬと考えた（p.300）。他方，彼は学習を性的破戒と同等視した。彼は，姉の死に関して父親を責め，それによって父親を殺したいという自分の願望を正当化した。と同時に彼は，みずからの性的探索と，姉のその後の死とを結びつけた。彼の罪悪感は，彼がキャサリンとの楽しいひとときに学んだことを，女家庭教師や女の子たち相手にやったときに，永続的なものになった。青年期のはじめに彼の危なっかしい防衛が破綻したとき，新たな不均衡が生じたが，それは再統合されることはなかった。彼は，幼い女の子との恋のさなかに，父親の死の観念にとりつかれるにいたった。のちに，彼は家庭教師に失望させられた。その家庭教師は彼の才能を褒めそやしたが，それは姉の一人に関心があったからであり，彼を欺いていたのだった。青年期の終わりに，彼はキャサリンの代理であるギゼラとの恋に陥り，再び父親の死の観念にとりつかれるようになったが，その結果彼の強迫的機構は強固なものになった。心を解体させるせん妄は，父親の死後ずっとたってから，彼が母親や姉代理との関係を取り戻すべく軍隊から帰還する途中に，最高潮に達した。それまで以上に彼は子ども返りして，キャサリンが病気で亡くなる以前の時期を蘇らせるような行為を反復した。彼は，幼い頃に家庭教師や年長の友人たちや父親に依存していたと同じように，フロイトに依存して，自分を助けて死せる睾丸や死せる姉を蘇生させて欲しいと期待した。

結　　論

　以前の論文（1966）で私は，強迫的思考は，リズム（律動）を伴って働く活動に由来することを明らかにしようとした。私は，フロイトが「せん妄」

と述べた人格の解体は，ねずみ男が内性器期に作り上げた脆い肛門的−性器的統合の崩壊の結果であるように思われると述べた。

本論文では私は，情動調節，学習と防衛，現実への適応，人間関係の構築などに役立つ，自我によって統制された動作パターンの成熟の過程を提示した。私はそれらを材料として用い，連続的な発達上の諸期に展開したはずのねずみ男の自我機構を評価しようと試みた。私は，ねずみ男の情動統制は過度だったり不十分だったりを交互にくり返したこと，また，男根期特有の旺盛な活力が彼には欠けていたに違いないことを結論した。選択的な自我退行によって，彼は早期の学習様式を存続させることとなった。症状的な行動化を通して自我と超自我を再構築しようとする果てしない試みは，幼児期活動を過去から現在へと文字どおり持ち上げ（lift），持続させる結果をもたらした。

フロイトの思考と行為の卓越した機構が，ねずみ男が自我を再編成する際のモデルとなった。分析家の，空間と時間に関する原則の厳守，またあらゆる事柄を分析的精査の対象として受容する姿勢の重視が，分析場面に安定性と変動性の平衡をもたらす。この平衡は，精神分析を他の様式の治療法とは異なるものにする要因の一つである。

フロイトが患者に語りかける態度から，今日当然とされる精神分析技法の教義を追跡できる点は，注目すべきである。それは，注意，調査，探索，また意図，決断，直面，また意思決定，時間調整，予想といった，自我の主要な適応機能のモデルとなった（Lamb 1961, Ramsden 1973）。

同様に注目すべきは，フロイトのねずみ男の分析では，たくさんの誤りが犯されながらも，それらが患者の分析を危うくすることがなかったことである（Kanzer 1952, Langs 1976, Zetzel 1966）。このことは，分析はその時点の現実の枠組みの中でおこなうべきという基本的教義を遵守する分析家の能力によって左右されるのであり，その枠組みの中で，空間，重量，時間の恒常性が，分析家と患者によって保持され守られるのである。

私は，ねずみ男の人生における主要な傾向を，発達的資料――動作研究から引き出した――にもとづいて再構成しようと試みるなかで，前性器期と男根期の間の内性器期（Kestenberg 1975）に，彼が前性器期外傷から回復す

る機会があったかもしれないという印象を得た。けれども，彼は母親の新たな妊娠と自分の睾丸の欠陥に対処できなかったために，葛藤し合う諸傾向を，うまく再統合できなかった。通常はこの再統合が男根期の到来を告げるのである。姉のキャサリンの病気と死は，死せるものを蘇らせて生ける赤ん坊・睾丸を産みたいという彼の願望と結びついた，生と死に関する彼の退行的な物思いを強化した。肛門的・サディズム的・性器的機構が，エディプス・コンプレックスの否定的局面を過度に強調し，潜伏期に顕現した学習障害の永続化をもたらした。食物＝ニシン，大便＝お金，睾丸＝赤ん坊＝女性，ペニスなどの象徴としてのねずみの創造は，さまざまなあい葛藤する諸傾向を調停して，症状を作り出す働きをした。反復するテーマは，自分のなくした睾丸＝赤ん坊を取り戻すことであった。その意味を識別不能にしようとする強迫的な試みは，昔日の防衛や行動化を再び引き起こしたが，その中でもっとも共通して認められるのは，妊娠した母親および死んだ姉との強烈な前エディプス期的同一化であった。

補　遺

　本論文を書き上げたのち，私はねずみ男に関するホランド（Holland）の論文（1975）に注意を引かれた。彼の所見に刺激されて，以下にすこし書き加えたいと思う。
　ホランドは，ねずみ男にとってのアイデンティティのテーマを明確にしようとし，それを，「行動の夥しい細部」において追究される，「**良性の脱出**（going out）と**破局的な侵入**（coming in）**を支配したい欲求**」［太字は論者による］と特徴づけた。彼は，言及してはいないが（あるいは知らぬままに？），睾丸の「破局的な侵入」を取り消して失われた身体のその部分の「良性の脱出」（下降）を引き起こそうとする包括的な闘いを仮定した。
　非言語的行動と言語的行動を関連させる発達的アプローチを用いると，中心的なテーマの展開に，各発達期がどのような寄与をしたかを見いだすことができる。一つのテーマの有力なオーガナイザーから，神経症の中核的な問

題が，その多くの決定因を見失うことなく再構成される。

　60年以上まえにフロイトは，ねずみ男のせん妄の核心は，子どもが欲しいという願望から生じていると述べた。患者が，自分の性質のうち悪いものはすべて母方に由来すると語った数日あと，フロイトは「彼は，行動と治療転移において，自分を母親と同一化することができた」と述べて，母親転移というテーマを導入した。患者は昔の夢を想起した。すなわち，「父親が戻ってきた。彼はこのことに驚きはしなかった［願望の強さ］。彼は非常に喜んだ……」。母親は，そんなにも長く不在だったことで父を非難した。失われた先祖（父親－睾丸）というテーマがここでは患者の母親同一化の中に現れている。母親は父親の反対にもかかわらずたくさんの赤ん坊を産んだ。ちょうど2日後に，患者は病気のP医師が死んでくれたらと願ったが，その医師は，赤ん坊皆の分娩に立ち会ったと思われるがキャサリンを治すことができず，また疑いもなく死んだ父親や失われた睾丸を呼び戻せなかった医師だった。すべての観念は病気，死，治癒，復活というテーマに収斂し，行くことと戻ることという身体運動的成分が，思考－努力に構造を与えていた。

表1 緊張およびそれと親和的な形態の特質（affine shape qualities）が結びついて、感情に内容と構造を与える。それらのあいだの親和性の欠如は、安全あるいは怖さを感じることと、安心あるいは不安を感じることのあいだに組織内葛藤があることを暗示する。

緊張の流れ (Tension-Flow)（欲求，欲動，感情を反映する）	形態の流れ (Shape-Flow)（刺激への快−不快あるいは引力−反発といった自己感情を表現する）
緊張の特質　　　親和性のある　　　形態の特質	
強度要因　　　　関連する　　　　広がり要因	
1) **束縛された流れ**（制止）	1.1) **縮小**（不快，撤退）
2) **自由な流れ**（抑制欠如）	2.2) **増大**（快，接近）
3) **緊張の平坦さ**（無関心，単調，安定など）	3.3) **狭窄**（緊縮，尻込み）
4) **緊張のレベルの調節**（感情の加減）	4.4) **拡張**（拡大，探索）
5) **緊張の高強度**（感情の激しさ）	5.5) **短縮**（小さくなる，気落ちした）
6) **緊張の低強度**（感情の弱さ）	6.6) **伸展**（大きくなる，得意）
7) **緊張の突然の変化**（衝動性）	7.7) **空洞化**（からになる，拒まれる感じ）
8) **緊張の徐々の変化**（忍耐）	8.8) **膨らみ**（いっぱいだ，満足した，ありがたいと感じる）
9) **緊張の中性の流れ**（neutral flow）（弾力性の喪失，脱生命，感情の明確さの喪失）	9.9) **中性の形態**（柔軟性の喪失，形がないように感じ，またそう見える，構造を失う）

表2 **努力の先駆体**と諸方向での**空間成形**とが結びついて，とりわけ**人びとや対象**との身体運動的**接触**を確立し維持することと関連して，**防衛**や**学習モード**に構造を与える。これらのパターンのあいだの親和性の欠如は，学習や，接触の達成あるいは放棄のモードと関連して，ある種の防衛間の組織内葛藤を含意する。

努力の先駆体		空間における方向
(a) 欲動に対する防衛のモードおよび (b) 学習モードを反映する	親和的な学習パターン	(a) 対象に対する防衛および (b) 対象と関連した学習のモードを表現する
1) **チャネリング**＝空間で，正確に目で追うために緊張のレベルを平らに維持する 分離，切り離し，明確化の学習に用いられる，直接性 (directness) の先駆体	事柄を明確にし，気散じを妨げる学習	1.1) **水平面の一方向に向き直る** 身体への接近の禁止，気散じを防ぐ
2) **柔軟性**＝空間を移動するために緊張のレベルを変える 回転，回避，連想による学習に用いられる，間接性 (indirectness) の先駆体	連想および一般化による学習	2.2) **水平面の一方向で横に動く** 置き換え，回避，一般化
3) **激しさあるいは力み**＝重さを扱う困難を克服するために緊張を高める 防衛的攻撃で，また問題を克服するための学習で用いられる強さの先駆体	説明によって問題に取り組む学習	3.3) **垂直面の一方向で下方に動く** 挑発，説明するために学習を中断 (put down) する
4) **優しさあるいは繊細さ**＝自信をもって重量に対処するようになって緊張を低下させる 反動形成，緩和 (appeasement)，また抵抗のない学習で用いられる軽さの先駆体	容易な学習，説明の追求	4.4) **垂直面の一方向で上方に動く** 見上げる，喜ばせようとする，指導を求める
5) **突然**＝拍子を取るために不意に緊張を増減する 防衛的な突進や対抗恐怖的な防衛や，また突然の洞察による学習で用いられる加速の先駆体	過去の出来事に由来する解明 (illumination) による学習	5.5) **矢状面の一方向で後方に下がる** 自分を守る用意，後戻り，想起
6) **躊躇**＝時間を延ばすために徐々に緊張を増減する 防衛的延期や，ぐずつきのために用いられ，また熟考するかたちの学習で用いられる減速の先駆体	適切な順序づけや結果の予測によって，段階的な推論をすることを学習する	6.6) **矢状面の一方向で前方に進む** 試みる，新たに始める

表3 努力と諸平面での空間の成形とが結合して，コミュニケーション，提示，操作に身体運動的基礎を与える（Ramsden, 1973）。それらは，二次過程思考，象徴化，演繹的推理を支える認知構造として同時に，成熟する。幼い子どもの観察者たちはしばしば，努力と成形を通して伝えられる運動行動から，そのような決まりが存在することを推測する。努力と形態のあいだの親和性の欠如は，内的，外的な現実への対処と，自己や対象との関係とのあいだの組織内葛藤を示唆している。以下のものの成熟においては，一つの後成的なシークエンスが存在する。

1) 緊張の流れのリズム（表1）　　　1.1) 形態の流れの調整（表1）
2) 努力の先駆体（表2）　　　　　　2.2) 空間における諸方向（表2）
3) 努力（本表）　　　　　　　　　　3.3) 諸平面における成形（本表）

1, 2, 3のあいだの衝突は，欲動，防衛，現実検討のあいだの組織間葛藤を反映する。
1.1, 2.2, 3.3のあいだの衝突は，自己感情，対象志向，多面的な関係のあいだの組織間葛藤を反映する。

努力 Effort		成形 Shaping
外的現実の諸力，空間，重量，時間への対処を反映する。	親和的なパターン	諸対象の多岐にわたる関係を表現しており，それが現実への適応を構成する。
空間努力	コミュニケーションと探求において用いられる	**水平面での成形**（平衡を助ける）
1) **直接性**（注意集中，的に向かう，識別，固視）		1.1) **囲み込み** Enclosing（とくに二者関係における，また，動かない対象と関連しての，小さな空間の探査）
2) **間接性**（全般的な注意，変化への油断のなさ，傾聴）		2.2) **広がり** Spreading（とくに多様な関係における，また，動いている対象と関連しての，大きな空間の探査）
重量努力	提示，理解，説明において用いられる	**垂直面での成形**（安定を助ける）
3) **強さ**（意図，決断）		3.3) **下行**（人びとと向き合う協力を求める）
4) **軽さ**（意図，軽い接触，気配り）		4.4) **上行**（熱意をもって人びとと向き合う，その人たちのものを尊ぶ）
時間努力	操作，手続きにおいて用いられる	**矢状面での成形**（移動を助ける）
5) **加速**（あいまいでない，選択肢のない決心）		5.5) **退却**（過去の経験に基づく帰結の予測，終了）
6) **減速**（ゆっくりとした決心）		6.6) **前進**（活動の帰結の予測，開始）

第3章

再びねずみおよびねずみ男について

レオナード・シェンゴールド

　私は以前の論文（Shengold 1967）で，子どもの頃に外傷体験を受けた——つまり，結果として自我退行や自我歪曲，また口唇サディズムや口唇マゾヒズムへの固着や退行をもたらす体験をした——ことがある大人の食人徴候（cannibalistic manifestations）についてとりあげた。この食人徴候には，肛門領域の特別の傷つきやすさと関連するむさぼり食われる恐怖と願望，過剰に刺激された状態と関連する特徴的な「食人的」怒り，過剰な刺激を与える経験の反復を求める傾向——また，こういったものすべてに対処するのに必要な膨大な防衛的努力，すなわち，広範かつ強烈な分離（垂直な自我分裂と関連する分離），自己催眠状態，否認と虚偽，衝動を他者と自分に交互に向けかえること，が含まれる。こういった人びとは，食人経験を反復したい，またそのかどで処罰されたい，という，相反する欲求に奉仕する分裂した超自我をもっている。私はこのような患者を「ねずみ人間」（rat people）と呼んでいるが，それは彼らが，フロイトの患者であるねずみ男のように，過剰刺激と食人の含意を表すために齧歯動物のイマーゴを用いているからである。本論文では私は，ねずみという象徴を探究し，またねずみ人間における自我歪曲についてさらに進んだ見解を述べてみたい。

ねずみ，食人，過剰刺激

　まず，ねずみ，口唇サディズム，過剰刺激を結びつけている文献の引用か

ら始めよう。オクタブ・ミルボー（Octave Mirbeau）の『拷問の庭』がそれであり，私はこの本が，フロイトの有名な患者，ねずみ男（Freud 1909）に取りついた物語の出典だと信じている。この物語は，サディスティックな陸軍大尉によってねずみ男に語られた。

　　「私は，東洋で行われているある特別恐ろしい刑罰について**読んだ**［太字は論者による］ことがあります……罪人が縛られ……その尻に鉢が伏せられ……その鉢の中に**ねずみが何匹か**入れられる……（しゃべっているのはねずみ男であり，このように言葉にためらっているのはねずみ男である）……そしてねずみたちは……」──彼は再び立ち上がり，あらゆる恐怖と抵抗のしるしを示していた──「**食い破って入る**んです……」──肛門の中にですねと，私［フロイト］は補足してやった。

　カンザー（Kanzer 1952）は，フロイトが補足したこの言葉を，フロイトの逆転移の証拠として引用している。「肛門の中に」と口にすることの難しさは，それがミルボーの物語の中でもはっきりと述べられていないことに示されている。私はこのはぐらかしは，肛門帯域の食人的な「傷つきやすさ」から引き起こされる特別の抵抗を示していると考えるのであり，この帯域は，自我消滅（ego dissolution）にまでいたりうる圧倒的な刺激（呑み込まれた存在，食い尽くされた存在として経験する）を受けやすい主なる場であるように思われる。

　『拷問の庭』は，ねずみ男が大尉と出会う7年前，1899年にパリで刊行された。当時，この本はヨーロッパで広く読まれ，ポルノ本として悪評高かった。しかしこれは，真摯な芸術家が書いた作品である（Wilson 1950）。この本には，ねずみ刑に関する，一つの山場にもなっている話が描かれている。その庭は中国の庭であり，拷問吏は中国人である。そこで拷問にとりつかれたクララなるヒロインが彼に問うのである。「ねずみ刑って何なの？……それ，説明して下さらない？」（ねずみ男のためらいとそっくりのためらいに注目すべきである。こうした間は，分離の試みであると同時に貫通されるべ

第 3 章　再びねずみおよびねずみ男について　65

き穴の提供であり，すなわち「蠕動性（ぜんどう）の言語」である。）

　拷問吏は答える。「素敵なご婦人よ，罪人の男を一人……それとも他の誰でもいいのですが……なるべく若くて頑丈な男，筋肉が隆々とした男をつれてくるのです。それは次の原理によるのですよ。つまり，力が強いほど闘いは激しく——また闘いが激しいほど苦痛が大きいってこと。さあ，私の言っていることがおわかりですか。それから，底に小さな穴のあいた大きな鉢……植木鉢ですよ，奥さま……その中にすっごく太ったねずみ*原注1 を入れるんですよ。そして，獰猛さを煽るために，2，3 日餌を与えないでおくといいんです。で，このねずみの入った鉢を，大きな放血用の吸い玉のように，腰の革製のガードルにつけた丈夫な紐で罪人の尻にぴったり縛りつけるのです。ああ！　いまや鉢が激しく打ちふるえる！」彼は，うすく閉じた瞼の隅から，自分の話がどんな効果を与えているかと，意地悪く［彼女を］見た。「で，どうなって？」，クララはそっけなく言った。「それから奥さま，その鉢の小さな穴に入れるんです……何をだと思います？」男は両手を揉み合わせ，おぞましい笑みを浮かべて言葉をついだ。「そこに鉄の棒を，炉の火で熱した真っ赤に輝くやつを入れるんでさあ……で，そいつを入れると，どうなります？　さあ！　何が起きるか想像なさいまし，奥さま」。「ねえ，つづけて，おしゃべり好きさん！」……「ちょっとのご辛抱でございますよ，奥さま……それでね，鉢の穴に鉄の棒，真っ赤に熱した鉄の棒を入れると……ねずみは棒の

＊原注 1　『ねずみ男』の版（以下およびフロイト 1909 年を参照）では，1 匹のねずみが「数匹のねずみ」になっている。これがフロイトによる歪曲なのか，それともサディスティックな大尉による歪曲かはわからない。この増加は何を意味するのであろうか？　多くのことが考えられる。つまり，防衛的なもの（たとえば，不明瞭にすること）や，また曝露的なもの（たとえば，女性的シンボルとしての 2）などである。一つの防衛的な意味は，咬みつく男根としてのその **1 匹** のねずみから距離をとることを含んでいる。ねずみ男は，「ねずみ刑」と「ねずみ（複数）への罰」の両方について語っているが，ねずみが単数になると，明らかにそれは男根的である。つまり，「彼がコンスタンツェにねずみ（the rats）を望んでいたとき，彼は 1 匹のねずみが彼自身の肛門を噛んでいるのを感じ，またその視覚的なイメージを持っていた」（Freud 1909）。

灼熱と目もくらむ輝きから逃れようとするんです。ねずみは狂ったようになり，興奮して跳ねまわり，跳び上がり，男の肉の上を這いまわり，疾駆し，最初は肉をくすぐり，それから爪で引き裂き，鋭い歯で噛みつき，引き裂かれて血だらけの皮膚に出口を捜すんです。でも，出口はないのですよ。最初は狂乱状態で，どこにも出口が見つからないんです。で，巧みにゆっくりと操作される鉄の棒はなおもねずみに迫り，ねずみを脅かし，その毛皮を焙るんです。その大いなる利点は，ご存じですよね。どうやってこの最初の操作をできるだけ引き延ばすかにあるんです。なぜって，生理学の法則が教えるところ，人間の皮膚には，くすぐりと噛むことの組み合わせほど恐ろしいことはないからです。それで人が発狂するってことさえあるんですよ。彼は泣きわめき，もがき，身体は……波打ち，歪み，あえぐ両肩は打ちふるえます。でも，彼の手足はしっかりと鎖で固定され，鉢は紐で固定されているんです。そして，罪人の男の動きはねずみの怒りを煽るだけで，しばしばその怒りに血の興奮が加わってね。それは壮烈なものでございますよ，奥さま。最後にはね，そう，あなたさまがこのすばらしい，気持ちのいい話のクライマックスを知りたがってるのが，私にはわかるのですがね。最後には——灼熱の棒に威されて，また狙いすました何回かの巧みなあぶり刺激のせいで，とうとうねずみは出口を見つけるんですよ，奥さま。ああ，ああ，ああ！……いいですか，私の拷問にあなたさまが関心をお持ちなすって，誇らしく思いますよ，私は。でも，お待ちなさい！　ねずみは男の身体に突入するのです。狂ったように開口部を掘るんですよ，地面を掘るのとそっくりに爪と歯で広げてね。そしてねずみはガーガー鳴き，窒息し，それは犠牲者と同時で，犠牲者も半時の言い知れぬ，比較を絶した責め苦ののちに出血死に終わるんですよ——それは苦痛がひどすぎることによるのでもなく，恐ろしい狂気が原因の鬱血によるのですらもないんだ。どの例でも奥さま，この死の最終的な原因が何であれ——確信なさいますでしょう，それが途轍もなくすばらしいってことを！」

ここには，ねずみ男の強迫観念と結びついた肛門性愛と口唇サディズム的

リビドーが表現されており（ねずみ男はフロイトに，自分がN大尉と出会う前の1906年に見た，東洋風の拷問にかけられている夢を語った），また，過剰刺激と食人の意味合いも示されている。最初，ねずみは灼熱の鉄の棒で過剰刺激され（全体を通しての危険は，肉を食い破る力をそなえた男根に貫き侵入される危険である），「狂乱し」，人肉を引き裂き，**噛みつき**，「引き延ばされた」，「恐ろしい……くすぐりと噛みつきの組み合わせ」で犠牲者を耐え難く過剰刺激したのちに，ついに食人的な肛門への貫通を果す。ねずみも犠牲者も両者ともに，過剰刺激されたあげくに死ぬ。両者とも，いや増していく責め苦に相対して，なすすべもない。犠牲者がねずみに食べられ肛門から貫通されるというこの物語の本筋は，灼熱した棒とねずみ（この場合には犠牲者としてのねずみ）の関係においても置き換えのかたちで存在しているが，象徴的にはそれは，熱せられた鉄の棒と底に穴の開いた植木鉢によっても示されており，さらに刺激を減じたかたちでは，この主題は，拷問吏が夢中になって興奮しきっているクララにじらすようなやり方で物語をしゃべるという，話の仕方の中でも反復されている。

歯のキャリアーとしてのねずみ

ねずみ（rat）とか**齧歯動物**（rodent）とかという言葉は，歯を暗示する概念にもとを発している。それらは，かじるとか食い尽くすとかを意味するラテン語の **rodere** に由来する。関連する語根は，引っ掻くを意味するラテン語の **radere** や，歯を意味するサンスクリット語の **radona** である（ウェブスター大辞典，1960）。

ねずみのイマーゴは，口唇サディズム現象や口唇マゾヒズム現象（**歯現象**）の研究において中心的なモチーフとなっている。レヴィン（Lewin 1950）は，薬剤性昏迷でみられる退行にふれて書いている。「食べられたいという願望はときとして，威嚇してくる大小の動物のせん妄性幻覚の中にはっきりと現れてくる」。ねずみは，振戦せん妄患者の幻覚ではごくありふれている。ねずみは，リビドー発達のある水準からある水準へと，一つの性

感帯から別の性感帯へと，噛んだり噛まれたりしながら，行きつ戻りつ這い歩く能力の備わった「歯のキャリアー」である。ねずみは，まず第一に食人的である多くのイマーゴ，つまり破壊的な歯のキャリアーのもっともありふれたものの一つである。そのような歯のキャリアーには，野生の狼，蛇，クモ，巨大なスフィンクス，吸血鬼，狼人間などがある。これらは，噛み，吸い，噛み砕き，むさぼり食う生き物である。「われわれは，むさぼり食われる，切り裂かれる，あるいは切り刻まれるという子どもの恐怖を……その精神生活の不変の一構成要素とみるにいたる。そしてわれわれは，人食い狼や……神話やおとぎ話のあらゆる邪悪で怪奇な生き物が，個々の子どもの空想の中で跋扈し，無意識的影響力をふるっているのを知っている」（Klein 1933）。

　ねずみはずいぶん古くからいる動物である。氷河時代の化石の中にねずみと人間の死体が一緒に発見されている（Zinnser 1935）。ラット（ねずみ）そのものについては古典文学や聖書文学ではふれられていず，**マウス**（はつかねずみ）という言葉が，この両種の動物を意味するものとして用いられた。マウスとラットを区別しない患者もおり，より頻繁には，マウスのほうが優しい（あるいはより破壊的でない）含みをもっている。たとえば，いくつかの言語では，陰毛のシンボルや感情を表す言葉として使用されている。けれども，もっともしばしば，マウスは犠牲者としてのねずみ（ラット）である（たとえば，フンパーディンクの『ヘンゼルとグレーテル』の第3幕での魔女の歌，「子ねずみちゃんおいで，私のお家においで」におけるように）。また，臨床例（本論文であとでとりあげる患者1）を参照されたい。とくにねずみ（ラット）という呼称は，ヨーロッパの言語では，12世紀および13世紀にアジアから黒ねずみ（black rat）が大々的に侵入してきたのちに，はじめて採用された。おそらく，この黒ねずみが広く生息していた土着のねずみを絶滅させ，また破壊的な中世の伝染病をもち込んだのであろう（『エンサイクロペディア・ブリタニカ』1961，第18巻）。18世紀の初期には，どぶねずみ（brown rat）のMus norvegicusがヨーロッパを這いまわり，今度はそれが世界のほとんどの地域で黒ねずみを絶滅させた。

人間とねずみ（ラット）の類似性は一般に，種内の破壊的競争性が両者に備わっていることと関連して，しばしば指摘されてきた。ローレンツ（Lorenz 1966）はねずみのうちに，いまや人類の脅威となっているもののモデルとして，「一社会の他の社会に対する集団的な攻撃性」が認められることを指摘している。両種とも，種内**殺戮的**攻撃性を明白に示している。「どぶねずみによる黒ねずみの，徐々の容赦ない漸進的な根絶に匹敵するものは，自然のうちには，人間の一種族による他種族の，類似の根絶しかない」（Zinnser 1935）。さらに他にも類似点がある。

> 人間に対するもっとも成功した生物学的敵対者たるどぶねずみにうち勝つことの難しさは，もっぱらこのねずみが基本的には人間と同一の方法で機能していること，つまり，経験の伝達と閉じたコミュニティ内でのその流布によって機能しているという事実にある。［Lorenz 1966］

文学ではねずみは通常邪悪なものとされ，ひどく嫌われている。ねずみは迫害しまた迫害され，激しい破壊性を呼び起こす。チャールズ・ラム（Charles Lamb）は，次のように記している。「ねずみは実に，この世でもっとも忌み嫌われ，卑しまるべきものである。先日，私はねずみを叩きつぶして殺したが，今でもそれが祟っているような気がする」と。私はいくつか引用して，いかにねずみが過剰刺激や食人と結びついているかを例証したい。

ねずみは破壊的であり，また貪欲である。「ねずみに由来する病気は過去5000年間に，ちょうどその間に起きた戦争による戦闘員非戦闘員を合わせた犠牲者の数よりも多くの人に死をもたらした」（Barker 1951）。「たいていのねずみは血肉に飢えて鳥や動物を殺すが，単に殺したいがために殺すねずみもいる」（Mills 1959）。「かれらの食事は手当たりしだい何でもむさぼるといったものであり，人肉も含めて何でも食べ……飢餓に駆られて貪欲になると，放置された赤ん坊が食い殺され……群れをなしたねずみに襲われて似たような運命をこうむった屈強な男たちの例も［ある］（『エンサイクロペディア・アメリカーナ』1957，第23巻）。

ねずみは多産であり，阻止されなければ他の種を圧倒しうるほどである。
「ねずみは年に4，5回，4匹から10匹の子を産み，ついでその子が半年もすれば子を産むようになる」(『エンサイクロペディア・ブリタニカ』1961，第18巻)。「巨費をかけてもなかなかねずみを根絶できないのは，その恐るべき繁殖力のせいである。もし防がずにいれば，2匹のねずみが3，4年で2,000万匹に増えると見積もられる」(Protheroe 1940)。

ねずみは自分の種に対して特別獰猛である。

> ねずみは，自分と種を同じくする他の群の一員に遭遇すると，たちまち恐るべき狂暴な動物と化す。……自分のテリトリーに見知らぬ一族の一員が入ったときに彼らがすること……は，動物に観察できるもっとも恐るべき，おぞましいことの一つであり，……目を眼窩から突出させ，毛を逆立て，彼らはねずみ狩りに飛び出す。怒りのあまり，仲間の2匹が出会っても互いに噛みつき合う。……(その見知らぬねずみ)は，彼らによってゆっくりとばらばらに引き裂かれる。ねずみたちにまさに惨殺されようとしている1匹のねずみ。これほど，動物が恐るべき死の不可避なことを意識して激しい自暴自棄とパニック状態にあるのを目にするのは，きわめて稀なことである。そのねずみは，みずからを防御することをやめる。[Lorenz, 1966]

(この「ねずみ狩り」の描写には，ねずみによって喚起されうるサディスティックな憤怒と，恐怖に駆られたマゾヒスティックな服従の，両方が見出される。)

ねずみはすべての齧歯動物と同じく，すばらしい歯を持っている。「[ねずみには]獰猛そうな，かじるための歯があり，……[その]切歯は，使うほど鑿の刃のように尖る。その歯は，その持ち主がたえず何かをかじることで摩り減るが，けっして摩滅してしまうことはない。齧歯動物の切歯は，人間の爪のように成長しつづけるのだ」(Hegner 1942)。「ねずみの切歯は，1年に5インチの速度で伸びる」(Mills 1959)。

ねずみは歯を使わなければならず，さもなければ歯のせいで死ぬことになる。

この群の一員が不幸にも鑿のごとき歯を折ったとすれば，しばしば死をよぎなくされる。折れた歯はその反対側の歯と咬合できず，両方の歯が妨げられることなく成長する。それらの歯は，もはや互いに噛み合わないため，やたらに成長し，ときにはその犠牲者の顔を囲んで顎を動かなくさせ，結果として飢餓をもたらす。[Hegner 1942]

　ねずみの歯はたえず生え続ける。「切歯は，この動物の生涯を通して，たえず成長し，石灰化し，生え出る」（Schour & Masser 1949）。
　ねずみは，食人性（cannibalism）を投影するのに適した対象である。それは，汚物や病気とのつながりゆえに，肛門性感帯ととりわけ結びついている。人間はたえずねずみと，その遍在性，破壊性，際立つ多産性——このために根絶が必要であるが，しかしそんなことは不可能である——のゆえに戦ってこなければならなかった。こうして，ねずみは迫害し，また同時に迫害されているのである。ねずみの数のたえざる増加という問題は，致死的疫病をともなう歴史上の大規模なねずみの侵入によって強調されて，ねずみを隠喩で過剰刺激（手に負えなさ）を表現するのに特別ふさわしいものにした。そして，食人性が呼び覚まされる。ねずみと歯と噛むことの結びつきは，世界のあらゆる地域の民間伝承で証明される。そしてねずみの驚くべき歯と関連して，フロイトの言葉を言い換えるなら，かれらは他者を噛まなければならず，さもなければ文字通り自分自身を噛むことになると言えるかもしれない。

ねずみ男にとってのねずみの意味

　ねずみ男はフロイトのもとに，強迫観念と強迫行為を訴えてやって来た。それらの症状は，彼が軍務についていて，サディスティックな陸軍大尉N（私の考えでは，彼はミルボーの『拷問の庭』を読んでいた）が彼にねずみ刑について語り，また第三者に借りたお金の返済のことを話したのちに始まっていた。症状として生じたその激しい反応をフロイトは分析した。

大尉の話と彼の……そのお金を返すようにという要請のあいだのわずかの時間に、ねずみは一連の象徴的な意味を獲得したのであり、そしてそれに対して、それにつづく時間にたえず新たな意味が加えられたのである。

　ねずみは肛門エロティシズムと関連している、とフロイトは言う。ねずみは、汚物（糞便、お金）や伝染病（性病）と、また残忍さやサディズムと結びついている。ねずみは歯や噛むことを意味し（ねずみ男は、ねずみが父親の死体を食べていると思った）、また食人性を意味している。口唇サディズムのリビドー段階と肛門サディズムのリビドー段階から、意味の圧縮がなされている。ねずみ男の示す（また、「ねずみ人間」の示す）ほとんどの「ねずみ現象」は、フリース（Fliess 1956）が用いた言葉で階層化されうる。すなわち、関連する性感帯は肛門であるが、しかし、リビドーは口唇サディズム的なものである。この本能の目的は破壊であって、究極的には食人的であり、もしも自己に向け変えられたなら、その目的は破壊され食べられることとなる。
　ねずみ男はねずみを、とりわけ肛門性交（またサディスティックな性交）との関連で、ペニスと同等視した。ここでは、男根の力（phallic power）は食人的貫入と同等視され——ペニスは歯をもち、噛むことができる（たとえば、ねずみは身体の中に食い入る梅毒とイコールである）。ファルスの象徴としてのねずみは、より良性の男根象徴（杖、ネクタイ、傘、風船といった象徴）とは対照的に、破壊的（ナイフ、槍、棍棒、銃）であるばかりでなく、とりわけ食人的である。
　ねずみは（ペニスを「むすこ」というように）子どもを意味しうるが、しかしそれは、汚くて、噛みつく、怒れる子どもである。ねずみは害獣として、怒りを掻き立てる望まれぬ同胞あるいは望まれぬ子どもを象徴しうる。『ハーメルンの笛吹き男』におけるように、あるいはイプセンの哀れな望まれぬ『小さなアイオルフ』（1894）のように——アイオルフはエディプスのごとく両親の身勝手から不具にされる。彼は父親にも母親にも、子どもというよりも歓迎されざる同胞とみなされる。彼は、両親の良心に噛みつき、そ

して最後には，ねずみ妻によってねずみのように死へとおびき寄せられる。ねずみ妻は，次のように語って予言者的に自己紹介をしたのであった。「まことに恐れ入りますが，閣下らは家の中のがりがり齧る生き物に悩まされてはいませんか。……といいますのも，私にとり，閣下らの家から奴らを駆逐することはとても大きな喜びなのです」。ねずみ男にとってねずみの持つ多義的な意味は，その多くをイプセンの劇にも見出すことができる。

　目には目，歯には歯という同罪刑法はねずみに当てはまり——噛めば噛まれる。すなわち，「だが，ねずみは，咎められずに歯を尖らせ貪欲不潔でいることはできない。ねずみは人間によってひどく迫害され，無慈悲に殺される」(Freud 1909)。もしもねずみ＝ペニスなら，ねずみに対する破壊力は去勢を意味する。もしもねずみ＝子どもなら，ねずみに対する破壊力は殺人を意味する。

　私は，フロイトと患者がねずみに見出したこれらすべての意味の中に，遍在する口唇サディズムとマゾヒズムを強調したいと思う。すなわち，ねずみが肛門に食い入り，ねずみ－ペニスに歯が備わっていて，ねずみ－子どもが噛みまた噛まれるのである。基本的な去勢空想はここではペニスの**食いちぎ****り**を含む空想であり，性交は排泄腔への**食い込み**なのである。

　ねずみは主体か対象，部分主体か部分対象を代理しうる。ねずみ男，つまり，「憤ると人に噛みつきかねない哀れな浅ましい人間」はまた，ねずみに対しては主体であって，「3歳か4歳のときに，誰かに噛みついて父親に折檻されたことを覚えていた」のであり，それは去勢の威嚇と受け取られていた。この父親，ここではねずみ－迫害者は——成人したねずみ男の空想では——自分自身がねずみに食われてしまう。父親，母親，分析家の全員が，噛んだり噛まれたりするねずみでありえた（子どもの恐怖に関するメラニー・クライン［Klein 1932］を参照されたい。「これらの恐怖を与える想像上の形象（食人性を喚起する）の背後にある現実の対象は，子ども自身の両親であり，またこれらの恐ろしい姿……は，その父親と母親の特徴を反映している」）。

　この臨床資料に暗に示され，そしてねずみ刑のうちにはっきりと明示されているのは，過剰刺激や憤怒とねずみのつながりである。

ねずみ男および「ねずみ人間」における自我退行

　私が「ねずみ人間」(Shengold 1967，また Shuren 1967 をも参照されたい)で述べた退行的自我徴候のいくつかは，フロイトのねずみ男の中に示されている。フロイト (Freud 1909) は，強迫神経症の症状と防衛，またその力動的由来の概略を述べている。私は，子どものときに誘惑されたり鞭打たれたりした人びとが，その外傷的な過剰刺激経験に含まれている衝動とその記憶を閉め出し抑えるために必要とする分離 (isolation) の強度と量について書いたことがある。フロイトはねずみ男の論文で二種類の分離について述べている。思考と感情の切り離しが存在し，そしてそれは，観念と観念の切り離しにも見られる機制なのである。フロイトは述べている。

　　抑圧は健忘によってではなく，感情の撤退 (withdrawal) から生じる因果のつながりの切断によってもたらされる。そのような抑圧されたつながりは，**ある種のぼんやりとしたかたちで**存続するように思われ……こうしてそれは投影の過程において外界へと移され，外界で，意識からぬぐい去られたものの存在を証拠立てるのである。［太字は論者による］

　思考と思考のあいだの切り離しはまた，そのあいだに「間を挿入すること」でも成し遂げることができる (Freud 1909)。そのような分離が「ねずみ人間」の場合のように大規模で強烈に生じると，精神装置に垂直分裂が生じ，オーウェル (Orwell) 流の「二重思考」のような現象が可能になるのであり，この「二重思考」は『1984 年』の主人公——ここでもねずみ刑の犠牲となる——の条件となっている。フロイトはねずみ男について語っている。

　　ついで彼は話を続けて，ある犯罪劇について語りたいと言ったが，その作者について，自分がそれにかかわったことはごくはっきりと覚えていたけれども，自分自身だとは認めなかった。彼はニーチェの名言を引用した。「『自

分がそれをした』と私の記憶が言う。『そんなことをしたはずがない』と私のプライドが言い，頑として譲らない。結局——記憶が負けるのだ」。[Freud 1909]

小説『1984年』におけるオーウェルの描写には，自己催眠の使用すらみられる。「二重思考。つまり，知っていて知らないこと，慎重にねつ造した嘘をつきながらも，完全な真実を意識していること，相殺し合う二つの意見を同時にもち，それらが相矛盾することを知っていてその両方を信じていること……忘れる必要のあることならなんでも忘れること，ついで，必要なときにそれを記憶の中にふたたび呼び戻すこと，それから速やかにそれを忘れること，そしてなかんづく，その同じ過程をその過程自体に適用すること……意識的に無意識状態を誘発し，ついでもう一度，自分がいま成し遂げたばかりの催眠行為について意識しなくなること」。

けれども，ねずみ男にとって「譲ること」は，フロイトが上に述べた「ぼんやりとした」かたちでまだ記憶に残っており，彼はそれをフロイトに話すことへと進む。このような「ぼんやりとした」記憶は，二種類の知ることに役立つ。「というのは，彼が忘れていなかったという点で物事を知っているが，しかし，その意義に気づいていないという点で知らないからである」。こうした分裂と関連する経済論的な考察が以下の文章で伝えられる。

  彼は，夢の予告力を信じざるをえなかった。というのは，彼［ねずみ男］はいくつかそれを証明するすばらしい経験をしたからである。意識的には，彼はそれを真には信じていない（二つの見解が並んで存在するのであり，**けれども，その重大なほうは無効なのである**）。［太字は論者による］

フロイトは初期の著書『ヒステリー研究』（1893〜1895）の中で他の一例をあげて，彼自身と患者ミス・ルーシー・Rの次のような対話を引用している。フロイトは彼女と彼女の雇い主の関係について質問した（彼女は知らなかったが，フロイトは近親相姦的な愛着関係がからんでいることを知っていた）。

フロイト「けれど，もしもあなたが雇い主を愛していることを知っていたのなら，なぜそのことを私に話さなかったのですか」

ルーシー・R「私は知らなかったのです——あるいは，むしろ私は知りたくなかったのです。私はそれを心の中から追い出して，それについて二度と考えたくなかったのですし，最近，私は自分がそれに成功したと信じていたのです」。

明らかに少しあとで書かれた脚注で，フロイトは書き加えている。

私は，人が物事について知りまた同時に知らないというこの不思議な心の状態について，これ以上にうまく表現することはとてもできなかった。自分自身がそのような状態になったことがなければ，それを理解することは明らかに不可能である。[Freud 1894]

フロイトは話を続け，彼がかつてもった「この種の非常に顕著な経験」を語るにいたり，そして，エディプス・コンプレックスの発見者たるエディプス王にふさわしい（またすべての人びとにふさわしい），記憶すべき言いまわしで締めくくっている。

私は，娘に対する母親の，妻に対する夫の，寵臣に対する統治者の態度のうちにみられる驚くべき傾向，つまり，**見える目が盲目になること**に悩まされた。[太字は論者による]

これは，フロイトにとってはときおりの例外的な経験であったが，**ねずみ人間**にとっては，（オーウェルの『1984年』におけるように），かれらの心と世界を支配しうる一種の思考方式を意味している。オーウェルは，「二重思考」がいかに過去の記憶の廃棄を目指しているかを明らかにしている。

分離という手段で，また意識変容をともなう自己催眠状態（ブロイエルの「類催眠状態」。Fliess 1953, Dickes 1965, Shengold 1967 を参照されたい）

を用いて，自我の垂直分裂が生じる——一つの大きなそれは，認知する自我と経験しつつある自我の分裂である（Shuren 1967 を参照されたい。彼の見解は私の臨床資料に似た資料にもとづいている）。主観的なアイデンティティ感をもてるために必要な自我の一機能——感じられるべく存在するものを感じ取る能力——は，この分裂によって破壊され，人格は完全にではないがフロイトがふれているように「ぼんやりとした」かたちで区画され，その結果，わずかな意識変容が生じると取って代わりうる，一時的に交替可能なペルソナが存在することになる。フロイトは，ねずみ男における区画化について二度述べている。刊行されている症例史で，彼[*原注2]は自分が受けた印象を次のように述べている。

　　彼［ねずみ男］がいわば三つの人格に分裂していたという印象を受けた。つまり，一つの無意識人格と二つの前意識的人格がそれであり，彼の意識はこの二つの前意識的人格の間を自由に往復できるということである。彼の無意識は，幼児期に抑圧された激情的で邪悪な衝動と呼べるようなものを含んでいた。正常な状態では，彼は善良で，快活で，ものわかりがよく，教養ある優れた類の人間だったが，第三の心的組織においては，迷信や禁欲主義に敬意を表した。こうして彼は二つの異なる信条と，二つの異なる人生観をもつことができたのである。

　このことは，刊行の意図のなかった症例記録では，局所論的な説明なしに（ここではまったく記述的に），もっと簡潔に述べられている。すなわち，「彼は三つの人格からなっている——一つは陽気な正常な人格，もう一つは禁欲主義的，宗教的な人格，三つ目は，不道徳で性倒錯的な人格である」。私の患者では，これらの「心的組織」（それらの間を患者は移動することができ，それによって，感じられるべくそこに——前意識内に——あるも

＊原注2　彼が言っていることを逆に言えば，ウォルト・ホィットマンのアイデンティティについての断言には，分裂が完全に欠如している。すなわち，「私は一箇の男であり，苦しみつつ，そこに存在していた」。

のを，感じ取れるはずなのに，感じ取れなくなってしまう）は，「類催眠状態」——意識変容——によって区分されたままである。たとえば，ある患者は言う。「私は自分が先生を憎んでおり，先生のペニスを食いちぎりたいのを知っています。でも，私のその部分はセロファンに包まれているのです」。完全に「目覚める」と（催眠の包みが解かれると），これらの感情は自認され——この女性患者は，自分が言葉の経験的な意味で憎んでいることを「知り」うる。分析がこれらの人びとに奏功すると，自己催眠性の（主に防衛的に用いられる）症状は放棄され，「知る」自我の統合機能が，別々の「人格」や矛盾する諸傾向を自由に混ぜ合わせるようになるのである。

シェイクスピア作品にみられる食人的去勢という報復空想

　『マクベス』の一節は，ねずみ男の症例で見出されるねずみの意味が，普遍的なものであることを例証している。

　『マクベス』の魔女は，悪しき原初の親（Shengold 1963 を参照）を意味している。つまり，嘘をつく，破壊的で恐ろしい原初の親である——これは，系統発生的な人物像であり，現代の現実でそれに似たものは，わが子を攻撃する精神病か精神病質の親に当たる——。この魔女は（スフィンクスのように。Shengold 1963 を参照されたい）本来は女性であるが，性別は曖昧である。バンクォーは魔女たちに言う，「どう見ても女のようだが，髭が生えているのは女とも思えぬ」。この「運命をあやつる三姉妹」は，マクベスを殺人の罪はもちろん，破滅へといざなうことになる。彼女らは，悪しき原初の親と同様に嘘つきであり，マクベスをお前は無敵だと言って，いかにも確かそうな保証を与えて誘惑する。劇のはじまりのところで，マクベスやバンクォーと会うすぐまえに，第1の魔女とその姉妹たちが舞台に上がる。第1の魔女は，口唇性のフラストレーションで怒り狂っている。

第3章　再びねずみおよびねずみ男について　79

　　ある船乗りの女房がその前掛けに栗を入れ，
　　モグモグモグとやってるんだ，
　　「わしにもおくれ」と言ったらば，
　　残飯ぶとりのごみ樽め，「失せろ，ばばァ」とぬかすんだ。

「残飯ぶとり」*訳注1 は，この魔女の飢餓が栗などではなく肉を求めてのものであったこと，また肛門性感帯がかかわっていることを示している。魔女は自分の歯を使って，口唇欲求を充足した対象の膝（性器領域）にある栗に「モグモグ」したいのである。魔女は，みずからの復讐の計画におもむくが，それは食人的な，去勢するねずみへと変身することである。

　　あいつの亭主は船長で，いまアレッポに行っている，
　　わしはそこまで一航海，篩（ふるい）に乗って行ってくる。
　　そしてそこでの一仕事，尾のないネズミに化けたうえ，
　　胸のすくまでやってやる，やると言ったらやってやる。

三たび反復される「やる」は，三たび反復される「モグ」の反響である。ねずみとなった魔女は，いまや彼女の歯で去勢しようとする（このねずみは去勢されている）——最初に現れるのは彼女の吸血鬼的な意図である。

　　やつめは……飲み水もなく干あがって干し草同然になるだろう。
　　眠りはやつめの瞼には昼間も夜も訪れず，
　　いのちはあってもそのざまは生ける屍（しかばね）になるだろう。
　　そのまま七日七晩の九九81倍までほっとけば，
　　やつめの五体は目にみえてしなびてやつれて衰える。

＊訳注1　本書におけるマクベスの引用は小田島雄志氏の訳による。残飯ぶとり "rump-fed" の rump には残飯の他に尻，臀部の意味がある。

最後にくるのが去勢である。

　ところでこれを見せようか。
　魔女2　見せておくれよ，さあ早く。
　魔女1　帰国の途中で難破した
　水先案内の親指さ。

(『マクベス』第1幕第3場)

歯および歯の萌出

　私は，歯のキャリアーとしてのねずみについてさらに調べるために，歯および歯の萌出と結びついた現象をいくつか取り上げたい。ねずみ（rat）と，はつかねずみ（mouse）と，歯を——とりわけ歯の喪失と関連して——結びつける民間伝承がたくさんある。以下にそれについて述べよう。ここでは，齧歯動物の驚くべき歯が人間の心理面に与える衝撃を強調したい。人間の心理面では，歯は，身体の内部で進行していることを表現するために用いられる外界の一要素として立ち現れる。

　アブラハム（Abraham 1924）は，リビドー発達の第二口唇段階について述べる際に，歯の発達が，この段階で起きるサディズムの到来と同時に生じることを指摘した。

　　疑いもなく歯は，それで子どもが外界に打撃を与えうる最初の道具である。というのは，たかだか両手で対象をつかみ握っていることでようやく自分の活動を支えうるときに，すでに歯は効力を有するからであり……歯は，身のまわりの対象を傷つけうるほど十分に堅い，（幼い子が）所有する唯一の器官である。噛む衝動がどれほど強烈かをみるには，子どもを見さえすればよい。これは，食人衝動が優勢な段階なのである。

　アブラハムは，「ある種の神経症的現象は，歯が形成されつつあるときの

年齢への退行に由来する」と信じるファン・オフュィセン（van Ophuijsen）の見解を引用している。

　次に，噛むことおよび口唇サディズムに関して多くのことが書かれてきたにもかかわらず，歯が生えるという現象は，精神分析の文献では不思議にも無視されてきた。クュスラ（Kucera）の論文（1959）は例外である。彼は，乳首を吸う快感が歯の萌出によって妨げられること，またそれによって，歯の出現が乳児に及ぼすサディスティックな効果が強化されることを指摘している。彼は，「歯の萌出の際にきまって引き起こされる経験は，一次的マゾヒズムの起源の鍵となる状況，その生理学的，器質的基礎とみなしうる」と主張するにいたる。私は，一次的マゾヒズムの存在と起源に関する，議論の余地のある問題にはふれずに，歯の萌出という**経験**を取り上げたいと思う。

　乳児は，歯が痛みをともなって歯肉の粘膜を突き破って出てくる際には，なにか他のものを噛めるようになるまえに，まず自分自身を噛む（また噛まれるのを経験する）といえる。乳児は歯が突き出る際に，またもちろんその後にも，自分自身を噛む。歯の萌出は，歯とそのまわりの粘膜の両方の所有者に，自分が噛むことの主体であると同時に対象でもあるという経験をもたらす。もちろん人は，この点でその子に感情移入することはできない。なぜなら，歯が生える時期の自我は，主体と対象，内部と外部の分化が不完全な，未発達の状態にあるからである。この分化は，リビドー発達の口唇サディズム期に生じてくる（痛みをともなう歯の萌出は通常，生後6カ月から1歳半にかけて生じるのだが，それでもその萌出はリビドー発達のすべての段階にともなっている。すなわち，最後に生えてくる乳歯，第二大臼歯は，通常，2歳代の前半に出てくる。永久歯は，子どもが6歳頃に生えはじめる［Spock 1957］）。この発達期のあいだ中，乳児はリビドーと融合されるべき攻撃性の本能的生起に対処しなければならない。欲求充足の挫折また過剰刺激に対処するには，攻撃的本能の発現によって刺激障壁が破壊される危険をなくすために，愛してくれる母親が必要とされる（Hoffer 1950, Mahler 1952を参照されたい）。攻撃衝動の能動的な解放は，歯や身体の筋肉系を通して生じる。受動的な口唇マゾヒズムもまた，一部は歯やそのまわりの歯肉

を通して身体で経験される（したがって，自我の基礎となる形成途上の身体自我に銘記される）。おそらく，歯および歯の萌出経験の系統発生的な意義は，個体発生的な意義よりもずっと大きいと言えそうである。進化の過程を心にとめて動物の生活を見るならば，あるいはテニスン（Tennyson）が「歯と爪の赤い自然」と呼ぶものを見るならば，このことが示唆されるだろう。たえず歯が生えつづけるねずみはまた，人間にとって共通の原初的祖先の典型でもある。私は，子どもの観察者が歯の生えるのを十分「熟視した」かどうかを知らない。自我が癒合しつつある時点で，それまでもっぱら快感を与えていた性感帯が緊張を生み不快へと変化する事実は，従来考えられたよりももっと重要な意味をもっているかもしれない。

食人願望，幼時期体験，歯の萌出

　歯の萌出は，「食人行為の主観的現実性に対して個体発生的基礎」を与えてくれるかもしれない。そういったものの存在に，フリース（Fliess 1956）は異議を唱えている。フリースは，第二口唇期が，直接的本能充足が否定される唯一のリビドー発達期だと述べている。子どもは，乳房の肉を食べることによって口唇衝動を解放するわけではないが，歯が生えつつあるときには自分自身を噛むのであり，そして歯が生えそろい，「私は乳房であり——乳房は私の一部だ」（Freud 1941）と感じる時点では乳房を噛んでいる。レヴィン（Lewin 1950）は，乳児の食べ尽くされたいという願望は，乳児に対する直接観察にもとづくものではなく，「発見的なフィクションであり……推量にもとづく一解釈である」と指摘している。クライン（Klein 1933）は，食べられる恐怖は生後1年間に**経験される**ことであって，能動的口唇サディズム的願望が親に投影されたものだと主張する。ジンメル（Simmel 1944）は，食人の恐怖と願望について，乳児が食物と同一化していることと関連すると述べている。摂取される食物が赤ん坊の自我の一部になり，赤ん坊の一部になる以上，赤ん坊は「自分自身を食べているのだ，とみなすことができる」。そうだとすると，自体食い（Autocannibalism）は，

母親の乳房がまだ子どもの身体自我の一部とみなされている時期に由来することになる。レヴィン（Lewin 1950）は、この時期の乳房にすがりつき、指や足の指を噛んだりしている赤ん坊について、「赤ん坊がそれによって自体食いの行為に耽っていると言っても許されるかもしれない」と述べている。歯の萌出が自体食いにかかわるという私の見解も同じように許されてよいと思われる。この見解は、他の解釈に取って代わるというよりもむしろ他の解釈を補うものである。

投影の生理学的原型としての歯の萌出

歯の生えることはまた、（経験する自我が存在する）乳児の生後1年間において、苦痛な緊張の**解放**経験をもたらす。

> 残忍な悲しみの歯が腫れ物を噛み切ってくれればまだいい、
> なまじっかな噛みかたをされるときもっとも苦痛は激しい。
> （『リチャードⅡ世』、第1幕第3場）

とシェイクスピアは述べている。だが、歯が実際に歯肉の粘膜を突き破るとき緊張は解放され、「腫れ物」は「噛み切られる」*原注3。おそらくはこれが、いくつかの受動的また能動的な、爆発的な食人的貫通の空想の条件になるのだと思われる。そのような食人的貫通空想は、過剰刺激をよぎなく経験させられ、あたかも自分が嗜癖者であるかのごとくに強迫的また反復的に緊張からの解放を切望する患者たちにみられるものである——過剰刺激を免れ

＊原注3　文献上、ねずみが、外傷的な耐え難い状況からその犠牲者を救出する（＝緊張の解放）少なくとも一つの例が存在する。すなわち、ポーの小説『落とし穴と振り子』では、ねずみが罪人を解放するためにロープを咬み切るのである。私は、このことを私に指摘して下さったマーク・カンザー博士に感謝するものである。過剰刺激状態から解放されるために貫通を求める場合があることを示す臨床的資料（「やってくれ、めちゃめちゃに！（Fuck me to death!）」と、一人の患者が叫んだ）に関しては、シェンゴールド（Shengold 1967）を参照されたい。

るためなら，どんな破壊的貫通だってかまわない。

　ともあれ乳児は——歯が生えた**のち**には——自分自身を噛むのと同じく他者を噛むことができる。攻撃性は外部に転じられ，周囲に投影されることも可能になり，こうして，「内部で」感じられる緊張が「外部で」感じられる緊張となり，歯の萌出は周囲への具体的投影のごとく作用することになる。歯は，他者に対して使用できるだけでなく，他者もまた歯を持つことができる。フロイト（Freud 1920）は，（口唇マゾヒズム欲動のような）内的刺激について語っている。

　　それを，あたかもそれが内部からではなく外部から作用しているかのようにあつかう傾向があり，こうして，刺激に対する障壁を刺激に対する防衛手段として作動させることが可能かもしれない。これが……投影の起源なのである。

　歯の萌出は，こうしたことを引き起こす助けとなる経験とみることができる。

歯と去勢不安

　歯とリビドー発達の男根期について書かれた精神分析の文献はたくさんある（たとえば，自慰と関連する歯の夢）。こうした「歯現象」は，通常は歯が生えることよりも歯が抜けることにかかわるものであり，去勢不安を呼び起こす。私は，歯がフロイト（Freud 1900）が指摘した「驚くべき強力な抵抗」を喚起しうるのは，それがまた受動的なマゾヒスティックな絶滅の恐怖をも意味するからだと信じる。この抵抗は一部は去勢不安に帰せられるが，しかしさらに，歯が抜け落ちるよりもまえの「歯経験」——歯の萌出にともなう噛むことおよび噛まれること——にまつわる精神内界の現象と結びついている。この二つが癒合しうるのであり，たとえばフリース（Fliess 1956）は，「最後の分析で，去勢は噛んだ結果もたらされたと思われてはいないだろうか？」と述べている。

歯の萌出にまつわる現象はまた「驚くべき強力な抵抗」に囲まれてきたのであり，すでに私が述べた（ごくわずかな寄与しかしていない）精神分析家たちのみに囲まれてきたわけではない。どんな親にも熟知の，身体的な痛みをともなう歯の萌出という事実は，幾世代もの歯科医や小児科医にみくびられ，また否認すらされてきたのである（Kucera 1959 を参照）。

歯を備えた対象

フリース（Fliess 1956）は，口唇サディズム的リビドーがその後のリビドー発達の諸期に，正常な事態と病的な事態において規則的に放散されること，そしてどの性感帯にも食人的リビドーが注入されうることを指摘した。攻撃性が突然生じてそれが自我の退行と結びつくと，本能衝動に対する支配の喪失が差し迫り，もしもそれが十分に進むと，外傷的な受動的食人恐怖への回帰が生じる。たとえば肛門期との関連では，ねずみ男の恐怖は，噛み切りながら肛門をこじ開けて体内に入る，ねずみをめぐっての恐怖であった。ねずみ男にとってねずみのもつ多くの意味はすでに述べたが，なかんずくねずみは歯のキャリアーであり，歯によってその最高に恐怖させる力を獲得するのである。アブラハム（Abraham 1922）は，歯を備えたもう一つのシンボルであるクモをとりあげ，（はっきりとそうするとは言わずに）クモのもつ意味を階層化し，階層ごとに，より恐ろしい意味合いをつけ加えた。クモは破壊的な男根的母親を象徴している。それはまた彼女の破壊的なファルス（訳注―― phallus は男根と陰核の両方を指す）を象徴しており，このファルスは去勢をおこないうるのである。ついでアブラハムは，クモは血を吸うと述べるヌンベルグを引用し，そして最後にフロイトを引用している。フロイトによれば，雌のクモは自分のつがいの相手をむさぼり食い――食人的に食べ，またそうすることで噛むことによって去勢する。男根的母親のシンボルは，そのファルスに，去勢しむさぼり食うことが可能な歯が備わっていると，恐るべきものになる。

口唇サディズム的リビドーを発散する性感帯を含みもつ，リビドー発達

の全段階において，歯は，貫通的で貪欲な対象の原型を備え，そのような原型に伴い，またそのような対象の原型そのものである。歯のキャリアーでありうる識別された対象は，両親（父親あるいは男根的母親）の貫通し，去勢するファルスであり，また明確に「私ではない」，第二肛門期の大便の塊である。「私であり，私でない」ものである棒状の大便，また 乳房－口（the breast-mouth）は，食人性リビドーを充填されうる，より早期の主体ないしは対象である。こうして，主体も対象もともに歯を装備しうるのである。これは，各性感帯，部分対象および主体を含んでいる。たとえば歯のある乳房や歯のある膣，歯のある直腸，歯のある尿道（Keiser 1954），口の備わったファルス（Fliess 1956）といった空想に見られるように。フリースは述べている。「この時期（第二口唇期）の口は，その後に続いて優勢になってくるすべての性感帯に転移可能である」と。主体，対象，性感帯といったものはすべて，外傷的過剰刺激経験をこうむったことがある分析中の患者の連想のうちに出現する，ねずみのような食人的生物によって代理されうるのである。

対象への歯の付与を例証する神話や民間伝承

はつかねずみ（マウス）やねずみ（ラット）についての以下の神話は，食人的攻撃性の投影と歯の結びつきを証明している。私は『感染呪術』に関するフレイザー（Frazer 1890）から引用しよう。

> こうして，世界の多くの地域で，抜けた歯を**はつかねずみかねずみ**に見つかるところに置いておくことが習慣になっている。その歯とそれまでのその所有者のあいだに存在しつづける感応によって，他の歯がこれらの齧歯動物の歯と同じような堅さとすばらしさを獲得できるように期待してそうするのだ。ドイツでは，歯が抜けるとそれを**はつかねずみの穴**に入れることがほとんど普遍的なきまりになっていると言われる。子どもの乳歯をそうすると……，その子は歯痛を免れることになる。［太字は論者による］

レーヴィス（Lewis 1958）は，ロシア，ドイツ，コスタリカ，オセアニアの，またポーランドのユダヤ人の，歯の喪失とはつかねずみやねずみに関する民間伝承を引用している。フレイザーは，ユダヤ人，ドイツ人，シンハレ人，アメリカ人の例を集めている。

　こうした民間伝承では，歯は（文字通り）齧歯動物に投影される。それは，より早期の発達段階で，攻撃性が母親に投影されて，悪い母親や悪い「私でないもの」を作りあげるのと同じである。それを発生論的に言えば，乳房は歯を付与されるのであり，これがねずみ（その穴に，抜けた歯を投げ入れるそのねずみ）の基本的な意味なのである。歯のある悪い乳房は，まずは自己の投影された一部であり，ナルチスティックなリビドーを賦与されており，——部分自己，部分対象である。対象関係と自己感覚が確立したのちには，食べられる恐怖，また過剰刺激の源泉は，明確に外部からやってくるものと感じられる。このことは結局，エディプス期の去勢恐怖によって証明されるのであり，この去勢恐怖は，退行的なかたちで，歯の喪失をめぐるこれらの神話の中に表現されている。親は子が，ペニスを象徴する貫通的な歯を失ったなら，あるいは（思春期のイニシエーション儀式に見られるように）その歯を叩き折るなら，その子を去勢しはしないだろう。もっと退行したレベルでは，これらの神話は，噛まれないためには噛まないといったものとなり，すなわち，歯をもっているのはねずみで，私はもっていない，となる。

臨床的例証

　ねずみというイマーゴは，過去に過剰刺激を受けたりまた現に過剰刺激を受けつづけている患者，つまり，怒りで我を失っていたり，エネルギーを発散して外傷的な過酷な状態から逃れたいと願っている患者によって用いられる。私は，自我と超自我の同時的退行について述べた。ここでは，以前に発表した論文（Shengold 1967）に，文学上の1例と，短い臨床例を2例加えたい。

　ドストエフスキーの小説『地下室の手記』はまさにこれに当たる。この地

下人間はくり返し自分自身を1匹の「はつかねずみ」のようだと述べ（彼はもっぱらマゾヒスティックである），ねずみの穴－魔窟である「地下」に住んでいる。彼は歯ぎしりをし，噛みたがり，また歯痛に苦しみ，そして最後にはそれを喜ぶ。彼は恨みをぶちまけ，また恨みを買おうとし，「そこのその不潔な，悪臭を放つ地下のすみかで，辱められ，打ちひしがれ，嘲られたわれらのはつかねずみは，たちまちにして，冷酷で悪意に満ちた怨恨，なかんづく果てしのない遺恨にふけるようになる」。地下人間のうちには，自我の垂直分裂が作用しまた戦っているのである。

　　　請願人がぼくのところにくると……ぼくは彼らに対して歯をきしらせたものであり，また，誰であれ相手をうまく不幸に陥らせると，大変な喜びを感じたものである［ついで彼は，自分が本当は悪意のある人間ではないことを知っており，自分は愛されたいと願っている，と語る］。ついさっき自分は意地の悪い役人だと言ったが，それは嘘だった。ぼくは悪意から嘘を吐いていた。ぼくはただ単に請願人を面白がっていたに過ぎず……また実際，ぼくはけっして意地悪くはなれなかった。ぼくは，あらゆる瞬間に自分自身のうちに，それとは絶対に反対であるようなたくさんの，じつにたくさんの要素を自覚していた。ぼくはそれら，こうした反対の要素が自分の中にうじゃうじゃあるのを感じた……。

（すべての「ねずみ人間」にみられるように）アイデンティティの欠如と愛する能力の欠落が伴っていることにも，触れられている。

　　　ぼくは地下室の夢の中でも，恋愛は戦いだとしか想像しなかった。ぼくは恋愛をいつも憎悪で始め，そして精神的な征服で終えた。そのあとでぼくは，征服した対象をどうすべきかまったく分からなかった。

この哀れな地下人間は，彼自身がもっぱらはつかねずみ，「征服された対象」だったのである。もっとも，彼は，自分がどうやって，ねずみのように

おどおどした小娘リーザを誘惑して自分を愛するようにさせたか，そしてその後で苦しめたあげくに捨ててしまったかを告白するのである．

患者1

　ある若い女性が，自分は何事につけても無価値だと感じると訴えて分析を受けにきた．この気持ちは，彼女のいわゆる「悪い」性衝動——サド・マゾヒスティックなものであり大変な怒りをともなっている——への反応にもとづくものであった．そうした性衝動は，行為においては冷たく抑制されていたが，ときにはその興奮が圧倒的なものになり，彼女は自慰をしないではいられないように感じた．彼女は，つねにといっていいほど怒りが渦巻いているのを自分で知っていたにもかかわらず，怒りを経験することはめったになかった（ねずみ男にみられる，知っていることと知らないこと）．怒りはつねに自分自身に対して放出された（そして感知された）．そうやって彼女は，殉教者の役割を演じることができたし，また人にも，自分を殉教者とみるように仕向けることができた．彼女の残酷な衝動は意識されており，また自慰の際の空想の中では明確に性的なものであったが，それは彼女にとっては現実的な意味をもたなかった．それは彼女の「表向きの」人格からは切り離されていたのであり，一般には彼女は，もっとも理由があって，優しい親切な人とみなされていた（ねずみ男を参照されたい）．だが彼女は，怒りや性的興奮を感じると自己催眠状態に陥り，しばしば何かが起きるように仕向けるのだった．ときには彼女はマゾヒスティックな役割を演じた．自分が見知らぬ胡散臭そうな男を，その男が呼び鈴を鳴らしただけなのにアパートの自室に誘い込んでいるのに「気づいた」ときのように．またときにはなにかサディスティックなことをしたが，それはほとんどつねに偽装されていた．分析中，彼女はたえず怒りや性的攻撃を誘ったり期待したりしていたが，それは催眠状態によって責任ある意識からは遮断されていたのであり，彼女の表現にあるように「生綿に包まれている」ときに起きたことは重要ではなかったのである．彼女が意識の変容した状態でレイプされたがっていることが明らかになった．このことは，子ども時代のサディスティックで誘惑的な父親

との経験を反復したい，と望んでいることを意味した。意識変容が効果的に彼女から，彼女が反復される過剰刺激状態の主体だったときのアイデンティティを奪ったのである。分析が進み，このことが明らかになりはじめると，彼女は自分自身に二つの人格があると語った（ねずみ男の場合のように，それらの人格は彼女の平常の人格の他に存在するものであった）。彼女はそれらをねずみ（ラット）と，はつかねずみ（マウス）と呼んだ。はつかねずみであるとは，残忍な父親の犠牲者としての幼い女の子であることを意味した。はつかねずみとしては彼女は，外傷的な過剰興奮を終わりにして解放されるために，自分に何か暴力的で性的なことをしてほしいと切望した。彼女のねずみ人格は，とりわけ自分のものではないように処理されていた。ねずみとしては彼女は，噛みたい，また復讐をしたい願望を意識した——具体的にいえば彼女は，噛むことによって去勢すること，つまり，彼女を過剰に刺激しつづけていた人物のペニスを噛み切りたいと願っていた。ある日，彼女はマーロー（Marlowe）の『エドワード2世』を読んだときの興奮を語った。それは，肛門に灼熱の火かき棒を押し入れられて殺される，同性愛の王の劇であった。彼女は自分もそうされたい，また分析家に対してそうしたいと願った。エドワード2世の物語には，『拷問の庭』のねずみ刑の要素がみられる。灼熱の火かき棒，死をよぶ肛門貫通である。ねずみ——つまり，過剰に刺激された状態を解放する力をもつものとされる食人的，貫通的，「歯をもつ」ペニスの所有者——は，患者自身とねずみとの同一化のうちに存在した。子どもの頃，彼女は何度も父親の膝に座り，父親の勃起を感じた。彼女はくり返し膝に座るように強要され，その犠牲者（はつかねずみ）になりたいと望む一方で，役割を逆転させたい——「ねずみ」となってそれを「王」に対してしてやりたい——と切望した。

　その後の分析の仕事の中でこの患者は，はつかねずみとねずみの二つのペルソナを十分に感じ，十分に思い出すことができるようになり，ついでその二つのペルソナを統合し，こうして，それらの力を打ち消すことができるようになった。

患者2

　ある若いユダヤ人の男性患者が，分析中に，待合室にいたときに窓の方に歩いて行ったことを語る。そのとき，一人の女性患者が彼の後ろにいた。彼は彼女をにらみつけたいと思ったが，差し控えた（待合室の女性たちが，分析家に属する近親相姦的対象であることは，何度も確認された定説である）。窓からはるか下の通りを見下ろしているときに，彼は，後ろの女性が「跳ばないで——落ちるわよ！」と叫ぶのを空想した。彼はこのことを報告しながら，これは一種の冗談だが，しかし楽しい冗談ではないと感じた。実際に，彼は一瞬，飛び降りたい衝動に駆られていたのだった。ついで彼は，抵抗としての自己催眠状態に入り，ほとんど眠りに陥った。「目覚める」と，彼は次のように語った。「突然私は，以前に読んだ話を思いつきました。それはフロイトが診ていた患者で，フロイトがねずみ男と呼んだ患者の話です。ハンガリア人かウクライナ人たちが何匹かねずみを入れた鉢を逆さに彼の尻にかぶせ……ああ……なんと残酷な。でも……でもこの話に……私は興奮したのです（彼はねずみ男と同じように途切れ途切れに話す）。もしもうまくやれるものなら，私はたぶん自分がそうするだろうと思いました」。分析のこの時点で患者は，自分自身の中の受動的な肛門欲動の優勢さを認めていなかった。「自分がそうするだろう」という言葉の曖昧さは，彼がねずみの犠牲者であることを表現している可能性があるが，彼は意識的には誰か他者にねずみ刑を課したいと考えたのである。しかし，彼は待合室で，**背後の**女性が自分が落ちること（＝女性になること）を望んでいると空想したのであり，また，彼を催眠状態に導いたのは，破壊的貫通の空想にともなう肛門興奮の喚起そのものであった。

　この患者は，ねずみ男の症例で語られている「東洋の拷問」を歪曲し，それを東欧と——彼自身の祖先だったハンガリー人やウクライナ人と——結びつけた。彼は，反ユダヤ主義者としてのハンガリー人やウクライナ人と連携したのである。反ユダヤである彼らは，彼のようなユダヤ人を迫害するだろう，と彼は考えたのだった。しかし，彼自身はハンガリー名をもち，ユダヤ系の反ユダヤ主義者であった。その憎むべき分析家（「彼の後ろ」にい

る）もまたユダヤ人である。肛門性感帯は，能動的また受動的な，サディスティックな願望と結びついている。患者は，母親に浣腸をされた幼児期の外傷経験を語ることへと進んだ。

　ユダヤ人であり同時にまた反ユダヤ主義者であることは，この男性の人格の分裂をいかにもよく示していた。彼は患者1のように，総じて親切で温厚な人と思われていた（また自分でもそう思っていた）。彼もまた意識変容状態に陥りやすかったが，それが防衛の手段となって，彼は自分の願望や身体感覚を承認せずにいられたのであった――一方では，それらの願望や身体感覚の基礎になっていた過去の経験は，反復されつづけた――。彼はまた，自分で認めることを拒んだ残忍な行為をやり，逆にやられもした。

　分析の重大な一時点となったある日のこと，彼は私に対して大変な怒りを覚えたが，それには十分に認識された肛門興奮がともなっていた。その翌日，彼は混乱した催眠状態でやってきて，前回のセッションについてはなにも話さず，全世界に対する怒りを語りつづけた。催眠状態は深まって行き，本当に眠りこむと，寝椅子で夢を見た。義母が自分のそばに立っているのを夢に見たのである。彼は目を覚ますと，私にその夢の話をし，催眠や「眠たさ」が続いていることにひどく狼狽した。ついで彼は語った。「昨日のセッションのことを覚えていますが，でも，それはとても漠然としています。肛門にそのような感じを覚えたのは誰か他の人なんです」。同じセッションの，もっとあとになってから，長い沈黙ののちに，私はその夢についてたずねた。「義母と関連して何が心に浮かびますか」と。「夢って何ですか？　義母って何のことですか？」と，彼はびっくりして訊いた。10分前のその夢を，彼は完全に抑圧していたのである。夢を思い出したとき彼は，悲痛な面持ちで語った。「ああ！　なんと奇怪なことか！　私は一つの人格じゃない。私はばらばらになって生きてるんだ」。

要　　約

　子どものときに誘惑され，外傷を受けた患者にとって，ねずみというイマー

ゴがどんな意味をもっているか，再検討した。ねずみは，主に肛門性感帯と関連する能動的また受動的な食人衝動を証明するために用いられる。私は原初的な攻撃手段としての歯の重要性を強調し，また歯の萌出の意義について考察した。「ねずみ人間」の示すいくつかの自我の病理について，とりわけ，彼らが意識変容を広範囲に用いることについて，述べまた例証した。そのような意識変容が，現れては消える，承認されてはいないがしかし強力な「いくつかの人格」によって構成された，自我の垂直分裂を可能にするのである。こういった人たちは，過去の外傷体験──その中心的な内容は過剰刺激だと思われる──を反復しようとする強迫に支配されて行動するのである。

第4章

ねずみ男の精神分析に関する考察と推測

スタンリー・S・ワイス

　フロイトの『強迫神経症の一症例に関する覚え書き』(1909) は，一般に『ねずみ男』の症例史として知られる，精神分析の古典である。ジョーンズ (Jones 1959, p.166) は，1908年4月のザルツブルグ会議でフロイトの発表を聞いて「魅了された」と報告している。フロイトは4時間にわたって話し，ジョーンズはそれを「知的で芸術的な偉業」と賞讃した。ねずみ男は今日にいたるまで，精神分析を学ぶ者すべての関心を惹きつづけている。

　『ねずみ男の症例史』はまた，『補遺――症例の原記録』(Freud 1909, p.253〜318, 脚注)，つまり，ほぼ4カ月間のフロイトの毎日の記録が残っている点で，かけがえのないものである。フロイトはこの記録から論文のための分析資料を抜粋し，理論的結論を引き出したのである。不完全なものであるにせよ，この記録が残されたことはわれわれにとって幸運であった。なぜなら，刊行の基礎になった資料はすべて破棄することが，フロイトの生涯を通しての習慣だったからである。

　この小論では私は，主にフロイトの論文には載せられていない毎日の記録から引用して，①ねずみ男の転移に焦点を当て，②当時のフロイトの技法を調べ，③ねずみ男の「ユダヤ人たること」がその神経症で果たした役割について，二，三推測してみたいと思う。転移に関しては，当時フロイトが転移を，幼児期の重要な記憶，空想，出来事を再演する一連の孤立した現象として概念化したことを示唆しておきたい。さらに私は，フロイトがこの初期の分析の中で，前エディプス的およびエディプス的な母親転移を見過ごし，ま

た，反ユダヤ人的な言葉や攻撃者との同一化の防衛的な使用にみられるフロイト自身に対する患者の敵対感情を若干見過ごしていたことを論証するつもりである。しかしながら，ねずみ男の分析の成功は，発展しつつあったフロイトの精神分析の技法と理論における，大きな科学的前進の一つであった。

　フロイトは，1907年10月1日にねずみ男の精神分析を始めた時点では，転移という自分の重要な発見を広げまた深めつつあり，精神分析の科学性を求める基礎研究を続けながら，技法的戦略の実験を行いつつあった。

　強迫神経症は，1965年の，アムステルダムでの国際精神分析学会の主要なテーマであり，そこでは多くの重要な論文が提出された（1966）。しかし，この小論で私が報告したいことはまだ文献では強調されていないので，私の報告は，この有名な患者についてのわれわれの認識と理解を深めることができるだろう。

　周知のようにねずみ男は，父親（父親は9年前に亡くなっており，それを知ってフロイトは驚いた）や女友だちのギゼラが肛門から身体の中に噛み入るねずみに食べられるという，苦痛な，責めさいなむ強迫観念から救われたいと，フロイトのもとを訪ねた。この強迫的な恐怖は陸軍の演習のさなかに出現したのであったが，ねずみ男は，この演習で自分の男らしさを証明したいという特別の思いをもっていた。それなのに彼は，サディスティックな大尉からねずみ刑について聞いたとたん，恐怖に襲われたのだった。このとき彼は，ほとんど象徴的な去勢に出会ったかのように，眼鏡をなくした。それは，この刑罰について大尉の説明をまだ聞いてもいないときのことであった。届けられた新しい眼鏡の支払いをめぐって，不安がどっと押し寄せた。彼は，その新しい眼鏡の代金を支払うために自分で作り上げた馬鹿げた困難な儀式を実行し，そうすることで父親や女友だちからねずみを遠ざけなければならなかった。ねずみ恐怖が分析の中核になり，そしてフロイトの言によれば，1年にわずかに欠けるくらいで，ねずみ男の状態は正常に復したのである。

　ねずみ男は分析の開始の時点でフロイトの家族や科学的業績について多少とも知識をもっていたので，ごくすみやかに転移神経症に結晶化するある

種の態度と，あらかじめ形成された転移とをもって彼のところにやってきた。ねずみ男はフロイトの性理論を耳にしていたし，また『日常生活の精神病理』（Freud 1901）を拾い読みしていた。明らかに彼は，フロイトの仕事に感銘を受けていた。彼の姉は，かつてフロイトの弟のアレクサンダーがねずみ男の女友だちのよい結婚相手になるだろうと語ったことがあり，そのことで彼は激怒していた。ねずみ男はまた，フロイトについて重大な誤った知識をもっていた。彼は，のちにフロイトに語ったように，かつてブダペストでフロイトの家族に大変な不幸がふりかかったと考えていた。伝えられるところでは，ウェイターをしていた兄が人を殺害し，そのかどで処刑されていたというのである。ねずみ男は分析を始めるに先立って，家族に殺人衝動の血の流れるフロイトが，自分のうちにある邪悪なものを見つけようと猛獣のごとく襲いかかってくると考えた。フロイトという名字が中央ヨーロッパでは比較的まれだったことから，ねずみ男がその話をジグムント・フロイトと結びつけたことは理解できるものである。フロイトは，患者がレオポルト・フロイトを指して言っているのを知ったが，このレオポルト・フロイトの犯罪は，フロイトが2歳か3歳の頃に遡るものであった。分析の中でフロイトは，ねずみ男を安心させ喜ばせるために，ユーモアを込めて，ブダペストには親類が一人もいないことを語った。ある興味深い偶然の一致が，患者によるフロイトと**ねずみ**（rat）の関係づけを強化した面もあったかもしれない。ねずみ男はベルクガッセ19番地で分析を受けたが，彼は，フロイトの最初の数年間のオフィスが**ラート**ハウスシュトラーセ（**Rat**hausstrasse）（英語読みすると，ねずみの家，となる）7番地にあったことを知っていた可能性がある。

　彼は陸軍の演習中，自分が父親のような有能な兵士であることを証明できなかったが，その後フロイトのもとに赴いたときの彼は，去勢され，うち負かされ，腹を立てている息子の態度を示していた。つまり，フロイトが彼に料金について話すと，ねずみ男は呟いた。「フロリン金貨の枚数と同じ，たくさんのねずみを」と。フロイトがねずみ刑に処せられるべきだというこの怒れる思考——残忍な大尉が語ったような1匹や2匹のねずみでなく，1フ

ロリンごとに1匹のねずみというもの——は，このときは言語化されなかった。したがって，初回面接は，陽性転移反応と並んで，ある種の陰性転移反応で始まったということができるだろう。

　ねずみ男は，親が自分の考えを見抜けるという思いを，それまでずっと抱きつづけていたという。それならば彼は，フロイトにもこの能力があると思ったに違いない。ねずみ男が幼かった頃，ウィーンの親たちがこうした考えを育むことは珍しいことではなかった。これは当時よく受け入れられていた育児の習慣だったのである（Spitz 1974）。それはまた，今日のわれわれの患者の多くにとって，稀な空想でもない。もちろん，われわれの育児習慣は，この点に関して変化したけれども。

　そのセッションでねずみ男は，女家庭教師のペーター嬢，リーナ嬢との，また母親との過去の性的活動について語った（フロイトが後年になって超自我を発見した後なら，分析家は「告白した」という言い方をするだろう）が，しかし，フロイトや料金について，そのとき自分がどう考え，どんな気持ちになったかを言語化しはしなかった。したがって，彼は自分が罰を受けなければならないと感じたのであり，そして，2回目のセッションの最後で，患者がぼーっとなり，うろたえたかのようにふるまい，くり返しフロイトに「大尉殿」と呼び掛けたのも驚くに当たらない。いまや転移神経症がたけなわになったのであり，しかし，このセッションでは，フロイトではなくねずみ男が，フロイトに肛門から侵入される犠牲者だったのであり，フロイトは患者にとって，ねずみや残忍な大尉，またサディスティックな父親と見えていたのであった（Kanzer 1952, 第1章）。

　おそらくねずみ男は子どもの頃，オーストリア陸軍の下士官なら誰もがつける長剣を帯し正装した将校である父親を，実際に，あるいはきっと写真で見たのであろう。ペニスを切りとられるという考えは何年もねずみ男を苦しめてきたが，彼の去勢不安は剣をめぐって去来したと思われる。ねずみ男が，たくさんの日本の硬貨でできた二振りの日本刀を所有し，ベッドの頭に吊していたことが知られている。そのような刀は，当時の若い男性には，装飾的な壁かけとしてごくありふれたものであった（Spitz 1974）。ねずみ男

の生涯で，不具や死すらももたらす決闘はオーストリアでは日常茶飯事であり，決闘を拒むことは恥ずべきことであった。弱い者いじめの中尉がいて，初年兵が一定の演習を達成できないと剣のひらで叩いたりしていたが，ねずみ男がこの中尉に決闘を申し込むという空想を，形を変えていくつも抱いていたことが知られている。彼はまた大学1年のときに同級生に決闘を申し込んだことがあったが，それは結局，途中で放棄されてしまった。フロイトによれば，ねずみ男は自分の脳の患部を排出するために，頭に漏斗状の穴を開けるという考えをもっていた。軍人だった頃の逸話がたくさんあった父親は，よく「ニュルンベルクの漏斗」（ニュルンベルク博物館に保存されている拷問具。それを使って犠牲者の喉に水が注がれた）について語った。ねずみ男がフロイトのもとを訪ねたとき，フロイトが無理やり自分の身体を貫通するという無意識の恐怖をもっていたことは明らかである。

　フロイトは，転移現象に個人的に反応することなく，これを科学的にまた共感をもって観察する天才的で直観的な能力を付与されていたが，やがて転移のあらゆる側面，豊かさや複雑さ，凝集性を理解するにいたった。しかし，カンザー（Kanzer 1952，第1章）は，フロイトのこの症例の原記録が刊行される以前に書いたねずみ男の転移神経症に関するある重要な論文で，フロイトは2回目のセッションでねずみ男が拷問の話の重要な部分を明かすのを手助けしていたこと，そしてそれは残忍な大尉の役割を演じるように誘惑されていたことなのに，そのことを知らなかったと記した。感情のこもったこのセッションの間に，フロイトは患者のために「肛門の中へ」という観念を言語化したが，それはねずみ男にとって，高度に本能化された言葉であった。

　さらにシェンゴールド（Shengold 1967）は，いわゆる「ねずみ人間」はフロイトのねずみ男に似た力動をもっており，このような患者は，しばしば分析を「奔馬性（gallopping）」の転移で開始する，ということを指摘した（Shengold，第3章を参照）。彼らはただちに，幼児期の過剰刺激による外傷を再体験しようと激しく駆り立てられるのである。父親はねずみ男の幼児期にニュルンベルクの漏斗刑について語ったことがあったが，陸軍の演習さ

なかに大尉がねずみ刑について語ったとき，容易に一つの転移がうちたてられた。われわれはまた，ねずみ男が幼児期にいつも両親と一緒に寝ていたことを知っている。おそらく，過剰刺激と著しい去勢不安の文脈では，彼が4歳のときに姉のキャサリン（患者よりも4，5歳年長だった）が亡くなったこと，つまり，患者にとっての早期の対象喪失が重要であるだろう。また原記録からは，彼の睾丸が停留睾丸であったことが知られるが，この停留睾丸が去勢のイメージを十分高めた可能性がある。

　私は，ねずみ男の転移は，一つには当時の発展しつつあった技法の一部である，フロイト自身の能動性（activity）によって引き起こされたと信じる。今日の標準となっている技法は，まだ完全に発達したというにはほど遠いものであった。われわれはねずみ男の治療が11カ月しか続かず，今日の基準からすれば正規の長さの精神分析とは見られないものであったことを知っている。

　抵抗は指摘され，あるいはその発生的根源と結びつけられた。当時，フロイトはまだ，抵抗は十分かつ正確な知的説明で克服できると信じていた。たとえば，フロイトは，「不思議なことに，自分が本当に父親に対して怒りの感情をもっていたという確信に関しては，自分がそのような感情をもっていたと仮定すべき十分な論理的理由があったことを彼が自分で理解したにもかかわらず，なんの進歩もみられなかった」と，述懐している。ときには抵抗は，それほど強いものとは感じられない場合には，なんの分析的吟味も加えずに放置された。フロイトはあるセッションで，「今日は彼は明らかに些細なことしか報告しなかったので，私はずいぶん多くのことを話すことができた」と記している。無意識的な頑固な内部抵抗の力と強さを，フロイトはまだ明確には概念化していなかった。

　ねずみ男の精神分析では，解釈は無意識に限定された。転移解釈は試みになされただけであり，しかも，もっぱら陽性転移に限定された。現時点の転移，とりわけ陰性転移はしばしば捨て置かれるか，それとも過去へと置き換えられて，現在の治療の中で注意を向けられることはなかった。たとえば，フロイトは次のように報告している。「新たな転移。私の母親が亡くなった。

彼は哀悼の意を表したいと思ったが，そうすると，以前になんども死に面して生じた見当違いの笑いが突発するのではないかと不安になった。それゆえに彼は，名刺を置いて帰るかそれとも私にお悔やみ p.c.（pour condoler）と書いた名刺を手渡すことを選んだのだが，そのお悔やみの言葉は「お祝い」p.f.（pour feliciter）に書き違えられていた」。フロイトは，自分に対するまた自分の愛する母親に関するこの陰性転移を，ただちに患者の母親に置き換えて解釈した。「母親が亡くなったら，あらゆる葛藤から解放されるんだ，と思ったことはありませんか。そうすれば結婚できるわけだから」と。患者はぎくりとして，怒った口調で言い返した。「先生は私に仕返しをなさろうとしていらっしゃるんです。先生は腹いせをなさりたいために，そんなふうに私に無理強いなさっているのです」と。われわれは，ねずみ男がこの時点で突如，フロイトに加えたみずからの攻撃と，正しくはあるが時期尚早の解釈に含まれていたフロイトの反撃に気づいたと考えてよいであろうか。ねずみ男がフロイトの愛する母親に対する死の願望を言語化し，それによってフロイトに苦痛を与えたこと，そこから生じた無意識的な怒りや傷つきが，患者の心には母親に対する死の願望があると解釈することによって消し去られた，と推測するのは正しいであろうか。これを，フロイトが数年後に概念化した（Freud 1910）逆転移の早期の一例とみることができるであろうか。フロイトは自分のたくさんの直接的な反応の意義を，すべて十分に，また意識化して理解したわけではないけれども，それらの反応はしばしば鋭い直観力にもとづいており，また，患者の反応に注目することによって慎重に考量されてもいたのである。フロイトの治療プロセスは，フロイト以降のすべての分析家の場合と同様に，患者と自分の科学的，治療的な探究であった。

　フロイトはこの症例の原記録では，つねに，**単数**の転移か，**複数**の転移について述べている。たとえば，「彼は，いくつかの転移を私に語るために夢の分析をさえぎった」。その「次のセッションは，じつに恐ろしい転移（複数）に満ちていた……」と。転移神経症の概念，すなわちあらゆる点で介入可能でありまた精神療法的作業によって治療できる，一つの凝集的構造をもつ一つの新たな病気を意味する転移神経症という概念は，もっとのちの時期

になって概念化された（Freud 1914）。フロイトは，ねずみ男の精神分析が行われた当時は過去の記憶を探っていたのであり，本来，彼自身に対する患者の現実的態度にも，また転移された態度にも集中的に取り組んでいたわけではなかった。こうして，技法はもっぱら当時の治療プロセスについての考え方によって決定されていた。すなわち，過去の記憶を直接探ることか，それとも，その時点の対象への態度に加わってくる過去の経験の諸力を研究することが中心だったのである。たとえば，フロイトは，「私は以前，転移を解消するために，彼が私との関係のなかで悪い男性の役割——つまり，彼の義弟の役割——を演じていると告げたことがある」と記している。ねずみ男に対するフロイトの技法上の考えを歴史的文脈に位置づけられない初心の精神分析志願者たちは，陰性および陽性の転移が十分に開花するのを待ちかねて，時期尚早に転移を解釈することで「それを解消しよう」とするのであるが，それは，この分析的発見の早期の時期に相応しているのである。

　当時の分析家の能動性についてのさらなる証拠になるが，フロイトは8回目のセッションの際にねずみ男に，次回の分析の時間に恋人の写真をもってくるようにと要求した。つぎのセッションの間，フロイトは患者が——治療を断念すべきかそれとも自分の秘密を明け渡すべきかという——激しい葛藤状態にあるのを目にした。露出衝動——これはねずみ男がみずからの性的行為に言及した1回目のセッションで明らかだった——に対するねずみ男の強力な防衛が，フロイトの要求によって再度動員されたのである。明らかに彼は，写真をもってくるようにというその要請を，性的行為と同じくその女性から手を引けという命令と受け取ったのであるが，彼は，戦わずして手を引きはしないのである。ねずみ男は，肉体関係を二度もったのちに，自分が「これはすばらしい感じだ！　このためなら何だってやるかもしれない——たとえば父親を殺すことだって！」と思ったことを語った。

　当時，フロイトは，後年のもっと受動的なスタンスをとる分析技法と比較して，能動性がいかに転移を引き起こすかを理解していなかったし，また明らかに，ねずみ男が9回目のセッションで彼に語った話の陰性転移的な意義を理解していなかった。ねずみ男はミュンヘンの療養所にいたとき，自分の

部屋が性的関係をもった女性の隣であったことを思い出した。二度目にその療養所に入ったとき，彼は同じ部屋を使うことを躊躇した。広い部屋で高価だったからである。結局その部屋にしようと決めたとき，彼はある教授が以前その部屋を使っていたことを教えられた。「そんな奴，殴り殺されたらいいのに，と彼は考えた」。フロイトがこの時点で，この死の願望がフロイト「教授」自身に向けられたものであることを理解し難かったのは，明らかである。

　ねずみ男はまた，予備判事（彼自身）が裸になっていて，その判事にある女性（フロイトの娘）が「ミネット」（フェラチオ）をしているのを想像した。フロイトはこの陰性転移を解釈せず，「倒錯に関するその前の土曜日の講義をくり返した」。多くの精神分析志願者や精神科レジデントは，分析家への攻撃を当然ともなっている陰性転移を，フロイトの発見の恩恵を受けているにもかかわらず，容易に認めることができない。フロイトにとって転移の陽性局面を理解するよりも，その陰性局面を理解するのに多くの時間を要したことは驚くに当たらない。シュール（Schur 1972）もまた，フロイトは陰性転移よりも陽性転移をずっと容易に理解できたと記している。フロイト（Freud 1937）はこうした早期の日々の分析に限界があったことについて触れ，分析がうまくいったのに，のちになってフロイトは自分を完全には分析できなかったといってフロイトに反目し，フロイトを非難した患者について，自分は彼の陰性転移の，ごくかすかな徴候を見落としていたかもしれないと語っている。

　フロイトはこの分析の期間中に，あるときねずみ男が腹を空かせていたので食事を供したと報告している。それから4回のセッションのあと，ねずみ男はフロイトに料金を手渡す際に，その食事の分も支払うべきだという気がして，70クローネではいかがかと言った。フロイトが記すところでは，この金額は，ブダペストのミュージック・ホールの笑劇に由来するものであった。その笑劇では，精力の弱い花婿がウェイターに頼んで，もし花嫁と最初のセックスをしてくれたら70クローネをあげようと申し出る。ねずみ男はまた，フロイトがその食事で利益を得たとも考えた。そのことで患者が分析

の時間を失い，分析がさらに延長されるからである。要するに彼は，自分がごまかされたと感じたのである。われわれなら，ねずみ男が最初ウェイターにして殺人者だと信じたフロイトの兄が，いまや空腹な患者に食事を出した者としてのフロイト自身と直接結びつけられたことに注目するだろう。前標準的技法のもう一つの例は，フロイトが彼にゾラの著書『生きる歓び』を読みなさいと渡したことに見られる。明らかに，その主人公の抱えている問題が患者の問題と似ていたから渡したのである。それは好意的にやったに過ぎなかったようだが，フロイトは一方で，その小説が新たな連想や記憶を刺激すると考えていたのかもしれない。

　われわれは，お金がねずみ男にとって，母親にとってと同様に大切なものであったことを知っている。彼はこの母親に，自分が相続した遺産を預けていた。そして母親が彼に手当てを渡していた。彼は分析を始めるにあたって，母親の許可を求めなければならなかった。彼女と料金について話し合う必要があったからである。彼はよく金銭問題で友人たちに腹を立て，話がお金のことになるのをひどく嫌っていた。分析に先立つ神経症では，禁断の眼鏡のお金を郵便局の若い女性に支払うことがきわめて重要な役割を果たしていた。お金をめぐってのねずみ男の問題点が，容易に転移神経症に引きうつされた。

　ねずみ（**Ratten**）との重要な連想の一つは，分割支払い金（**Raten**）である。この分割支払金という連想の重要性を理解するためには，南ドイツまたおそらく隣国のオーストリアでも，中流労働階層のための合法的商習慣としてユダヤ人商人が分割支払い金による購入を普及させはじめていたことを知るとよい（Niederland 1973）。これは，第一次大戦後に急速に発達した利子負担をともなう分割払い購入ではなく，商人と顧客のあいだの一部払いの契約であった。ねずみ男はフロイトに対して，分析を受けるまえのことであるが，20回の分割払いでお金を支払わなければならない友人の保証人に自分がなったこと，そのとき貸主に，自分が差押えられることのないように各分割払いの期日になったら自分に知らせて欲しい，万一のときは自分が全額支払うから，と言って相手に約束させたことがあると報告した。彼はそれ

によって分割払い購入に関する不安と恐怖を示したのであった（p.288）。したがって分割払い（**Raten**）は，あいだを置いて規則的に支払うことを期待したユダヤ人分析家フロイトをねずみ（**Ratten**）と結びつけ，また賭博狂（**Spielratte**）だった父親や，ねずみの尾に似た髪型の母親や，またもちろん結婚（**Heiraten**）と結びつけていた可能性がある。フロイトは，ねずみ男が「そのような性癖はないのに守銭奴のようにふるまいだした。彼はまた，友人に対して太っ腹にふるまうのが困難になったと感じた」と記した。われわれはねずみ男が，分析を受けている多くの強迫的な患者のように，分析料金を支払う上で困難を感じていたと推測できるのではないだろうか。しかし，フロイトは，患者が料金に関してなにか表立った問題を示したことにふれてはいない。にもかかわらずフロイトは，肛門期に固着した人びとの**けちん坊さやためこみ傾向**についてよく知っていた（1908）。

　フロイトの毎日の記録のお陰で，われわれはねずみ男が分析の中でいくつかユダヤ語を用いたことを知ることができる。ここで，少しそれらの意味に焦点を当てたいと思う。それらは転移や，ユダヤ人としてのアイデンティティをめぐるねずみ男の両価的感情やあがきと密接にかかわるものである。

　あるとき彼は，「20 **クローネはパーチ**（Parch）には十分だ」と考えた。**パーチ**は，本文脚注で，「くだらない人間を意味するユダヤ語」と翻訳されている。しかし，この翻訳はいささか不正確であり，強調すべきは，「避けるべき，汚い，ずるい，低級な人間」（Rosten 1970, p.284）ということである。ここでねずみ男は，フロイトを自分のお金を巻き上げる人間として，明確に攻撃していたのである。フロイトは，患者が母親に同一化しているのをはっきりと認識できていたが，この時点では，「母親」と「ユダヤ人分析家」の両方である自分自身に向けられた攻撃は，認識できなかったのである。父親の死後，母親は息子に，父親の病気中にかかったお金を返済するために，これからは倹約をすると伝えた。彼女は，性器から悪臭がしているにもかかわらず，自分は頻繁に入浴する余裕はないと言い，彼をひどく怒らせた。彼自身は極端に清潔にしていた。

　ねずみ男は，フロイトの娘のことを表現するのに，醜い被造物を意味す

るユダヤ語の Miessnick を用い，またフロイトに対して，正しくは非ユダヤ系の女と翻訳される Schugsenen という言葉（より一般的に用いられる Schiksa に対するウィーンのイディッシュ語）を含んだ冗談を言った。

　ねずみ男がユダヤ語を用いた理由は何であったのか，また，それらユダヤ語の意味は何であったのか。フロイトはこれについて，ねずみ男の母親がルーベンスキーという名の裕福なユダヤ人家庭の養女だったと語って説明している。ねずみ男の父親は，その養子縁組み以前，母親の実のいとこであった。両親とも明らかにユダヤ人であり，おそらく家庭ではイディッシュ語が話されていた。父親は，二人が若かった頃の生活のありさまを，よく冗談めかして大げさに話して聞かせたものだった。ねずみ男の母親は，ときおり父親に，彼が裕福なルーベンスキー家の娘と結婚するまえ，肉屋の娘に求婚していたと言ってからかった。父親の教育の無い言動に，ねずみ男はずいぶん当惑させられた。少数者集団内部での社会的階層化は，力動的に非常に重要である。しばしば，とげとげしい感情や偏見が自分に向けて，また集団内のさまざまな文化水準の成員に向けて表出される。多数者集団のうちの諸水準内部で生まれる攻撃性は，より容易に外部に向けられる。

　ねずみ男は転移の中で，フロイトが母親のように，自分が父親の例にならって裕福なルーベンスキー家の一員と結婚することを望んでいるように感じた（原記録ではそれは明らかに母親の願いである。しかし，その症例史 [p.198〜199] では，フロイトはそれを両親双方の願いとして提示している）。彼は夢で，フロイトの娘の目のところに，目ではなく糞便がついているのを見た。もちろん，フロイトはこの夢を正しく解釈し，ねずみ男がフロイトの娘と，美しい目のためではなくお金のために結婚したがっているのだと考えた（若いエマ・ルーベンスキーは美しい目をしていたと思われる）。ねずみ男の母親は，息子が裕福で立派なユダヤ人家族と結ばれることをしきりに求めていたが，当時，フロイトは，ねずみ男が分析家を，このような自分のユダヤ人の母親とみなして敵意を感じたり表現したりしていることを十分認識していなかった。フロイトが彼を自分の婿にしたがっているという空想の中には，フロイトと親しくなり，母親の願望に屈し，そして父親の例に

倣って勢力あるユダヤ人家庭と姻戚になりたいという願望が存在する。だが彼は，ユダヤ人であることについてのみずからの両価性のゆえに，結婚について両価的である。ねずみ男は，ユダヤ人としての自分のアイデンティティを完全に放棄したいという願望と闘っていた。分析を受ける数年前，彼は激しい自己非難の気持ちから突然跪き（ユダヤ人がけっしてとらない祈りの姿勢），敬虔な感情を呼び起こし，来世の存在と不死を信じようと決意した。彼の父親は洗礼を受けることにはけっして同意しなかったが，祖先が自分をユダヤ人であることの問題から解放してくれなかったことについて，とても残念がっていたらしい。彼はしばしば息子に，キリスト教徒になりたいなら反対はしないと語っていた（p.302）。ウィーンは，ユダヤ人排斥の感情が激しい都市であると同時に，ユダヤ人の影響力が強い都市でもあった。

　ねずみ男には，ルーベンスキー家やフロイト家のような立派なユダヤ人家庭と姻戚関係になるべきかどうかという葛藤があっただけでなく，同時にまた，父親にはできなかったことをなし――そして，自分のユダヤ人らしさとそれがもたらす問題を放棄したいという思いもあったようである。もしかすると，彼の強迫的な祈りは，青年期の強い信仰を抱いていた時期に由来するユダヤ人の祈りのまねごとだったかもしれず，また大人になってからのねずみ男がユダヤ人たることに感じた両価性と恥ずかしさが，精神分析という新しい科学の日々の分析的儀式に入り込んだのだったかもしれない。それゆえにフロイトは，ねずみ男の思考を読み取り，愛かしからずんば破滅を与えうる，万能で権力的なユダヤ人の父なる神になったのであり――それは，ねずみ男が早期幼児期に愛しまた憎悪した父親の，死からの復活だったのである。

　3歳か4歳頃，ねずみ男は姉が致命的な病気になった折に，なにか悪戯をして父親にぶたれたことがあった。この幼い男の子はおそろしく怒りだし，ぶたれながらも父親に悪口を浴びせ，「おまえはランプだ！　タオルだ！　おまえは皿だ！　等々」（p.205）と叫んだ。転移神経症のさなか，ねずみ男はフロイトとその家族に，最高に下品下劣な悪口を散々浴びせはじめた（p.209）。その語彙は，フロイトに対する憎悪が分析の治療室という安全圏で再演されたため，明らかに増加していた。こうして，ねずみ男の精神分

析中，ユダヤ人医師の理想像にして著述家，かつ創造的科学者たるフロイトは，全知全能者の座から，ねずみ刑や去勢，また死にすらも値するエディプス期の父親にまで引き下げられたのであった。

　ねずみ男の父親は，患者が仕えている将校の一人が，かつて自分自身が仕えていた将校の息子であることを知った。彼はある話をし，それをねずみ男はフロイトに話して聞かせた。かつてプレスブルクで，大雪のため汽車が町に入れないことがあった。患者の父親は除雪のためにユダヤ人たちに踏鋤をもたせた。彼らは町のその箇所は近づくことをいつもは禁じられていたのに，今回は許可された。将校は喜んだが，ねずみ男の父親は怒って切り返した。「ろくでなし！　いまあんたは，私が助けになるからといって『親しい同志』だなんて言うが，これまであんたは，私にまるで違う扱いをしてきたではないか」(p.305)と。おそらく父親にもまた軍隊で，ユダヤ人なるがゆえの苦労があったのであろう。この意味深い豊かな連想の中でねずみ男は，患者の心を掘り下げてじつに重要不可欠な分析という踏鋤仕事をしているフロイトに向かって，フロイト自身がねずみ男同様に，ユダヤ人なるがゆえの多大の苦難を克服しなければならないと語っているのである。ここでわれわれは，かの残忍な大尉がこの若い将校をユダヤ人なるがゆえにサディスティックにいじめたのかもしれないと，推察できるであろうか。

　分析家のアイデンティティを明らかに示すようなアクセントや名前や身体的属性など，特別の身元を窺わせる特徴を有する分析家に診てもらっている患者のなかには，その分析家を馬鹿にしたり攻撃したりするために，また分析家と自分を結びつけるために，分析家の話し方や言葉，逸話，その他を用いるものがいる。陰性転移は，分析家がその連想を追跡すれば発見できるものである。明らかなことであるがフロイトは，精神分析発展のこの時点では，ねずみ男が用いたユダヤ人の言葉や文句に大して注意を払っていなかった。

結　　論

　分析技法の発見者たるフロイトは，まだねずみ男に対して方法論的に苦闘

し実験をしつつある**さなか**にあった。今日では，その治療は精神分析と精神療法の組み合わせだといえるかもしれない。だが，こうした見方は，歴史的に重要なこの初期の頃の分析のすばらしさを正当に評するものではない。転移の発見者であるフロイトは，この現象の複雑さと微妙さを理解するうえでさらに進歩を遂げつつあった。

今日では，ねずみ男の治療をおこなった時点で，フロイトが転移や超自我や自我防衛の種々の局面について，まだ十分な理解も明確な概念化もしていなかったことが明らかである。

1. 転移神経症の凝集的構造は，分析状況においてまた分析状況によって形成される幼児神経症の新版である。フロイトは転移を，幼児期の重要な記憶や空想，出来事を再演する，一連の孤立した現象として概念化した。
2. 陰性転移は，フロイトをウェイターの役割に格下げしたこと，また，微妙なやり方でフロイトのユダヤ人たることを攻撃したことのなかに現れていた。
3. 前エディプス的およびエディプス的母親転移が，分析家に直接結びついた。原記録で明らかなように，フロイトは自分を明確にねずみ男の父親の置き換えとみることはできていたが，自分を患者の母親の代理者とみることには困難があった。
4. 分析者の能動性は，転移反応を呼び起こす可能性がある。とりわけ，強い転移現象を起こしやすい背景を持つ患者では，そういうことがあり得る。
5. 患者の病理の持つ重要な超自我的側面，たとえば，初回のセッションの際に自由連想の偽装のもとに「罪深い」行動を告白したり，また分析上の示唆を分析上の命令であるかのように感じてしまう患者の考えといったものは，まだ十分理解されていなかった。
6. 攻撃者との同一化という重要な防衛は気づかれなかった。ねずみ男は，残忍な大尉に対する恐怖から，フロイトに対する猛烈な，噛みつくよ

うな攻撃へと移った。のちに『快感原則を越えて』(1920)の中でフロイトは，恐ろしい外傷的な出来事を受け身で経験した子どもが，新たな対象に攻撃性を向けることによって復讐する能動的な遊びへと移行することを語っている。

まもなく克服されることになるこのような欠点は，この強迫神経症の症例で提示された理論的問題と実践的問題を克服するうえでフロイトが示した天才，洞察力，創造的能力の価値を低めるものではない。

不幸にしてねずみ男は第一次大戦で死亡し，個人的に追跡研究に寄与することはできなくなった。しかしながら，この症例の原記録を通して，フロイトと彼の不朽の患者は，われわれに，さらなる研究と考察と推測のために追加の分析資料を残してくれたのである。

第5章

症例ねずみ男における誤同盟の次元

ロバート・J・ラングス

　本論文は，フロイトと患者のあいだの誤同盟（misalliance）の領域，またそれと，現在の精神分析の標準的なやり方から見た技法の逸脱との関係について研究を続けようとする一つの試みである。フロイトの著作の中でも症例ねずみ男（Freud 1909）は，本研究に関して二つの点でかけがえのないものである。それは，分析の最初の7回の各セッションの要約が，刊行された症例報告のかたちで入手できること，さらに，なにかいつもとは違う事情からフロイトが分析の最初の3カ月間の記録を保存しておき，それがのちに標準版の第10巻（p.253～318）に入れられて刊行されたことである。そのため，この資料はわれわれに，フロイトが1907年に実践していた技法のさまざまな側面を検討する，たぐい稀な機会を与えてくれるのである。実際，この資料はじつに豊富なため，十分に選択して，もっぱら本論文の主要なテーマと関連するものにのみ焦点を当てることが大切だろう。本研究は，ゼッツェル（Zetzel 1966），ケステンバーグ（Kestenberg 1966），グリュンバーガー（Grunberger 1966）の論文，またとりわけカンザー（Kanzer 1952）が提出したねずみ男とフロイトの関係に関する周到な研究によって補足されうるものである。カンザーの研究は，ここで提示する発見や見方の多くを予示するものとなっている。

　フロイトとねずみ男の相互作用には，現代の標準的技法からの二種類の逸脱が認められる。第一の逸脱は，フロイトがおこなった介入の本質に関するものであり，おおむねそれは，フロイトの中立性，能動性のレベル，匿名性

の程度における逸脱を反映している。第二の逸脱には，ねずみ男に食事を供するとか書物を貸し与えるとかの，技法上の特殊な逸脱が含まれる。ここでは私は，第一のグループの技法の「逸脱」もしくは変更については，カンザー（Kanzer 1952）がそれについてかなり徹底的に考察しているため簡単に概観するにとどめ，比較的探究されることのなかった第二のグループのほうにより広範な焦点を当てるつもりである。

誤同盟の領域は，患者が開始することもあれば分析家が開始することもあるが，もっとも多くは，この二者間の循環性の相互作用に由来する。まずフロイトに対するねずみ男の最初のコミュニケーションを調べると，そこにある誤同盟のポテンシャル（potential）を確認できるが，それについで，そうしたコミュニケーションに対するフロイトの反応を調べることができ，さらにその後の相互作用を追跡できるのである。

刊行された論文

ねずみ男の意識面での願望はフロイトの治療によって強迫症状を取り除いてもらうことであったが，彼はきわめてすみやかに最初のコミュニケーションの中で，いくつかの意味をもつ誤同盟を求める無意識的願望を明らかにした。分析の開始をめぐっての彼の最初の言葉は，「君は犯罪人なんかではないし，君の行為には落ち度はないよ」と励まして，一貫して精神的な支持を与えてくれた友人のことをほのめかした。ねずみ男が若かった頃，ある学生が励ましてくれたが，その後に彼を裏切っていた。その学生はねずみ男の妹と親しくなるために，自分とねずみ男の関係を利用しようとしたのであった。

こうして，ねずみ男は治療を求める無意識的動機を明らかにしたが，それは，彼の強迫的な——また他の——症状の基にある無意識的空想の分析を回避して，フロイトから直接励ましてもらいたいという願望にまつわるものであった。この目的に加えてその資料は，能動的また受動的な，またのちに確認されるように男性的また女性的な，サディスティックまたマゾヒスティックな特徴をおびた同性愛的転移のポテンシャルを反映している。自分とフロ

イトの関係の中でこうした転移性の空想や願望を満たそうとするねずみ男の営みは，いかなるものであれ，誤同盟の領域――洞察以外の方法で症状軽減を遂げようとする無意識の共有された営み――の基礎を形成しうる。くわえて，フロイトがねずみ男を直接励まそうと試みていた分析の第3回目のセッションで，ねずみ男は，健康状態を維持するためには，強迫観念の要求に応じることを許されるべきだという主旨の診断書をもらいたい，という意識的な願望を述べた。さらには，ねずみ男はフロイトの裏切りを予想することで，自分の分析家に対する不信だけでなく，傷つけられ虐待されたいという強いマゾヒスティックな願望をも示した。

　全体として，治療に対するこうした種々の逸脱した動機，またそれらにともなう転移性充足の追求が，フロイトとの誤同盟領域の強力なポテンシャルをつくり出した。転移性の表現（transference expressions）は，自己治癒（self-cure フロイト。フェレンツィ，1909 年よりの引用）をめざす不適応的な営みであり，また同時に，分析家の解釈を通して洞察を得ようとするコミュニケーションでもある。したがって，転移性の願望を直接満たそうとする患者の試みに対して分析家がどのように反応するかがきわめて重大であり，分析家が意識的にせよ無意識的にせよそれに追従すると，誤同盟領域を確立する結果を生む。こうした文脈で，以下においてわれわれは，フロイトが患者にどのように反応したかを調べ，さらにその後の相互交渉を追跡して，（現在の標準に照らしての）分析の枠組の変化，誤同盟領域，フロイトについての患者の無意識的な知覚やフロイトに対する患者の主として非転移性の反応がどのようなものであったかを探ってみたい。

　最初，フロイトは傾聴した。ねずみ男の連想は，幼い頃の性的ヒストリーに向かった。明らかにそれは，彼がフロイトの著作を何冊か読んでいたからである。最初のイメージは，女性家庭教師のスカートの下を這う子どもとしてのねずみ男のイメージであり，それは，分析家についての彼の無意識的な見方を反映しているともとれる記憶である。同様に，母親に自分の勃起について告げたこと，また子どもの頃両親が自分の考えを知っている気がしたということに彼は言及したが，そこにはおそらく自分の分析的関係についての

空想が含まれているだろう。この時間は，覗き見のせいで何かが起きるかもしれない——たとえば，自分の父親が死ぬかもしれない——という思考において頂点に達する。

2回目のセッションにおいてねずみ男は，ねずみ刑と残忍な大尉という有名な話を語りはじめた。彼は興奮し，大目に見て欲しいと言って治療室の中を歩きまわった。フロイトはそのような願いを聞き入れることはできないと述べ，そして，ねずみ男がその刑罰を口にしかねて口ごもっていると，串刺し刑のようなものかと言ったり，ねずみが犠牲者の肛門に食い入ることだろうと口を挟んだりした。カンザー（Kanzer 1952）が記したように，フロイトはごくすみやかに，患者の心をきわめて混乱させる当の刑罰ややりとりそのものを，なんらかのレベルでねずみ男とともに行動化したのである。われわれの言葉でいうと，フロイトはねずみ男とのサド・マゾヒスティックな同性愛的な誤同盟に加わったのであって，それは多くのレベルでねずみ男に充足を与え，またさらにそうした現実にもとづいてフロイトへの，現実に基礎をもつ——基本的に非転移性の——反応を喚起することになったのであった。このことは，ねずみ男がフロイトを「大尉」と呼んだときもっとも顕著に現れたが，フロイトはそれを分析することなく，むしろ励ますことで応じた。このサド・マゾヒスティックな，相互に防衛的な誤同盟領域のその他のかたちは，のちのセッションで，とりわけフロイトの知的な説明とねずみ男が挑戦的でやたらに質問する反応のうちに出現した（Kanzer 1952）。

5回目のセッションには，こうした知的なやりとりがずいぶんあり，そしてそれは，フロイトが，ねずみ男を褒めることで終わった。技法上のこの誘惑的な「逸脱」（現在の基準からみての定義）の帰結は顕著なものであった。すなわち，その次の時間にねずみ男はふたたび親に自分の考えを見透かされるという恐怖を語り，また，女性への愛をほのめかした——疑いもなく，フロイトの言葉で掻き立てられた同性愛的な不安や空想に対する防衛としてである。間接的に父親の死に言及することが続き，さらに，そうなれば子どもの頃に知っていた友人の妹が自分に優しくしてくれるだろうという考えが続いた。フロイトに対する防衛的な敵意を表出していると思われるこの連

想はまた，フロイトが自分の父親に対する死の願望に焦点を当てたことを，ねずみ男が無意識的に知覚していたことを示しているかもしれない（Langs 1975c）。これは，フロイトの介入の中で不適当な関心を引きかねなかった素材の一側面である。

　フロイトはねずみ男に自殺空想があると示唆したが，ねずみ男はそれには納得せず，現在の女友だちを愛していると，言い張った。フロイトが理論的になるとねずみ男は興奮し，自分は父親を愛しているのだと抗弁した。フロイトはかなりの議論ののちに，ねずみ男が幼児期に父親に敵意をもっていたことに関する再構成を行って，このときの事態を逃れた。これが当時のフロイトの技法の特徴だったが，当時の技法ではフロイトは，患者の転移反応における日中の残滓や現在の誘因を一貫して回避し，現実の知覚にも，現実にもとづいた自分自身への反応にも，まったく気づかなかったのである（Kris 1951, Kanzer 1952）。フロイトがその次のセッションで，ねずみ男に，君の不穏な衝動は幼児期に由来するものだからそれに関して君には責任がないということを言ったのは，こうした事態においてであった。ねずみ男はこの無意識的に求めて得た励まし――誤同盟領域――をひどく胡散臭く思っており，それに対してフロイトはそれが真実であることを彼に示そうとした。

　しかしながら，ここでこの分析の最初の報告は終わるのである。もっとも，フロイトが提示したその後の議論の中で，分析の仕事についてばらばらに言及はなされている。とりわけ，ある箇所で，父親に対する敵意があるというフロイトの言葉に圧迫されて，ねずみ男が部屋の中を歩きまわったと記されている。このときねずみ男は自分は追い出されるべきだと言い，また，フロイトに叩かれる恐怖を語った。こうしたコミュニケーションは，転移の要素に加えて，フロイトの技法にひそむ攻撃的要素についての正確な意識的および無意識的な知覚を反映している。この素材こそが，直接的にねずみ観念をもたらしたのであり，また，ねずみがねずみ男に対してもっていた無意識的な意味と関連する，重複決定された一連の派生物を導いたのである。彼の連想が明らかに転移的な意味合いを反映し，また同時に，ねずみ空想の出現やその空想の底にある含意に寄与したフロイトについての無意識的な知覚

（非転移性の要素）をも明らかに反映しているのに，それらの分析はほとんど全面的に，象徴的また発生論的な観点からなされた。こうして，フロイトに対する歪んだ反応や，フロイトの言動を知覚して生じた反応の布置が，それらの誤同盟領域への寄与をも含めて，ねずみ男の中核的な病因的無意識的空想の表出に寄与したということがありそうに思われる。

こうして，報告された症例資料は，フロイトがねずみ男と，洞察や内的変化の追求を回避するいくつかの誤同盟領域でかかわり合っていたことを示唆している。それらは，なんらかのレベルでサド・マゾヒスティックな空想が行動化される，同性愛的な誤同盟を中心としており，また，自分の不安な考えや行動に関して是認と励ましを得ようとするねずみ男の無意識的な試みと，フロイトによるそれら（是認と励まし）の提供をも含んでいた。

この症例報告は，他にも一つ重要な問題を提起している。この記録は，フロイトが患者を高く評価すると言ったときなど，フロイトによる「技法上の逸脱」の危機に際して，無意識的空想内容に富んだ材料が著しく湧出したことを示唆している。けれども，その内容についての適切な理解は，適応の文脈（adaptive context）——フロイトの言葉である——を完全に認識したときにのみ可能となる（Langs 1973b）。カンザー（Kanzer 1952）とゼッツェル（Zetzel 1966）は両者とも，ねずみ男が無意識的空想の派生物を豊かに生み出していることにとくに注目し，それが活力ある治療同盟と強力な治療的雰囲気の存在を示唆していることを力説した。他のところで私が明らかにしたように（Langs 1974, 1975b, 1976）このことが真実だとしても，技法の逸脱と誤同盟の発達こそ，患者が生産的な材料をもたらすもっとも確かな源泉に属しているのである。特に危険もなく安全な，患者－分析家関係の範囲内でのそのような技法の変更がもつ広範な無意識的意味に刺激されて，無意識的な空想活動やコミュニケーションがそのような外傷に適応する主な手段として利用されるのである。したがって，そのような材料を評価するに際しては，その源泉や意味を適切に評価するために，誘因と文脈を認識しなければならない。そうすれば，逸脱と一時的な誤同盟領域が生産的な分析の仕事をもたらしうるのである——もっとも，そのためには，逸脱と誤同盟領域

が認識され，それらが患者とともに徹底操作されて，逸脱と誤同盟領域の形成への分析家の実際の寄与が訂正されなければならない（異なってはいるが関連する見解に関してヴィーダーマン，1974 年を参照されたい）。

　フロイトの「逸脱」の効果や，ことによったら逆転移にもとづく介入の効果，またそれらが寄与した誤同盟領域を追跡するに際しては，フロイトとねずみ男のあいだに活力ある治療同盟があったことを示す重要な領域を，棚上げしておくことが必要であった。誠実で，相互に尊敬し合っていた徴候が見られるのに加えて，そのような治療同盟が確実に存在していたことを示す，ねずみ男の連想が意味深い分析可能な展開へと向かう特質が認められる。くわえて，ねずみ男がフロイトの介入の多くを何度も心から首肯したようであることが，こうした方向を指している。同盟領域と誤同盟領域のいろいろな割合での混合が，あらゆる分析の仕事の特徴をなしている。結果として，洞察に満ちた治癒が誤同盟による治癒（Langs 1975a）と混合するのであって，だからこそ症状変容の基礎や，その先行条件やその下に隠れている基盤について調べなければならないのである。予想されるように，前者のタイプの症状軽減や洞察による治癒は，一般に誤同盟による治癒と較べてはるかに安定し，また患者にとって適応上有益なことがわかっている。しかしながら，フロイトが提示した記録では，ねずみ男が良くなったことに対するこれらの各領域の寄与を特定するためには，十分な資料が提供されていない。両方面での証拠はある。だが，フロイトのこの患者に対するより建設的な仕事は，彼の「逸脱」とそれが生み出した誤同盟領域について研究する際にも，見過ごしてはならない。フロイトの原症例記録は，これらの問題に関わる特別の追加資料を得る機会を与えてくれるだろう。そこで以下において，直接原症例記録に当たってみることにしよう。

原症例記録

　この記録は 8 回目のセッションから始まる。それ以前の治療時間については刊行された報告の中ですでに提示されているからである。記録は，フロイ

トがねずみ男に恋人の写真を見せてほしいと要求して抵抗が高まった，うまくいかなった日（明らかに，うまくいかなかったセッション）にふれることから始まっている。患者は自分の秘密を明け渡すかわりに，分析を放棄することを考えた。彼の次のコミュニケーションは，彼が自分自身や他の人たちを守るために用いた祈りにふれており，ついで彼は，ある精神病院での経験，彼が性関係を結んでいた若い女性の隣の部屋に入りたいと望んだことを思い出した。彼はその部屋を使っていた教授がいなくなってくれればいいと願ったが，その後，教授は脳卒中を起こして死んでしまった。写真を見せてくれと要求するのは，現在の標準的な分析技法——われわれの型板——では逸脱であるだろうし，そしてその帰結は明白である。すなわち，抵抗，分析を放棄したい気持ち，屈服の恐怖，誘惑者に対する魔術的保護，死の願望である。

　記録は先に進むにつれて，ねずみ男とフロイトの闘いの記述が多くなる。患者は恋人の名を明かそうとせず，フロイトはそれを明かすようにと積極的に説得した。すこしのちにフロイトは，ねずみ男の恋人が彼女の義父に誘惑されていたのではないか，という推量も含めて，いくつか，明らかに根拠のないことを語った。それによって，ねずみ男の激しい自慰の時期がもたらされ，また，分析から放免してほしいというねずみ男の要請が生じた。フロイトが転移の説明を試みることで応じると，40分間の論争が生じ，そのなかで患者は，フロイトの押しつけがましさに憤った。それにつづいて，フロイトおよびフロイトの家族を巻き込む一連の露骨な性的空想が生じた——疑いもなくそれは，フロイトの攻撃と誘惑に対する反応の一つであった。その後に，この材料に関して分析の仕事が多少とも可能になり，すこしのあいだ，フロイトの中立性の変容にもとづく誤同盟領域は，積極的な治療的営みへと転じたが，しかし，フロイトが結局，ねずみ男のもつ恐ろしい空想に関して彼を励ましたとき，彼はフロイトに対する不信をはっきりと口にしたのであった。この時期の資料はまた，ねずみ男とその家族の何人かがフロイトの家族成員について知っていたことを明らかにしている。

郵便はがき

　フロイトがいくつか明確な技法上の「逸脱」を記したのは，12 月の分析においてであった．たとえば 12 月 8 日のセッションは，ねずみ男とお針子の**逢い引き**──早漏に終わった──に暗に言及することから始まった．ねずみ男は沈み込み，そしてそれは「治療における転移」に反映された．息子の下品さに関わるものとしてねずみ男の両親のおのおのについての言及があり，そしてこの「転移」の追及は，もしも自分の娘と結婚したら商売で独立させてやるとねずみ男に語ったある親戚についての連想をもたらした．明らかにフロイトは，これらの連想をねずみ男の病気の起源という観点から解釈したのであって，すでに生じていてのちに報告された「逸脱」──つまり，フロイトがその頃ねずみ男に書き送っていた郵便はがきのこと──との，ありうべき関連性を見失っていた．ねずみ男はフロイトに対して激しい苛立ちを覚え，それは直接的な侮辱というかたちで表出された．彼はフロイトが鼻をほじると言って責め，フロイトと握手をするのを拒み，フロイトのような豚も同然の下司男には礼儀を教えてやる必要があると考え，そして，「衷心より」と記されたフロイトからのはがきは親密すぎると付言した．

　フロイトは，技法上のこうした「逸脱」のもつ含意を無視し，この材料を，ねずみ男の愛情対象選択の起源と関連させつづけた．ねずみ男は，女性の F 教授が彼の「けつ」を舐めるべきだと空想し，目のところに二つの糞便が張り付いたフロイトの娘を見るという反応を示した．ねずみ男の，フロイトの娘に対するお金ほしさゆえの愛というフロイトの象徴的な翻訳は，ねずみ男の夢や空想を追求しているフロイトが，ねずみ男との関係の中で現実生活の誘因を無視し続けていたことを意味している．ねずみ男が，自分がつかったお金のことでの母親の苦情に対する反抗に言及したのは，こうした文脈においてであった．

　ここから連想材料はねずみというテーマに進んだが，フロイトは，ねずみ男がこのテーマを自分の母親と結びつけるのを避けたと記している．このとき呼び起こされた連想の意味は，教育がないためにずいぶん当惑させられた父親への嘲りに関係していた．母親は倹約ができるのに，父親は不経済で

あった。ねずみ男は自分がこっそり友人を援助したありさまに言及したが，フロイトはそれを，最初の下宿人に対して同じようにふるまった父親との同一化であると考えた。父親は思いやりのある人だったらしいのに，ねずみ男は父親の単純な軍人気質を恥ずかしく思っていた。

　ここで立ち止まって，この資料に関してこれに代わる見方を提示してもよいだろう（Zetzel 1966 も参照されたい）。こうした流れの全体は，フロイトの心のこもった郵便はがきによって喚起されたと思われるのである。この郵便はがきは，ねずみ男にとって明らかに同性愛的な意味をもっており，かなりの不安，色情的な空想，怒りを喚起したのである。この郵便はがきは，フロイトがねずみ男にもっと個人的にかかわりたいと思っていて，ねずみ男を自分の家族の一員にしたいと望んでいる，という空想を煽った。ねずみ男は，この誘惑に対する明らかな防衛としてフロイトに対してひどく腹を立て，自分と親しくなろうとしすぎると言ってフロイトを攻撃した。防衛的な怒りと充足を求める願望の混じり合った気持ちは，教授——明らかに，フロイトを意味している——が彼の「けつ」を舐めるべきだという空想に反映された。目のところに糞便が張り付いたフロイトの娘の夢もしくは空想は，ここでは，——その多くの意味の中でもとりわけ——彼ら二人の相互作用に対してフロイトが盲目であることについて，ねずみ男が無意識的に知覚していたことの反映とみるべきである。他のところで私が示したように（Langs 1974, 1975b, 1975c），とりわけ，分析家が技法上の誤りを犯しあるいは治療関係の通常の適切な境界を逸脱し，さらにみずからの逸脱に気づき認識することができなかった場合には，患者はその誤りを，またもちろん分析家がそれに気づけないことをも含めて，無意識的に知覚するのである。こうした意味では，分析家が盲目だったり知覚できないでいることを，患者がほのめかすのはごくありふれた出来事であり——これは，この資料ではっきりと確証される所見なのである。こうしたコミュニケーションはまた，フロイトに自分のもっている盲点に留意させ，患者を理解するうえで障害になっている困難からフロイトを「治そう」とするねずみ男の営みともみなしうるかもしれない。特徴的なことに，誤同盟を維持しようとする試みはそれを是正しよ

うとする営みをともなうのであって，このことは一般的に，患者にとっても分析家にとっても同じく真実なのである（Langs 1975a, 1976を参照）。

　ここでも私が，いま分析したシークェンスに対して他の要因が寄与していることを無視している点が注目されるかもしれない。たとえば，フロイトに対するねずみ男の怒りはまた，フロイトの休暇のゆえに自分が失った治療時間や，フロイトと一緒にいたと彼が空想したと思われる女性への羨望とも関連していたであろう。そのことが，ねずみ男の母親にまつわる連想材料のもう一つの決定因だった可能性は十分にありうるし，またこのシークェンスに対して他の寄与要因をとりあげることもできるだろう。けれども，私がこの臨床資料から展開しようとしている見解にとって中心的なものは，はがきを受け取ったのちのねずみ男の連想や行動のシークェンスと，今日精神分析を受けている患者がその分析的関係の枠内で示す同じような変更に対する反応の，顕著な類似性である（Langs 1975b, 1976）。これもまたかなり典型的なことであるが，分析家のそのような行動に反応している患者は，その逸脱に直接言及することを避け，それを間接的に連想の中に埋め込み，そしてそれによってつくり出された不適切な充足と誤同盟を受け入れるのである。のちになってはじめて，彼はその誤同盟の破壊的な影響を示唆しようとするコミュニケーションを行って，逸脱とその帰結にわずかにふれる程度に言及することを通して，その誤同盟を無意識的に是正しようとするだろう。最後に，銘記すべきは，この逸脱に対するねずみ男の具体的な精神内界の反応は，明らかに彼自身の内面の葛藤や無意識的な空想によって決定されたということである。つまり，おのおのの患者は，誤同盟領域をつくり出そうとする分析家の営みに，自分自身の欲求や性格構造とあい調和するかたちで反応するのである。

　その次のコミュニケーションは，お金に対する母親の不適切な態度と，母親に反抗する患者の力にふれている。また貧弱なるマザリング（mothering）への言及は，分析家が逸脱したときにじつによくみられるものであり，したがってわれわれは，ねずみ男の母親に立ち向かう力は，一つにはフロイトが無意識的に示した不注意な誘惑に対する反応として，またそれに対するねず

み男の防衛として展開したことを疑わなければならない。ねずみ男が父親の教育のなさや理解力のなさに言及したことは，フロイトが現在の相互作用を理解できないでいることについての患者の無意識的な知覚や，フロイトがこの問題を修正するのを助けようとする患者の営みの，もう一つの指標とみなされるかもしれない。

　結局，注目すべきことに，フロイトの書き残した記録を検討すると，患者と分析家のあいだの今日通例とされる境界の拡張に対してねずみ男の示した反応は，分析の枠組のその種の変更をめぐるさらに現代的な研究から引き出された見解と完全に一致するかたちで理解できるのである（Langs 1973b, 1974, 1975b, 1976）。さらにわれわれは，そのような出来事が，無意識的な空想や知覚の派生物に満ちた連想をきわめて豊富に産出することを知っているが，それらは，正しい適応の文脈やその材料の誘因について明確に認識することによって，はじめて適切に理解し分析することができるのである（Langs 1973b）。また，精神分析的関係と精神分析的状況に関する今日の基本規則と境界——枠組——を構成する特殊な教義には，本質的に健全な安全装置が存在していることも明らかなように思われる。この枠組——これは多少とも，当時のフロイトの枠組ではなかった——の変更に対してねずみ男の示した感受性は，そのような命題を支持しているように思われる。

食事の供応

　フロイトが「彼（ねずみ男）は腹を空かせていたので食事を供した」と記しているセッションを始めたのは，この月の終わりであった。まず，この経験に先立つシークェンスと，その後に続いた反応について詳しく述べることにしよう。そのあとで，患者を直接，非解釈的に満足させるかたちをとった，この技法上の特別な「逸脱」の影響を明らかにすることができるだろう。

　概して，それに先立つセッションでねずみ男は，「転移」反応を暗示するようなかたちで父親に対する怒りにかかわり合っていた。ねずみ男が，父親と自分の両方が診てもらったことのある医師，Pr博士の病気の件で心を乱

されていたことは注目に値する（12月28日の治療につづくセッションで，フロイトはPr博士の死亡による分析の中断を口にしたのだが，このセッションの日付に関してはいくらか混乱がある）。この治療時間の早い段階で，Pr博士の死亡についての空想と，彼を殺すことと生かしつづけることの両方についての空想――ねずみ男の万能空想――が言及された。ついで，Pr博士はねずみ男の姉キャサリンの死と結びつけられた。Pr博士はその当時の主治医だったからであり，そしてそのことがねずみ男を，疑いもなく彼の早期幼児期の主な外傷の一つでありまた彼の神経症の一焦点であったもの――フロイトが探索し結晶化するうえで若干の困難があった一要因（Zetzel 1966）――へと至らせた。姉の死をめぐるねずみ男の罪悪感は，ねずみ男が冷たくはねつけたときに自殺を企てたお針子の死と結びつけられた。ついでそのことが，父親の死や恋人との関係が有力な役割を演じた，ねずみ男の強迫的思考の開始についての話につながった。自殺空想や激しい自己非難がほのめかされた。それはとりわけ，自分の恋人は売春婦だという思考ゆえのものであった。宗教のテーマが出現し（はっきりはしないが，ねずみ男の両親はユダヤ人であり，母親はユダヤ人家庭の養女であったらしい），そして，ユダヤ人女性と結婚したいという誘惑との闘いが語られた。10代のうちは自慰をしないという誓い，また，自分を鏡に映すあいだ死んだ父親のためによくドアを開けておいたという出来事は，このとき報告された。この後者の材料は，それをねずみ男が自慰をすることで父親に挑戦しているという観点から説明しようとしたフロイトには，つながりのない，理解できないものであった。このフロイトの説明は部分的にしか肯定されず，そしてこのシークェンスでの連想は，ねずみ男が裸の少女を盗み見て罪悪感を感じたという昔の出来事に及んだ所で終わった。

　こうして，12月28日の治療時間は食事を供することで始まった。その際にねずみ男はウンテラッハ滞在の話を続けたが，覗き見が起きたのはこのウンテラッハにおいてであった。またその地で彼は，彼が付言したところによると，長距離ランニングで自分をもっと細身にしようと思い立ったのであった。このランニングの話には，突然切り立った崖っぷちに走り出て，そこか

ら身を翻す空想をもったことが含まれていた。ついで，陸軍での軍務のことや，もし父親が倒れたら父親を助けるために軍の地位をなげうつか，という疑問にどう答えるかを調べると，自分で自分の愛情を測定できるという空想に話が及んだ。父親の死のことが話された。肥満し，部下を剣のひらで打った中尉のことも話された。そのような人間に立ち向かう話，ついで鞭打たれる恐怖がやってきて，患者は彼に決闘を申し込むという空想を語った。ついで，患者は父親の上級将校に言及した。その上級将校は，患者の父親がある特別の町のユダヤ人たちにシャベルをもたせ，軍用列車を通すために除雪作業をさせたとき，それまではずいぶん陰険だったのに父親を褒めそやした。父親はそのような称賛を厳しく批判した。

その次の連想は，ウンテラッハでのねずみ男のしゃべろうとする強迫，計算と保護の強迫観念にふれていた。それには，恋人を病気から守り，自分にしゃべりかけられたすべての音節を理解しようとする魔術的な努力が含まれていた。雷雨の中での計算不安は死の恐怖を示しており，また陽光を浴びてのランニングは自殺の特質を帯びていた——これらはフロイトが指摘し，ねずみ男が認めた要因であった。さらに，彼の家系で起きたいくつもの自殺の記憶が続いたが，それには，不幸な情事をめぐって起きたものも含まれていた。ねずみ男はみずから，自分はたとえ失恋したとしても母親ゆえにけっして自殺はしないと誓った。ここでフロイトは，このような自殺空想は，彼が怒りのあまり女友だち——彼のいとこ——の死を望んだことに対する自己懲罰だったに違いないと記した。フロイトはこのとき彼に，ゾラの『生きる歓び』を読むようにと手渡した。明らかにそれは，この小説の主人公がたえず自分自身の死や他の人びとの死について思いめぐらしていたからであった。ねずみ男は，小石が恋人の馬車を転覆させかねないと考えて強迫的な行為——小石をどかし，その後にそれを被害を与えかねない場所に戻しておいた行為——をしていたが，それを語ったのは，こうした文脈においてであった。

Pr博士の病気と死による中断への言及がなされたのは，すでに記したように，その次の治療時間においてであった。これはねずみ願望と敵意を含む考えにつながり，さらに，Pr博士が彼の姉ジュリーを強姦している空想に

至った。フロイトはこれを，診察に対するねずみ男の羨望を意味するものと考え，食事の供応にも書物の貸与にも結びつけなかった。ジュリーが10歳のとき，ねずみ男の父親は彼女を叩き，彼女が岩のようなケツをしていると言った。フロイトは父親に対するねずみ男の怒りを解釈したらしいが，しかし，この介入について確認はされていないと記している。かわりに，一つの「転移」空想が報告された。つまり，「二人の女性——私の妻と母親——のあいだで1匹のニシンが引っ張られていて，一方の肛門から他方の肛門に伸びていました。女の子がそれを二つに切り，そしてその二片が（剥がされたかのように）落ちました」というものである。この空想に対する唯一の連想は，ねずみ男がニシンをひどく嫌っていたこと，そして最近フロイトに食事を供されたときニシンには手をつけなかったということであった。その女の子は，ねずみ男が階段のところで会って，フロイトの12歳の娘だと（明らかに正しく）思った女の子であった。

　その次の時間は，一緒に遊びに行こうという姉からの誘いにふれることから始まった。この誘いに彼は憤り，姉をねずみ刑に処したいと思った。ねずみ男が黙り込むとフロイトはずいぶん積極的になり，そのねずみ空想を，患者の以前の回虫のエピソードと結びつけようとした。そうすることでフロイトは，ニシンの話をその頃おこなわれた浣腸と結びつけようとし，ふたたび現時点での相互作用を犠牲にして起源を探ることに専念した。このことの多くは確認されないままに残されたので，読者は幸いにも直接この素材に目を向け，フロイトとの相互作用の中でのねずみ男の無意識的な空想や知覚を反映するたくさんの新たな連想をみることができるのである。ここでは，ごく顕著ないくつかの点に的を絞って言及しておきたい。従兄弟がねずみ男に大便の中の大きな蛆虫を見せたこと，その蛆虫に彼が嫌悪を感じたこと。フロイトが，自分の自慰が原因で姉が死んだというねずみ男の空想の解釈を試みていたとき，患者は実際に母親に勃起を見せるといった露出症的材料や，裸の女性に対する窃視症的な思い出に言及しつづけたこと。

　この時点で，相互的な関係にある露出症と窃視症をめぐる同性愛的な記憶が報告された。最近下痢をしたことへの言及が，ニシンのエピソードと結び

つけられた（フロイトが記録した残りのセッションを見ると，食事の供応とその影響にくり返し連想が立ち戻っているのが分かる）。このテーマはさらに，ズボンを下げたところを見られてしまうというねずみ男のイメージや，ニシンを半分に切った，間接的に売春婦とみなされた女の子への言及を通して発展した。ここから陰毛への言及が生じ，フロイトは，明らかに無関係なことであるが，当時の女性が恥毛の手入れをしなかったことについて，あれこれ話をした――これは逆転移性の反応であったかもしれない――。フロイト家は，二人の女性がとりしきる家とみなされており，ねずみ男は，フロイトが出してくれた食事は二人の女性が用意してくれたものだという空想を報告した。

　その次の治療時間では，売春婦やユダヤ人たることへの言及があり，また，弟との同性愛的な遊びが報告され，フロイトがねずみ男の母親と結びつけた一連の性的空想が報告された。弟との経験では，弟のペニスがねずみ男の肛門に触れるにいたった。それから，その次の時間には，ねずみ男はフロイトの子どもを蹴とばす空想を報告し，それはふたたび，フロイトによってニシンと結びつけられた。ついで，姉を妊娠させるという空想，また，食事を出されたために自分は時間を失い治療がそれだけ長引くのだから，フロイトは食事を出して利益を得たのだという思いが生じた。ねずみ男はまた，その食事に対して追加料金を支払わなければならないとも感じた。この連想材料に埋め込まれていたのが，食事の料金を花婿の提案と結びつけた空想であったが，その花婿はウェイターに自分の妻と最初の性交をしたならお金を支払うと言ったのである。ここでねずみ男は，フロイトに自分の考えを褒められるといつもとても嬉しいが，しかし第二の声が「この糞ったれ」と言いつづけると語った。

　その次の時間にはねずみ男は，虫歯を抜いてもらいに歯医者に行った夢を報告した。歯は抜かれたが，それは違う歯であった。さらに，その後のあるセッションで，医師に毛布の中に手を入れられて不当に触られたという，いとこの若い女性への言及がなされた。

こうしたねずみ男の反応は，以前に報告された，同時代の臨床資料にもとづく種々の観察や見解を実証し，確証している（Langs 1973a, 1973b, 1974, 1975a, 1975b, 1975c, 1976）。再度述べるが，私は種々の逸脱の結果と，連想材料の展開に対するそれらの寄与を強調しているのであり，フロイトについての患者の意識的また無意識的な空想や知覚の源泉ともなる逸脱が，このシークェンスに対する他の刺激と深く絡みあっているそのありさまを立証しようとしているわけではない。けれども，私は最初に，枠組からの大きな逸脱に気づかず分析しないでおくと，患者は長期間，直接的に，またより頻繁には間接的に，その逸脱の影響に心を奪われるのが特徴だということを強調したい。

　本論文で探究中の仮説と関連する主要点を選ぶなら，連想材料は，ねずみ男が空腹を覚えたのは，彼がひどく外傷的な記憶や，フロイトに対するひどく不穏な感情を扱っているときであったことを示唆している。そのような感情は，フロイトがねずみ男に書き送った明らかに誘惑的な郵便はがきによって喚起されたものもあったかもしれないが，そのはがきの影響は分析されずじまいであった。この時点でのフロイトの技法上の焦点は，症状の発生的由来やいわゆる転移性の空想におかれていたので，彼は自分に対するねずみ男の反応のその時点での誘因をほぼ全面的に見過ごしたのであり，自分に関して患者たちが抱く主として精神内界的に決定された空想（転移性のもの）と，患者たちの意識的また無意識的な，現実の知覚（非転移性のもの）とを区別する広範な臨床経験をもたなかった（Langs 1973a, 1976）。

　食事の供応は明白な転移性の満足を与え，また，誤同盟領域――これは，ねずみ男がそれに参与し，それから満足を得ていたのであるが，多少ともねずみ男の心を混乱させた――の基礎となった。この寛大で，表面上は支持的なやり方――通常の患者‐分析家関係の境界を踏み破るやり方――は，種々さまざまなかたちの反応を起こした。それはねずみ男に激しい不安を生じさせ，自分とフロイトのあいだにさらに何が起きるのか，かなりの懸念を呼び起こしたのであり，その多くの徴候が認められるのである。たとえば，彼は食事の供応に対してすぐに反応して，自分を細身にしたい気持ちと関連して

高じた自殺空想をほのめかした。不安を伴いつつも受け入れられ，合体を求める欲求の満足は，自分の命を犠牲にしても，なんらかのレベルで拒絶されなければならなかったのである。

この食事がねずみ男に呼び起こしたその他の多くの恐ろしい空想——すべてがその分析的関係と関連する明確な意味をもっている——には，父親に対する死の願望，弱い者いじめだった中尉のことやこの中尉に決闘を申し込む話，奉公人なみのお手伝いとしてのユダヤ人の利用，父親の上級将校が父親に語りかけた好意的な言葉の拒絶，そして，不幸な情事や罰を求める欲求と自殺空想との究極的な結びつきがあった。この資料が示しているように，食事を供することは一つには危険な同性愛的な誘惑や攻撃とみなされ，それに対してねずみ男は，強い不信と怒りの反応を示したのであった。

フロイトはこの材料を解釈するよりも，むしろねずみ男に第二の贈り物——書物の贈り物——をすることで応じた。いまや，フロイトの行動についてのねずみ男の無意識的な知覚はいっそう明確なものになり，それはセッションの中でさまざまな派生物のかたちで活発に表出された。最近亡くなった医師がねずみ男の姉を強姦しようとしていたという比較的無変装の空想は，無意識的な知覚と，この種の逸脱が通常患者に引き起こす発生的な（転移性や空想性の）寄与の混合を示している（Langs 1975b, 1975c, 1976）。ニシン空想やねずみ男のニシン嫌いに含まれている豊かなイメージは，なかんづく，患者が恐れている願望，つまり，誘惑されたいという願望を反映している。

また，誘惑的な誘いへの拒絶と関連する追加資料や，フロイトが自分に食事を出したことをめぐっての空想や不安を伝えようとするねずみ男の不断の営みと関連する，かなりの追加資料が存在する。人生最大の驚きとして，母親のもっていた剥製の鳥が生きていると思った話が語られた。空想の中でねずみ男は，フロイトが売春婦のごとくふるまい——あるいは患者を売春婦のように扱って——自分を誘惑しようとしていると感じた。これは彼に，自分自身の受動的女性的願望に対してみずからを防衛するように促したが，この女性的願望は，まさしくフロイトの行動を引き起こし，そしてフロイトの

行動によってさらに搔き立てられたのであった。たくさんの連想材料はついには，食事を供することでフロイトが不当に利益を得たという意識的空想にまで達し，ねずみ男はこの食事の供応を，他人に自分の妻と性交させるという花婿からの申し出と同等視した。これらは必ずしも転移にもとづく空想ではなく，明らかにその場の実際の誘惑的なニュアンスと関連しているのである。それらは現実と空想の混合物なのである。ねずみ男がこの時点で，フロイトの技法に含まれる中立性からのもう一つの「逸脱」，つまり，自分をフロイトが賞讚したことに言及しているのは興味深い。ふたたび，彼はこの賞讚を拒絶したい気持ちを示唆したのである。

　こういったタイプの未分析の相互作用のさなかにある患者にごく典型的にみられることであるが，ついにはこの連想材料は，歯科医が抜く歯を間違えるという夢を見ることで頂点に達する。この夢は，じつに簡潔に，フロイトの技法上の誤りについてのねずみ男の無意識的な知覚 (Langs 1975c, 1976) と，フロイトがその誤りを解決するのを手助けしようとするねずみ男の絶えざる営みを表現している。

検　　討

　一般的な結論を述べると，この資料は，技法の逸脱や，患者－分析家関係の通常の境界を越えての拡張——枠組の変更——は，すべての患者において空想と行動のレベルでのきわめて重要な激しい反応を呼び起こす，という命題を支持している。一般に，緊急の場合を除いて，患者の反応の分析は，他のすべての分析の仕事に優先する (Langs 1975b)。フロイトがねずみ男とのあいだでつくり出したような，総じて良好な治療同盟をともなう活力ある分析の雰囲気のもとでは，そのような分析経験は，きわめて感動的な意味深いものになりうる。適切なときにこの領域を扱えないと，総じて分析状況は明らかに混沌としたままになり，患者の退行的，行動化的な反応を促進することになる。ねずみ男がフロイトによる介入を，それが技法の逸脱を扱っていないがゆえに，いかにいくども首肯できなかったかは，実に印象的であ

る。ねずみ男の連想がきわめて生産的であり、またひとたびこの材料に対する主要な文脈が理解されたなら認識できるような無意識的空想の派生物がたくさん存在するのに、それらの頁には、患者の側の一般的な肯定的な応答のしるしはほとんどみられない。

フロイトが、みずからおこなった患者－分析家関係の境界の拡張に対するねずみ男の反応を分析するのに失敗したために、ねずみ男は、フロイトが詳細に記載したその後のセッションがもたれた月に、それらの「逸脱」と関連する無意識的空想の派生物を表出しつづけた。彼の内部には、それらの経験に適応し、それらが自分のうちに呼び起こしつつあった精神内界の不安や葛藤を解決したいという、最優先の欲求が残っていた。

全体的にみて、フロイトの分析外の行動によってつくり出された誤同盟の領域がいくつか存在した。フロイトもねずみ男も両者とも、二人のあいだで起きたことの意識的また無意識的な意味に気づくまいとする強固な防衛を共有しており、ねずみ男の神経症的な行動や欲求の是認と充足によって症状の軽減を達成しようとするなんらかの努力が双方に認められた。またフロイトの記録には、誤同盟領域における同性愛的、サド・マゾヒスティックな特質——ねずみ男の病理的な無意識的空想の多くを直接充足し、またかなりの不安をも喚起した特質——が描かれている。露出症的また窃視症的な空想がしばしば言及されていることもまた、誤同盟の一要素をなす特色であり、誤同盟の中でフロイトとねずみ男は、交互に窃視者と露出者の役割を、さらにまた誘惑者と被誘惑者の役割を演じたのであった。けれども、能動的な、貫通し、誘惑し、過剰な満足を与える役割を演じたのはおおむねフロイトであり、ねずみ男はその役割を誘発し、受容し、ついでそれに対して自分自身を防衛したのであった。

フロイトの技法上の「逸脱」と、それが生み出す誤同盟領域——またそれらの誤同盟を修正しようとするのと同じく、存続させようとするねずみ男とフロイトの営み——は、この患者の小止みない連想の湧出に寄与した。フロイトによる症例呈示は、これらの決定因に加えて、彼の妥当な介入やまたねずみ男のさまざまな人生経験もまたこの連想材料に意義深く寄与したという

ことを証明している。適応的な刺激はすべてねずみ男によって，彼自身の精神内界の欲求，葛藤，空想と一致したかたちで加工処理された。けれども，連想材料についての，またそれの転移性および非転移性の成分についての完全な理解は，ここで確認された契機（誘因）や現実が認識され理解されてはじめて可能となるのである。このようにして，ねずみ男の無意識的空想の派生物は，彼の現在の適応的反応とそれらの発生的基礎の両方の観点から，意味が見出されるのである。さらには，この基礎にもとづいて，現実と空想，知覚と誤った知覚が識別されるようになり，内的および外的現実についての患者の把握が促進されて，彼自身の精神内界の障害への洞察が生み出されることとなる*原注1。

ま と め

ねずみ男に対するフロイトの治療には，現在の標準的な精神分析技法からの広範な変更が認められるが，その結果について，とくに患者と分析家のあいだの誤同盟領域への寄与に注目して探究した。こうした基本的な枠組の変化は，そのほとんどがねずみ男のうちに，転移性と非転移性，空想性と知覚性の成分をともなう激しい適応反応を呼び起こした。このような所見は，患者が枠組の変更にきわめて敏感であり，また，こうした反応の分析と，また可能な場合には不要な逸脱の修正こそが，分析の主要な課題であるという命題を支持している。

＊原注1　バイグラー（Beigler 1975）の考えは，ねずみ男についての私の観察および結論と一致している。彼の論文は，この論文が書かれたのちに刊行された。

第6章

ねずみ男に対するフロイトの《人間的な影響力》

マーク・カンザー

　三つの長文の症例報告——ドラ（1905），ねずみ男（1909），狼男（1918）——は，フロイトの技法の詳細をわれわれにもっともよく教えてくれるものであるが，それらがすべて転移神経症の記載（1914）に先立っていたことは，注目すべき事実である（狼男の症例は実際には1914年に，回顧的な教訓として転移神経症に関する観察とともに書きとめられていた。ドラの分析が，転移の意義に対して新たな認識をもたらしたと同じように）。
　ねずみ男のみが，初期の標準に照らしても，ほぼ一人前の分析の基準を満たしている。11カ月後にフロイトは「治療の成功」が遂げられたと報告しており，彼は，その実用的な成果は，病気の原因を「糸の一本一本」追跡しようとする患者の性癖（フロイトならこういう言い方を好んだであろうが）を弱めた点に表れていると言っている。この症例は，その治療の魅力と啓蒙力によって，分析の教育課程における第一の教育手段としての位置を保ってきた。しかしながら，もしもその資料を正確な歴史的展望のうちにおくことができるなら，教えることがさらに豊富に見つかることであろう。
　このような本症例の概観は，フロイトの死後遺された書類のあいだから発見された補遺によって，いっそう望ましいものになった（1909, p.259～318）。この資料は，それが発見されたこと自体，特別の重要性があることの証である。いつもは，「彼は，自分の研究が刊行されると，その症例の記録を破棄する習慣だった」（Strachy 1955, p.253）からである。以前には，最初の7回のセッションの詳しい報告しか発見されておらず，その他のセッショ

ンの資料はその論文全体に散らばっていた。この増補された記録には，およそ3カ月間にわたる連続的な観察が加えてあり，フロイトの技法と理論的方向性に関して分析過程の展開を追う，またとない機会を与えてくれる。さらには，本研究にとってとくべつ興味深いことに，その記録は，フロイトとこの患者の個人的な交流を，著しくクローズアップしてくれているのである。

たしかにわれわれは，典拠のある記録でも当てにならない指針になりうることを思い出さなければならない。たとえば，フロイト（Nunberg-Federn 1962）自身がはやくも1907年10月30日と11月7日に（治療は10月1日に始まっていた），またその後の機会に，弟子たちにねずみ男を（分析の歴史上最初の連続した症例研究として）紹介して，「もはや精神分析家が自分に興味のある資料を引き出そうとはせずに，患者に彼の自然な自発的な思考のつながりを追うことを許す」という「技法の変化」（p.227）の一例としてその治療に言及したとされている。

この言明は二つの理由から納得し難い。すなわち，①それより数年はやく，まったく同じことがドラに関して主張されたこと（1905, p.12），また，②われわれが今日理解しているように，フロイトが十分な自発性を許容することはめったになかったことである。たぶん前者は，新しい弟子たちがまだ彼の以前の研究に従っていたことを考えれば説明できるだろうし，一方，後者に関しては，自由連想の理解と適用とはまだ進歩の途上にあったのである。この後者の点については，フロイト自身が，精神分析療法の過去の歴史を三つの時期に分けた概観（1920）の中で説明している。

「最初，分析を行う医師は，患者に隠されている無意識の資料を発見し，それをつなげて適切なときに患者に伝えること以上のことはできなかった。精神分析は当時，なにはさておいても解釈の**技術**であった」［太字は論者による］。（たとえばドラの症例，またドラの夢の中の宝石箱の意義に関する，見事ではあるがまったく指示的な再構成を参照されたい）。詳しい調査は患者が分析家の意見の力を「認めるように強いられた」こと，そして，新しい事実は「彼女に逆らってかならず利用され」暴露されたこと，にまで及んでいる。

「これで［このアプローチで］治療上の問題が解決しなかったことから，

すぐにさらなる目標が見えてきた。すなわち，患者に，分析家が患者自身の記憶から解釈したことを肯定するように強いること……**人間的な影響力**——これを通して『転移』として働く暗示が機能を発揮する——によって彼に抵抗をやめるように働きかける」ことである［太字は論者による］。（ねずみ男と狼男は，ここで最良の例として役立つ）。論文『想起，反復，徹底操作』（1914）に具体的に表現されている3番目の時期は，本質的には中立性と，成果を得るための転移神経症の解釈に依存するものといえるだろう。

　われわれ自身の焦点は，解釈の「技術」の一部としてフロイトがねずみ男に行使した人間的な影響力に向けられる。この技術は公然と暗示を利用したものであり，しかもまだ少なからず，ドラとの対決に見られる理屈っぽさを示していた。にもかかわらずわれわれはこの時期を，「しかしながら，うちたてられていた目標——無意識だったものを意識的なものにするという目標——は，この方法では完全には達成されないことがますます明白になった」というフロイト自身による回顧的評価を通して，歴史的文脈に位置づけることができる。患者は，確信して過去を想い出すことを可能にする転移神経症が形成されるまで，抑圧されたものを反復する段階を通過しなければならない。転移神経症が形成されたときにのみ，治療的成功が遂げられるのである。

　注釈者たちは，第二期での暗示目的での転移の利用と，転移の新たな利用，すなわち記憶の直接的な想起にではなく分析状況での行動（すなわち，転移神経症）の理解を目指して転移が利用されること，この二つのあいだの重要な違いをじゅうぶん強調することはめったにない。たとえば，ねずみ男がフロイトの娘と実際に出会ったあとで，彼女が目のところに二つの糞便をつけて前に立っているのを夢に見たが，フロイトはそれを，美しさのゆえにではなく金欲しさのゆえに結婚したいという思いを意味するものと解した。いまやねずみ男は，以前に彼が抵抗していた解釈——すなわち，あるとき彼が，愛情よりもお金のために結婚すべきだ（父親が母親とのあいだでそうしたように）という父親の要求に神経症的に反応していたこと——を受け入れなければならないと，フロイトは主張した。公式の論文ではフロイトはこの問題を，患者は「この転移性の空想と過去の実際の事態とのあいだの完全な

る類似の圧倒的な影響に，もはや目をつむったままではいられなかった」という，むしろ事態を曖昧にするような言葉で終わりにしている。しかし，補遺には，患者がこの解釈に実際に圧倒されたという証拠も，あるいは影響されたという証拠も見つからず，それよりもむしろ，夢はフロイトとその家族に対する一連の攻撃の一部であったということの証拠が見いだされるのである。それは，過去の記憶よりも，説得力ある解釈が可能となるまえに，現時点での感情を重視してそれを処理すべきだ，という力点の推移を明らかにしたのであった。

　第三期におけるように，患者と分析家のあいだの交互作用という，真に重大な領域がもっと直接的な焦点とされていたなら，解釈を受容させるために《人間的な影響力》という特別の因子に訴える必要性は低くなっていたと思われる。たとえばねずみ男が，フロイトの母親が亡くなった際に，お悔やみを言いたい気持ちが「お門違いに笑ってしまう」恐怖によって妨げられたという空想を持ち出したとき，フロイトはその素材が，実は患者自身の母親の死を願う気持ちと関連していることを示唆した。「先生は私に復讐しているのです」と，ねずみ男は叫んだ。彼が報復の真意に正しく気づいたにせよどうにせよ，フロイトに対する敵意は一方的に過去を強調されることによってはぐらかされてしまい，そのような一方的な強調は，せいぜい更なる憤りや，分析家を個人的に巻き込みたいというねずみ男が明らかにしつつあった気持ちを掻き立てたにすぎなかった。

　多くの人が予想していたと思われるが，実際にはフロイトが自覚していたよりももっと深く巻き込まれていたことの証拠があったのであり，今日の論評家は，この分析の経過を扱った記録のうちに，その徴候を目にするかもしれない。実際に，そのような再構成は1952年に試みられ，この治療の初期段階と関係する資料が，もっと最近の転移神経症の考えに基づいて再検討された（Kanzer, 1952）。早期に転移神経症が形成されていた証拠は，患者が分析家をねずみ刑執行人の役割に投げ込んだときに挙げられた。抵抗を処理しようとするフロイトの直感的な試みもまた検討された。エリザベス・ゼッツェルは，隠されていた記録が明るみに出されたのちの1966年，治療同盟

の観点からこの症例の進展について再検討した．今回，われわれは，われわれ自身のこれまでの研究を広げて，治療のその後の段階も含め，その新たな資料を用いて全体像の中で治療同盟（それをわれわれはゼッツェルよりもいくぶん異なって解釈する）について考察することが有益だと信じる．

　以前にわれわれは，フロイトが「ねずみ刑」に関して患者の考えていることを「推し量って」手助けしたことのうちに，相互の行動化を通して転移性充足が成就されるのをみたのであるが，そこにわれわれは，それが治療同盟の形成を促進する当時のやり方の一つでもあったことは認めなければならない．フロイト自身はそれを，「効果的な転移」をもたらすための手段と考えたのであろう．この効果的な転移は，もしも「（患者に）真面目な関心をもっていることを示し，開始時に出現する種々の抵抗を慎重に払拭し，一定の誤りを犯すことを避けるなら」（Freud 1913, p.139）生じるものである．われわれは他の論文で，まさにそのような活動が恒久的に治療同盟や作業同盟の種を植えつけるのだと主張した（Kanzer, 1975）．
　転移神経症も治療同盟も共に，二人の当事者の過去の歴史と文化的背景のうちに――究極的には彼らの幼児神経症や建設的な親子関係のうちに――来歴をもっている．本書の第4章でスタンリー・S・ワイスは，彼らの会話に微妙な陰影を添えたフロイトとローレンツ（ねずみ男）の共通のきずなを詳細に描いているが，それは分析の中では探究されなかった――分析は，無意識的なエディプス的記憶をあらわにすることを目指していたので――．芽生えつつある転移と逆転移を治療開始前に決定づけたのは，この二つの家族の関係，ウィーン社会のその時代の共通の風景，フロイトの性に関する教説についての患者の知識，などであった．
　そういった方向でわれわれは，分析過程における相互交渉について，またとりわけフロイトが及ぼした《人間的な影響力》の性質やその現れ方について，さらに広範に検討したいと思う．さて，4回目のセッションで患者は，亡くなった父親に対する「愚にもつかない」罪悪感を語ったが，それは，以前の信頼できる友人（一種の転移の対象）がきまって明らかに馬鹿げたこと

として退けたが持続的な安心は得られなかったのだった。いまやフロイトは免罪を拒んで，かわりに，実際に君の自己非難には根拠があるのだがそれは無意識の中にのみ存在するので，表に持ち出さなければならないと主張して——クリス（Kris 1951）の言う顕著な「知的な教化」で——彼を揺さぶった。フロイトの反応には，このような告発と，すべてを知っているぞという立場をとることに加えて，患者を深く揺り動かさないではおかないようなイメージと比喩の使用がともなっていた。

　ねずみ男が，自分の捉えどころのない自己非難を意識化したら，治療上どんな利点があるのかとたずねると（交渉の予備段階？），フロイトは治療室いっぱいの，いまでは有名な考古学的トロフィーを指さして，あれらは墓に埋葬されていたがゆえに保存されていたのだが，掘り出されたのちは解体が始まっているのだと説明した。この「例証」は，それが父親の死をめぐっての罪悪感にだけでなく父親の蘇生に関する最近の空想にも向けられていたという事実によって，いっそう意義深いものになる。以前にわれわれは，この症例の転移神経症について述べるなかで，この空想が，いまや父親から分析家に向けられつつある転移と関係していることを指摘したことがある（1952）。フロイトの逆転移や，この特別の隠喩によく与えられる賞賛に疑問を差し挟むものもあるかもしれない。すなわち，墓の中のものは病因的なもので，その発掘は治療的なのかと。フロイトは，彼自身が父親の蘇生に関して懸念を抱いていた（Kanzer, 1969）。

　彼は，墓から発掘された品々に囲まれていて，告白を要求し処罰と免罪の結び合わされた可能性を差し示す，復活した父親のモデルそのものに見えたに違いない。こうした見方は，メイジャー（Major 1974）による最近の論文で強化される。メイジャーは，ねずみ男の考えを「推測」したときのフロイトの言葉は「エアラーテン」erraten（divine「見抜く」）だったと主張している。「ラット（ねずみ）」という音節と，フロイトの全知についての患者の考えを一層強める「見抜く」という言葉で，そのセッションは実際にそのとき父親の幽霊との対決の場に変ったに違いない。彼は鏡の前で自慰をすることで父の幽霊を誘い出そうとしていたのである。

4回目のセッションの最後で，患者は自分の人生のずっと昔の出来事を想い出すことなんてできるだろうかとなおも疑念を表明したが，フロイトは答えた。困難ではあるが「君の若さが，純真無垢な人柄と同様に君に非常に有利に働く」と。「これと関連して私は，二，三，私が彼を高く評価している点を伝えたが，それは彼に明らかな喜びを与えた」(p.178)。ゼッツェル（Zetzel 1966）や他の人たちは，治療同盟を促進するために直接患者を励ます著明な一手段としてこの出来事を引用したのだが，しかし，おそらくそれはまた，考古学的戒めの結果生じた外傷を，あとで修復しようとした一方策ともみなしうるであろう。《人間的な影響力》のもつ外傷的な側面も支持的な側面もともに欠いた，もっと中立的なアプローチのほうが，父親に対する死の願望の現時点での表れを明らかにし，終局的にはそれらを分析家に操作できるものとして解釈を可能にしたであろう。
　けれども，暗々裡に脅したりおだてたりするフロイトの勧告が，現に防衛を緩めさせはじめたことは認識すべきだし，またその点は興味をもって研究すべきである。いまやねずみ男は，父親が死んだら利益が得られるという思いが浮かんだときのことを想起した。財産の相続と，自分好みの女性と結婚できるという思いである。似たような性質の他の記憶が浮かんできたが，患者は，父親への愛という逆の感情を持ち出して反論した。そこでフロイトは両価性について「知的な」説明をしたのであるが，それとともに，もう一つ効果的な隠喩を話した。彼はあえて，シェイクスピアの『ジュリアス・シーザー』の有名な一節を引用したのである。すなわち，「シーザーが私を愛したがゆえに私はシーザーのために泣く。彼が幸運だったがゆえに私はそれを喜ぶ。彼が英雄だったがゆえに私は彼を讃える。だが，彼が野心をもったがゆえに私は彼を殺したのだ」。
　同じ一節は，フロイト自身の夢の中で，また1歳年長の甥に対する両価的な関係の分析の中で一役演じていた。もっと深いところでは，弟ジュリアスの死にまつわる罪悪感も明らかに関係していた。患者はフロイトの引例に対して，その次のセッション（7回目）で，少年時代のフロイトとフロイトの若いおじのやりとりにそっくりな自分の子ども時代の状況の記憶を持ち出す

という，かなり興味深いかたちで反応したが，その患者との関係のうちに，なにか類似の両価性がまさに現れつつあったのかどうか，疑問に思う人もあるかもしれない。「(1歳下の) 弟と私は子どもの頃ずいぶん喧嘩をしたものである。同時にわれわれは互いに大好きであり，離れられなかった」(Freud 1900, p.184)。そのようなエピソードが，テレパシーを信じるフロイトの性癖に寄与していなかったであろうか。

その後フロイトがねずみ男に，そのような兄弟間の敵対の追憶は，もっと深い父と息子のあいだの敵対感情の記憶を遮蔽するものかもしれないと語ったとき (Shengold 1971 も参照されたい)，彼は患者を教育するために自己分析に頼ってはいなかったか。少しのち，患者の人生がフロイトの人生と類似していることが示された時点で，フロイトは，患者の話したことをすぐに忘れてしまったり，その話がその患者の話なのかそれとも「別の患者」の話なのかはっきりしなくなることがあった（われわれの経験では，そうした事態での「別の人」とはしばしば分析家自身である）。

フロイトの自己分析の鋭さは鈍っておらず，患者が幼い頃に姉のキャサリンが死んだ話をしたときに，フロイトはその話に心が乱されるのを自覚した。それは「私自身のコンプレックス」（ほぼ間違いなく彼自身の幼い弟ジュリアスにまつわるもの）を掻き起こした。患者の過去とのもう一つの交差は，患者がベッドで両親のあいだに寝ていて寝小便をしたことを思い出した時点で生じた。これが原因で，患者は父親に忘れられないほど打擲された（遮蔽記憶の場合によくあるように，この話にはたくさんの別形がある）。この男の子があまりに激しい怒りで応じたため，父親は打擲をやめ，驚いてこう言ったのだった。「この子は将来，大人物になるかそれとも大犯罪人になるかのどちらかだ」と。

それとも神経症者になる，とフロイトは付け加える。幼いジグムントが7歳か8歳の頃，「眠りにつくまえに，慎ましさの命じるきまりを無視して両親の寝室で，両親の前で生理的欲求を満たした」とき，フロイト自身の父親は同じような事態に直面した。父親は判断を下した。「この子は将来つまらぬ人間になるだろう」と。これは，「野心ある私の心には恐ろしい打撃で

あった。なぜなら，いまだにしじゅう夢に，この場面にまつわることがくり返し出てくるからである」(1900, p.216)。両方の場合とも，エディプス期の盛りに原光景の中で父親に挑戦して排尿によって自己主張したのであって，これは，代理性去勢や人格変化を引き起こす契機となったと思われる。ねずみ男の場合には，これは明確に，ねずみ恐怖を決定づける出来事に数えることができた。

　フロイトはわれわれに，この自己分析的な補足を直接確証してくれてはいない。しかし彼は，彼にとってくり返し関心の的となりまた精神分析にとって重要な——事実の探究かそれとも空想の探究かということに関係する——歴史的真実と心理学的真実の関係について，より一般的な疑問を提起する長文の脚注を挿入している。「われわれは**いくども**この種の例に遭遇する」[太字は論者による] と彼は断言したが，そうした例では，重大な早期経験が，記憶の影の中から立ち現れるのである。彼は，ねずみ男の外傷についての種々の話にふれながら（彼自身の外傷体験もその一つと思われるのだが），神経症の「中心的コンプレックス」を原因として生じる空想の中にそれらの共通の起源があることを強調した。これは，エディプス・コンプレックスという意味での「中心的コンプレックス」への最初の言及であった。明らかにそれは，患者と彼自身の内なる諸過程への複合的洞察を，科学的洞察へと昇華した一例である。

注　釈

　精神分析的治療の「第二期」（1910～1914）に，フロイトが成果を得るための《人間的な影響力》の利用を決断する上で用いた古い準拠枠は，直感への依存と，治療目標として性的外傷に関する特別の無意識的記憶を明らかにせねばならぬというこだわった考えに由来する偏りを示している。患者との現時点の感情のやりとりは，「転移」や抵抗という概念のもとに不完全ながら理解されていた。患者が要求されても恋人の写真を差し出す気になれないのは「抵抗」とみなされた。これは，もっとのちの時期なら，治療者の押し

付けとみなされたであろう。

　現在ゼッツェルのような人たちは，フロイトの中立性の冷たさや厳しさに対立するものとして，治療同盟の「親切な」側面を強調している。けれども，事実としては，分析家はしっかりと確立された介入基準よりも《人間的な影響力》に頼ることを強いられると苛酷になったり，あるいは患者との疎通性を失うこともありえるのである。こうして，人間的な影響力は，治療に対して逆に放逸で破壊的なものになりうる。このことは，本書の他の論文で，もっと詳細に吟味されている。いろいろな出来事があった「ニシンの食事」の約3週間後，ねずみ男に関する記録が中断したことは，治療の進行上の重大な変わり目で注入されたこの「温かな」「一対一の」刺激によって，治療同盟の由々しい破壊がもたらされたことを示している，というのが私の印象である（たとえば，本書第5章のラングスの論文を参照されたい）。

　患者に対するフロイトの「知的教化」は，それが実際に，治療過程で患者に——ときには援助的な，ときにはその反対の——影響を及ぼすイメージや隠喩をさしはさむ時点でしばしば生じる。その逆に患者はしばしば，かなりの重要性をもつものではあるが当時の分析過程の目標との関連では興味の対象とはされなかった言葉やイメージを用いた（たとえば，彼のユダヤ語についてのワイスの分析を参照されたい）。われわれには，いわゆる「陰性の治療反応」は，こうした要因の影響に気づきえないことから生じることが，大いにありそうに思われる。

要　　約

　精神分析の歴史をいっそう明確に理解することをめざして，患者の人生の出来事とフロイトの人生の出来事の並行について検討した。フロイトはときおり，結果として生じた逆転移に気づいたし，またそれを分析することもできた。彼は少なくとも一度，類似の経験をもとに明確に感情移入することができた。彼はその結果，普遍的な空想の存在を認識することができ，あまりに直接的に特別の外傷記憶を追求するのをやめることができたのであった。

第7章

統合的要約

マーク・カンザー

　ねずみ男の症例を検討しなおす早期の試みがなされたのは，カンザー（Kanzer 1952）が最初の7回のセッションに対して，フロイトが実際には1914年の『想起，反復，徹底操作』という論文にいたるまで導入しなかった転移神経症という概念を適用しようとしたときであった。フロイトの介入は，伝統的には単に患者に忘却された過去を思い出すように刺激することだとみなされていたが，転移神経症モデルを用いることで，治療のまさに最初からそれまで強調されなかった転移対象としての分析家，あるいは現実の人物としての分析家との関係が明らかにされた。のちに，中立性や，分析状況への過去からの突発的な退行行動の浸透という考え方が登場するとともに，そのような発見はいっそう広く認識されるにいたった。

　1955年に『標準版』で治療の原記録が刊行されるとともに，フロイトの先駆者的な，輝かしい，しかし古くなりつつあった古典を現代の見方に相応したものにし，かくて教育手段としてのその現代的価値を高めるための重要な新たな機会を手にすることができた。フロイトはいつもは症例の刊行後に記録を破棄したのに，それが保存され，彼の死後ようやく発見されたのである。いまやそれはわれわれに，セッション中の患者とフロイトの実際のやりとりについて，またもちろんセッション中の，またセッションとセッションのあいだのフロイトの考察についても多少とも知る，比類ない機会を与えてくれる。それゆえフロイトの残した記録は，症例資料はもちろんとして，伝記的また自己分析的な資料を与えてくれる。

エリザベス・R・ゼッツェル（Zetzel 1966）は，10年後にその記録に関する論評の中で，公的な症例提示によっては可能でなかった母親の役割や発達の前エディプス期について評価する新たな機会の得られたことを強調した。同胞との関係の影響はまた人格形成期にディテールを添え，人格形成期は，病因的な側面に関しても正常な側面に関しても，いまやいっそう正確に描くことができるようになった。フロイト自身については，患者に温かい関心をもち，ときには逆転移の苦境に気づき，励ましたり教育的手段を用いたりする現実の一人物として，いっそうみることができるようになった。ゼッツェル（Zetzel 1966）は，治療同盟という概念を発展させることに関心をもち，ときにはのちの，もっと中立的な技法を正当なものとしながらも，フロイトの介入も有用だったのではないかと主張した。

ジュディス・S・ケステンバーグは同じ年（1966）に，『ねずみ男』を用いて，『強迫性発達におけるリズムと機構』に関する彼女の見解を例証した。彼女は，「ねずみ男の言語行為や身体行動に関するフロイトの生き生きとした描写は，治療過程における，思考と行動の移り変わる特質を浮き彫りにした」と述べ，そして，ねずみ男の成人になってからの行動と早期発達の典型的なパターンを関連づけようとして，それに専心した。ねずみが肛門に噛み入ってくることへの恐怖症的な怖れは，そのような早期の身体運動リズムの合流を組織した。恐怖をもったときにフロイトの治療室を無目的に駆けまわるのは，他のおりの類似の行動の再現であり，よちよち歩きの子の興奮（あるいは私なら，ねずみの走りまわりを加えるだろう）を示唆するものであった。ついでケステンバーグは，ねずみ男や他の症例から，成人の病理のより一般的な決定因を追究した。

本書では彼女は，彼女の初期の研究を，『強迫性の発達における自我機構』という新たな論文で詳述している。この論文は，多年にわたる乳児や幼児の観察に基づくものである。彼女の指摘どおり，患者に関するフロイト自身の記載は言語による報告に限定されず，顔の表情や身体の動き，感情表出への鋭い関心を示している。彼女は主張する。「ねずみ男は，口唇サディズム期をうまく乗り越えられなかったような振る舞いをした。彼は，感情の中間領

域に十分な統制力をもたなかった。興奮から無関心もしくは放心状態へと移り変わり，高い地位に登った空想から辱められ見捨てられた感情へと変転した」と。ここでケステンバーグは，フロイトや他の人たちと同様に，ねずみ男の人格の断片化に注意を求めているのであり，その断片化は，ねずみ男の発達に見られる分離と自我分裂の過程を立証しているのである。

　彼女は，病理と治療経過の両方に，相特異的な観点からアプローチしている。とりわけオリジナルなのは患者の停留睾丸をめぐる問題の評価であるが，それについてはフロイトの補遺の日誌ではわずかにしかふれていないし，もとの症例史の中ではまったくふれられていない。たとえば彼女は，ねずみ男が女友だちの名前と精液という観念を切り離すために作り出した魔法の言葉（Glejisamen）が，彼にはなんの連想も浮かばない二つの文字——最初の部分での「e」と「i」——を含んでいることを指摘する。くっつけると「ei」すなわちeggとなり，それは睾丸もしくは女性の生殖細胞を暗に示しうる。その女友だちは卵巣摘出術を受けていた。この資料からケステンバーグは，身体の中への貫入と身体からの脱出——睾丸として噛み裂いて入るねずみ，および，赤ん坊を産みたいという願望の遂行——を支配したい欲求のあることを示唆する（ノーマン・H・ホランドが，身体への破局的な貫入と良性の脱出を支配しようとする欲求にもとづく，ねずみ男にとってのアイデンティティの問題を措定していることは興味深い。彼は睾丸の役割を持ち出してはいない）（Holland 1975）。ケステンバーグはまた，睾丸に関する自分の考え方を，フロイトがねずみ男に供した大して良くもない夕食の摂取の結果に適用している。のちに患者は，自分が食べるのを拒んだニシンを，女の子が二つに切る（すなわち，二つの睾丸を作り出す）夢を見た。

　ケステンバーグは母子ユニティに関する現代の教えに留意して，フロイトが忍耐力，理解力，思いやりのある立派な親のごとく，固着点が解除されたのちに，患者のより正常な再成熟を促進したと仮定している。フロイトは患者のぼんやりとした思考に的確なはっきりとした言葉で立ち向かい，彼に新たな対象像や自己像をかたちづくることを教え，混乱した神経症的な両親の代わりとなる頼れるモデルとして役立った。彼はまた，自分自身（自分自身

の笑い，懐疑心，葛藤）をありのままに分析して，そのような自己吟味をねずみ男に伝えることもできた。

　レオナード・シェンゴールドは2篇の論文（Shengold 1967, 1971）で，ねずみ男の症例に，誘惑され外傷を受けた子どもの例証を見出した。そのような子どもは大人になると食人空想を発達させ，ねずみのうちに**とりわけ歯**，すなわち自分自身の獰猛なる口唇性のシンボルの担い手を見出す傾向をもつ。彼は，シェンゴールドが「ねずみ人間」と呼ぶ人たちに属する。シェンゴールドの広範な論述はさらに，歯の萌出経験を考察の対象に持ち出す。この考察は，きわめて興味深いことに，ベルトラム・D・レヴィン（Lewin 1950）が民間伝承の「口唇性の三要素（oral triad）」という概念の中で記述したむさぼり食いまたむさぼり食われる空想，またねずみに関する物語，また同様に，このカルトの「ヒーロー」であるねずみ自身についての驚くべき解説，および真実と虚構を互いに著しく近しいものにするねずみの歴史と行動に関する諸事実などに及んでいる。

　いく人かの論者は，ねずみ男の神経症の一構造的側面として，自我の分裂を強調している（超自我の分裂が存在したことも明らかである）。シェンゴールドは，自我の「垂直」な分裂について詳細に述べ，それが個人の反復しがちな，重度の外傷の記憶に対する一防衛である分離の使用と結びついているとした。意識の変容は，こうした垂直分裂と関連していて，人格の強力な構成要素が（コピーである齧歯動物のごとく）現れたりまた消えたりする原因となるが，自我はそうしたことに責任をもつ必要はまったくない（貫入と脱出を支配しようとするものとしての自我に関する他の描写とは対照的だが，しかし，必ずしもそれと矛盾するものではない）。思い出される自我断片は，乳房や大便や来ては去る他の対象（小便，睾丸）と関連する薄弱なる過去の遺物である。

　意識の分裂と変容というテーマはまた，スタンリー・S・ワイスの『ねずみ男の精神分析に関する考察と推測』という論文にも見出せる。彼は思考の混乱という症状（意識の変容と結びついている）は実際には，眼鏡の紛失と，新たな視力を取り戻すこととそのための代金の支払いにともなうジレン

マとともに始まったと記している。そのために治療の開始時にローレンツはフロイトのもとに来たのであった。自我分裂はさらに，幼児期に親が自分の考えを見抜いていると信じていたことを彼が想起するとともに，分析の早い時期に明らかにされた（私は，超自我が形成される際に両親に由来した自己観察部位が，再度外在化されたことを加えたい）。そのような自己観察力が次には切り離されて分析家に委託されたのであった。治療の経過の中で，いままで罪悪感の充満していたこの機能は，（苛酷な超自我を飼いならす）寛容なる分析家の許容とともにふたたび自我によって自分の機能とされるのである。

　自我分裂の機制はまた，ローレンツのユダヤ人としてのアイデンティティ否認の背後にも，見出されるかもしれない。このユダヤ人としてのアイデンティティは，彼の思考の一特徴をなしていて，ひそかに気づかれずに転移の中に忍び込んでいた。ワイスは，実際に被分析者と分析家の双方にとっての共通の準拠枠をかたちづくった当時のウィーン人の考え方の重要な側面を提示してくれている。親が子の考えを読みうるという信念は，当時のウィーンの親たちが意識的に子どもに吹き込んでいたものであった（ルネ・スピッツが，こうした事柄の資料提供者であった）。

　ユダヤ人としてのアイデンティティが患者の神経症の発症に与ったのは，彼がオーストリア陸軍の軍事演習に参加して，（彼の父親がうまくやれたように）自分のような生い立ちの人間でもそのような状況下で頑張り通せることを証明しようとしたときだった。ワイスは，アイデンティティをめぐるローレンツの両価性の特別の媒介物——**Raten**（値段あるいは分割支払い金）なる用語の中に **Rat** という言葉が含まれていること——を指摘する。ユダヤ人は，ウィーン実業界に分割払い方法を導入したことと密接に関連性を持っていた。分析治療の支払いは分割払い方法と結びつけられたが，それは治療の最初にフロイトと料金の取り決めをする際に，「フロリン金貨の枚数と同じ，たくさんのねずみを」という思いがローレンツの心をよぎったときのことであった。フロリン金貨がそれぞれねずみに転じられてフロイトの肛門を貫通したのであり——こうして，ねずみとお金の双方が肛門空想に結

びつけられたのである。彼はまたフロイトを，20クラウンのチップの価値しかないパーチ（Parch）だと冷笑した。『標準版』ではこれを「役立たずの人間」と訳しているが（1955, p.298），一方でワイスは，明らかに患者の感情とさらによく一致する，ユダヤ人の侮辱を伝えるユダヤ的な定義を引用している。

　ワイスの主張によれば，当時フロイトは一般に陰性転移の徴候に精通していなかったので，患者の切り離された攻撃性がこうしたユダヤ人特有の言葉や隠喩の背後に隠されるのを許してしまったのだという。さもなければフロイトは，患者の青年期の両価的な信心深さと分析の「儀式」（つまり，彼がフロイトを死から蘇った父親とユダヤ教の全能の父なる神にすらも置き換えて，嘲るとともに崇めもした分析の「儀式」）とのあいだに生まれつつあった結びつきに，気づいていたことだろう。

　今日分析のデータに適用されるいっそう詳細な準拠枠は，患者から得られる「初回のコミュニケーション」の意義をますます広げ，寝椅子での初回のセッション以前の予備面接に，またそれを越えてその個人の個人史にまで遡って広がっている。フロイトは（正しくも）両性的な志向の意味を強調しているが，一方でカンザーは，ローレンツの最初の不信とごまかしに注意を促している。ゼッツェルは，治療を受けるまえに母親の許可をとりたいと思ったことにふれている。ワイスは，彼がフロイトに相談する以前に早くから情報を得ていたことと，この二人の男性がともにユダヤ人であることの影響を指摘している。

　患者には，セックスの相手としてであれ，ねずみ刑の執行者としてであれ，あるいはごまかしに騙されやすい対象としてであれ，分析家と異なるタイプの関係を結ぼうとする，治療目的とは対照的な期待というものがあるが，ロバート・J・ラングスはこの期待と関連する**誤同盟**という概念について論じている。抵抗と誤同盟の関係は，インタープリテーション（interpretation）とコンストラクション（construction）――精神過程についてのより広くより統合された見方がもたらされる――の関係に匹敵すると思われる。似たようなやり方でラングスは，分析家の標準技法からの「逸

脱」について語る。「当てっこ」，恋人の写真と名前の要求，患者に葉書を書き送ったり本を貸し与えたりしたこと，フロイトが患者に供するように駆り立てられた特別興味深い「ニシンの食事」等々。ゼッツェル（Zetzel 1966）は後者のうちに，一対一の関係での分析家の温かさの表現をみた。本書の著者たちは誰しも，このことをそれほど無害だとは思わなかった（言うまでもないことだが，おのおのはあらかじめ話し合うこともなく，また通例は異なった観点から自分の題目を選んだ）。分析家の生の温かさと，それによって得られる患者の利益の両方に疑問を投じなければならない。ジェローム・S・バイグラー（Beigler 1975）は，食事を供することが「情動の嵐」を引き起こしたのを見出しているが，筆者（カンザー）もそうした印象を受けており，その点では完全に同意する。

　ラングスは，患者がしばしば分析家の逸脱に，おそらくは二人のあいだの共感状態に生じた障害を通して気づいていた，という重要な指摘をしている。患者の夢は，分析家が留意すべき手がかりを差し出しているかもしれない。たとえば，目のところに糞便をつけてねずみ男の前に現れたフロイトの娘の夢は，分析家に対する非難を意味する夢の中の盲人という，よくある象徴と関連づけられるとラングスは信じる。同様に，歯科医が歯を抜き間違えたという夢もまた，これと同一のメッセージを伝えているものとみられる。他方，（私信によれば）マートン・S・ジル（Gill）は，フロイトは種々の出来事について著作の中で述べているよりも鋭く気づいていたといってよいと感じており，彼が「当てっこ」のときにねずみ男に自分が残忍な大尉では**ない**ことを想起させたことは，少なくとも部分的には，転移性の抵抗について間接的な解釈をしていたことを示唆している。彼は，不穏な情動が増大するのを抑える手段として，分析のごく早期でも必要な場合には解釈するほうを好む。最初のコミュニケーションに関するわれわれのいっそう深まった理解は，この見方を支持している。

　カンザーは，『ねずみ男に対するフロイトの《人間的な影響力》』についての研究で，フロイトの見解と技法を当時（1909）の精神分析の立場から，またその後の精神分析の発展方向をかたちづくった問題との関連で検討しよう

と試みた。カンザーは患者と，自己分析の中でわれわれに伝えられたフロイト自身の，いくつかの類似の経験を指摘している——たとえば，亡くなった同胞に対する喪失反応や，エディプス的反抗の重大な表現である父親の前でのお漏らし等——。結果として明白な逆転移が生じるときもあれば，共感が生じるときもあり，また（歴史的現実と精神的現実の関係の考察に関して）少なくも一度は葛藤から自由な洞察がもたらされており，これは精神分析に有益な作用を及ぼすことになった。しかしながら，《人間的な影響力》は不規則な，恣意的なものになりやすく，また，示唆的な隠喩やイメージをともなう「知的教化」にすらも浸透していた。中立性の尊重こそ，個人的な見当違いを抑制し，患者との真の共感を高め，分析過程の経過を進める手段であると思われる。

第 II 部

要約と全体の結論

第8章

人間関係における新しい次元

マーク・カンザー

　フロイトの初期の精神療法の症例では，もっぱらカタルシス的技法 (Breuer & Freud 1893〜1895) が用いられていたが，やがて共感的観察を介して，自己分析と患者分析とが相互に関連しながらかたちを成しはじめた。最初の症例であるエミー・フォン・N夫人と出会い，この40歳になる寡婦との最初の面接時に，相互交流の劇（ドラマ）が確立されたが，この寡婦は夫が14年前に死亡して以来，チックと「ヒステリー性せん妄」に苦しんでいた。「2分か3分ごとに彼女はとつぜん話をやめ（ほかの場合は知的な話し方をしていた），顔をしかめて恐怖と嫌悪の表情を示し，両腕を私のほうに伸ばし，指をぜんぶかぎ型に曲げて，不安に満ちた変わった声で，こう叫んだ。『静かにしてちょうだい！――何も言わないで！――触わらないで！』」(p.49)。簡潔で飾り気のない記述は劇的であって，経験がない若い開業医（まだ30代前半であった）にとって，"巻き込まれない"でいることは難しかったに違いない。

　フロイトは年長の同僚であるヨゼフ・ブロイアーが以前にかかわった有名なアンナ・Oとの経験に学びながら，エミーと毎回会う取り決めをした――これはのちに精神分析の慣例となった――。彼は最初患者（および彼自身）に症状の原因を説明しようと努力した。その努力は経験的で素朴なものであったが，しかし急速に発展する可能性を含んでいた。その発展は，彼の柔軟性と共感性と患者を助けたい気持に負うところが少なくなかった。この「分析的な雰囲気」への序曲は，患者の信頼感と，彼を支配しようとする

試みをも生むことになった。自由連想と心のこもった傾聴がより永続的な技法の基礎となるに至ったのは，エミーがとつぜん我慢ができなくなり，思いがけず話を打ち切ったことによる。彼女は催眠下においてさえ，「何故そうなったのかあれこれ尋ねないで，私が言わなければならないことを言わせて下さい」，と断固とした口調で苦情を述べた。フロイトがこれに同意すると，彼女は（夫の死に対する反応とその結果，子どもに不合理な非難を浴びせたことを）前置きなしに話しつづけた（p.63）。このような自由連想がつづいて2週間を出ないうちに，症状の外傷的な起源，性的欲求挫折の役割，家族内に深く根ざし隠蔽されていた憎悪が明らかになったが，それらはすべて常識的な問診によってはけっして判明しなかったものであった。

フロイトは将来の患者に備えて，より目的に叶った面接法と，患者と彼自身との関係の鍵となるものの基礎を築きつつあったが，それは心の働きへの優れた洞察力と，分析状況における医師患者間の繊細なコミュニケーションへの尽きない洞察を与えてくれるものとなった。たとえば患者に道徳的な反省をさせて無意識的罪悪感を軽減してやろうとしても，まったく受けつけないと知ったとき，彼は患者を禁欲的な中世の修道僧に譬えて述べた。「あらゆる人生の些事のなかに神の指や悪魔の誘惑を見出し，片時もまたいかなる片隅といえどもこの世界を自分と関連づけないでは思い描くことができない，禁欲的な中世の修道僧」（p.65〜66）と。悪魔という譬喩は彼の文体を高め患者を描写するのに役立っただけではなく，すでに指摘されたように（Kanzer 1961）フロイトの内部に気付かぬままに内的危機が生じていて，自己分析が部分的に始められていたことを証明している。この自己分析の中でフロイトは，彼自身中世の修道僧のように，患者たちが自分に性的関心を抱いていることに気付きはじめて，それに反応するのだが，この性的関心はフロイトと一緒にいるあいだ患者たちの思考の総てを形作り，彼にも同じ関心を強く求めるものであった。「頭に浮かんだことはいかなる反省も加えずに，何でも告げなさいと患者に伝えるとき，私は患者のまったく気付いていない目的と方向性をそなえた考え，私に関係した考えが隠れているはずだ，という確固たる推定の上に立っているのです」と述べるそのフロイトの言葉

は，25年以上も経ってようやく自らの洞察を脱性化して簡潔な科学的結論を下すことができたことを物語っていて，精神分析発展史という観点からきわめて教訓的である（1900, p.531～532）。患者は意識していなくても，自由連想中に生じるすべての考えは分析者に向けられているのである。

　1895年までに，フロイトはカタルシスによる治療形式を捨てて彼自身の方法——精神分析——を開始する準備をととのえた。しかし，なお数年のあいだはそのかたちが定まらなかった。しばらくの期間，彼はウィルヘルム・フリース（Fliess 1954）とともに，自己分析という未承認の独得な方法を用いて分析を行った。この自己分析はきわめて重要な事件，つまり彼自身の夢の分析による「夢の秘密」の発見をもたらした"イルマ（エンマ）"の分析につながっていったが，彼自身の夢の分析は，この患者を彼が新たに発見した方法によってはたして正しく治療したかどうかという問題を引き起こした。"イルマの注射"という1895年7月25日の朝に解明した夢の中で，彼はイルマと思われる患者と彼女に身体的，心理的な両方の治療をする医師とのあいだで，仲介的な立場をとる。その夢について彼自身が分析した結果が，彼の科学の将来にとって決定的なものとなった。つまり，彼はその若い女性にたいする自分の不当な気持を正し，あえて直面することを避けたい個人的な理由から，不当にもその治療から撤退してしまっていたのだった。彼自身の"分析医"であるウィルヘルム・フリース博士との和解の方策も，信頼の危機ののちに見出していた。そして，新しく発見した夢の理解の方法を，彼は自己の分析は言うに及ばず患者の分析技法の完成のために応用したのであった（Freud 1900, p.106～120, Erikson 1962, Schur 1966, 1972）イルマの夢（これを彼は精神分析の夢の"見本"と呼んでいた）についての自己分析において，フロイトは分析の歴史における最初の自己分析家となっただけでなく，最初の自分自身のスーパーバイザーとなった。

　ヒステリー症状を示す18歳の少女"ドラ"の治療を引き受けた1900年の末頃，夢の意味を追究してそれを患者の治療に応用することは，依然として彼の興味のなかで前景を占めていた。ドラの治療は3カ月しか続かず，治療のあいだにフロイトがどれだけ理解したかと並んで，治療が終わるまで何を

理解するのに失敗したかによって，その症例は記憶されることになったのだが，とにかくドラは後世に伝えられるべき最初の"古典的"な症例となった。その治療のあとで洞察力が深まり，分析中の転移の役割が新たに認識されるにいたった。

われわれのこのシリーズ(『フロイト症例の再検討——ドラとハンス』『シュレーバーと狼男』，本書『「ねずみ男」の解読』いずれも金剛出版刊行)では，"ドラ症例"(1905)の検討が，ジュール・グレンの概観『フロイトの青年期患者たち——カタリナ，ドラ，"同性愛的女性"』によって始められている。彼がとくに強調しているポスト・フロイト派の理論的発展は，つぎのごとくである。つまり，1905年以降に始まった青年期の心理の特異性の認識，青年たちの独立を求める欲求とそれに代わって現われる両親への依存性とのあいだの青年期特有の葛藤の認識，および，とりわけ最近フロイトに対する批判がふえている，女性に関する特殊な問題の提起。

この患者の背後にはフロイトの母親と妻と一番上の娘の姿が隠れていること，それは，若い未亡人として正当な恐るべき要求を突きつけてきている患者に対して，葛藤から自由な態度を確立するにあたってまず克服すべき恐るべき組み合わせであること，これについてはフロイト自身がすでに"イルマ"と夢の見本に関連して指摘していた。この複雑な問題がドラ症例においてもほとんど解決されていなかった。ドラは，グレンが『フロイトの症例研究における精神分析の概念と様式』で説いているように，フロイトの子ども時代にきわめて重要な役割を演じた子守り女は言うに及ばず，彼が好きだった妹ローザに関係のある逆転移を，彼のうちに目覚めさせたのであった。

当時フロイトは，子どもたちに妊娠と出産に関する事実を押し隠すことによって，かえって若い者たちのあいだの性犯罪を煽ってしまう偽善的な社会風潮に反対して，それと戦う運動をしていた。これもまた，自己分析の結果とみなして良いだろう。偽善にたいして"真実"をぶつけるという行為を，独力でやろうとしたのである。彼はからだのその部分をはっきりとわかる名で呼び，ドラにたいしても性行為を率直に論じ，話の中に性倒錯が出てきてもとくに新しい知識を開陳しているわけではないことを，はっきりと示すこ

とができた。時代は性革命の開始がもっぱらフロイトの名前と結びつけて論じられる，20世紀の初めであった。しかし，グレン（およびドラの巻の他の執筆者たち）が指摘するように，すでにドラとのやりとりの中で，彼が誇らかに先頭に立って唱導した自由には，暗い反面のあることが明らかであった。自分の父親および誘惑者気取りのK氏の性的放埓さを見てすっかり不信に陥っていたその少女が，フロイトが社会の偽善に反対する十字軍という動機の他にいろいろな動機を抱いているのを感じて，それに強く左右されていたであろうことは，十分理解できる。

　ロバート・J・ラングズや私同様，ドラの巻の執筆者の一人であるグレンは，この少女が治療から脱落した経緯を振り返って，治療の中断を思いとどまらせるために，フロイトがほとんど何の手も打たなかったということを確信している。18歳の「同性愛の女性」についてはほぼ20年後にフロイトは，グレンの説によれば，ドラへの共感にみられる空隙を特徴づけていたのと同じたくさんの欠点を取りあげて，自己分析の失敗と患者分析の失敗とが互いに補い合っている領域を明らかにした。ロバート・J・ラングズは，フロイトがのちの古典的技法から逸れていったことを論じるために，誤同盟と逸脱の概念に依拠し，ドラが父親といっしょにいたときに燃える家から逃げ出したという有名な夢を検討し——それが治療中断に先がけて見られた夢であったことに，フロイトはあとになって気づいた——彼女が潜在的な誘惑者であるフロイトに，恐怖心と願望を育んでいたことを指摘している。フロイトは表向きは火にたいする不安の起源を幼時早期の夜尿の問題に求めようとしていたが，一方（分析の原則がまだ定まっていなかったその時期に）自分が"火遊び"のゲームに無理に誘いこまれているように感じていた。そのことは，ドラとのあいだに進行していた無意識のセックス・ゲームの一部であった空想を，二人が分かち合っていたことを示している（ドラの巻で私は，ドラが治療から逃げ出そうと考えていることに，フロイトが早くから気づいていたことを指摘している——この洞察は，逃走が現実のものとなるまでは正当な注意を払われることがなかった）。このようにお互いにじらしあったり，離れたりするのは，青年期の子と両親との関係に珍しいことではないが，性的な魅

力や障壁にはこれまでよりも敏感になって互いに監視し合うものである。
　私は自分の論文の中で，ドラが見たフロイトの診療室から逃げ出す夢をとりあげ，とりわけそこに含まれる象徴と普遍的幻想に光を当てて考察した。そこには父親による救助（出産）と火－水の対立項という，二つの普遍的な幻想がある。フロイトは，数年にわたってこの火－水の対立項に強い関心を持ってきたが，そのことが，フロイトが両親の寝室で夜尿をして両親の不興を買った幼児期の重要な出来事と関係があることは確かであった。フロイトの臨床の仕事は，依然として，夢の研究と連続するものでありつづけたが，そのほとんど副産物のかたちで，彼は火－水の対立項とその性的象徴の起源を普遍的な身体的経験に遡って追求したが，これは先例のない重要なアプローチであった。燃える家から逃げ出すことは，神話にその原型が見出される──ロト（注：アブラハムの甥）の妻，エーネアスとその父アンキーセス（注：トロイ戦争を戦った息子エーネアスが父を戦いの火の中から救い出した），ブルンヒルデ（注：『ニーベルンゲンの歌』のなかの妻）とジークフリート（注：その夫）等々，そこにはわれわれを現代へと赴かせるたくさんの主題がある。私の考えでは，ドラの夢は夢の作業の基礎的なパターンであって，脅えた子どもが母親のイメージを呼び出そうとする努力につながっていると思われる。ここには，原初の言葉の曖昧さと相似した視覚的なイメージの原初的な曖昧さがあり，それについてフロイトは，この夢を論じる中で指摘したことがある。しかしながら彼が見ていなかったものがあったのであって，それはまさにこの夢が伝達している彼**からの**逃走と彼**への**逃走の曖昧さであった。もしも彼がこのメッセージを考えて解釈していたならば，彼はこの分析自体を救うことができたであろう。その夢の中の火のイメージは，フロイト自身の連想に基づいて考えると，逆転移の問題を指し示している。その夢の中には，患者の肖像はもちろんのこと，分析者の肖像も見てとることができる。こうして見出された意味は，進行中の転移と逆転移の態度を露わにし，患者の心的過程と密接に関わっていく上で最大の助けとなるはずである。メルヴィン・A・シャーフマンは，ジュール・グレンが書いた章を論じたなかで，フロイトの心から患者の心へとイメージを伝達した隠喩を

明らかにしているが，ドラの治療を始めたときにフリースに書き送った手紙の引用を見ると，われわれにもそれが分かる。「新しい患者ができました，18歳の少女で，患者は私の錠前あけ道具のコレクションをまえに，あっさりと心を開きました」(Freud 1954)。このイメージが伝える性的なものと不法な治療開始とは，その後の治療の間ずっと作用し続けると思われる。これはよくみられる状況であって，これに対してはフロイトよりも今日の分析者のほうが，自己分析（と分析訓練）を通じて錠前あけの道具を手に入れて，ずっと準備ができている。もう一つ別の隠喩も付け加えることができる。この治療の終結期にフロイトは再び彼の「分析者」に，こう告げている，「私はきのう『夢とヒステリー』（彼が当時考えていたドラの症例研究の題名）を脱稿しましたが，そのためか今日は薬が足りない気がしています」(1954, p.326)。フロイトはコカインを用いた経験から，連日服用すると負けて嗜癖になったり，服用すまいとして苦しんだりするようになることを十分に承知していた。それは「燃えている家からの逃走」の夢の中でドラがきわめてアンヴィヴァレントに述べたドラとフロイトの共有体験を，フロイト自身が改作したものであった。

　シャーフマンはドラの分析において，転移のほかに，フロイトの感情を伝えてドラの不信感を深めたと思われる問題点を指摘している。その家族の友人と称する既婚の男性が身体を押しつけた時，14歳の正常な少女が感じるのは性的興奮だけで嫌悪感は感じないとフロイトは言ったが，それは本当だったろうか。ドラを自分の理論を探究する道具として利用する気持が，治療上の助けとなったか治療に反したかという問題も，本書の執筆者たちによってそれぞれの観点から提起された。「ドラ」の巻の要約の章で，イントール・バーンスタインは，フロイトの症例は全体的な文脈の中で検討されるべきだと述べ，フロイトの治療的視点と，"ドラ" が組み込まれている歴史の発展とに全面的に関連した，宝石のように貴重な文献的，教育的，理論的価値を有していると論じている。フロイトとその患者との個人的な相互作用に付け加えて，フロイトには自分の輝きによって若い少女の眼を眩まし圧倒したい欲求が明瞭に見てとれる，とバーンスタインは述べている。

バーンスタインは有効で説得的な比較を試み，フロイトを今日の訓練中の若い分析家に擬して，その分析家がこの症例で経験したことをスーパーバイザーに報告する場合を想定している。フロイトが分析を始めるまえに父親と接触したこと，患者以外の人間から提供された種々の情報に信頼を置いたこと，および解釈を急ぎすぎた癖は，警告されるもとになったであろう。実際に，フロイトの"解釈"は，しばしば親や教師の権威を振りかざして主張する，知的説明に類するものになった（彼の行動の一面は依然として催眠の伝統をひきずっていたが，それは自由連想を信頼するにつれて，自ら修正されることになった）。バーンスタインはまたドラのその後の人生について，永久に遺恨を抱きつづける患者の例として挙げているが，このような遺恨の感情は，分析が患者を失望感と拒絶感で傷ついたままで見離した場合に，後年によくみられるものである。フロイトは，治療終結後ドラが年長者と会う際に治療がどんな利益を及ぼしたか，十分に評価していなかった。さもなければフロイトは，君は勝利感を味わうために私に完全に治療したという満足感を与えなかったのだ，などと厳しいことを言って，ドラを去らせはしなかっただろう。

フロイトはドラを治療したことから，偶然であったとはいえ，青年期の分析への門戸を開いた。"ハンス少年"（ヘルベルト・グラーフ）の治療では，その意義を十分に知って，児童分析の領域にあえて飛びこんだ。つねに新たな領域を探究したいという欲求に駆られていた彼は，その機会を捉えて，子どもの直接分析を通して，成人の記憶や症状から得られた仮説を，確認したり論駁したりした。このような企てと関連して，フロイトは弟子たちに彼らの観察を報告するよう依頼し，そうすることによって彼だけの孤独な研究に代る集団による研究を促進した。

ハンス少年は，フロイトの患者であった母親と，夫マックス・グラーフとの間の5歳になる子どもであった。マックス・グラーフは，ウィーンに住む有名な音楽評論家であったが，フロイトの弟子となり，後にウィーン精神分析協会に発展した'水曜の夕べの会'に規則正しく出席した。すでに何回か見られたことであるが，ふたたびフロイトは治療するための患者を仲間うち

から選ぶことになる——それは後に不興を買ったが，フロイトが限られた人びとにしか知られていなかった当時にあってはやむを得ないことであった。

　5歳のその子どもの治療をした際に，フロイトは規則に捉われることのない独創的な才能を発揮することとなった。子どもの父親を治療者に仕立て上げて，自分のスーパービジョン下に置いたのである。『少年ハンス症例の新たな検討』を書いているマーティン・シルヴァーマンは，もっと厳格な手順で行う今日の立場から結果を振り返っている。ハンスは扁桃腺切除手術を受けたばかりであったが，その影響を示唆する材料が十分にあったにもかかわらず，フロイトがそれにほとんど注意を払わなかった，と彼は記している。また，tonsils（扁桃腺）と testicles（睾丸）とを等置することによって（tonsils を意味するドイツ語は Mandeln ——アーモンド，クルミ——）その小さな少年の去勢不安にはペニスばかりでなく睾丸も関係していたと断わり書きしている。

　シルヴァーマンが指摘しているように，少年ハンスが治療を受けたのは，フロイトが攻撃性を独立した本能であると認める前のことであった。当時は未だ，フロイトの陰性エディプス・コンプレックスや，陰性転移への注目の度合は，いずれも限られたものであった。それにもかかわらず，彼は少年の父親にたいする死の願望を，リビドー理論の文脈のなかに位置付け，それに基本的な臨床的重要性を見出すことができた。しかし発達の観点（これはエディプス期のほかに前エディプス期と超自我形成を含む）については，まだ記述されなかった。にもかかわらずその症例からは，かなりの程度まで重要な諸側面が再構成できる，とシルヴァーマンは指摘する。窃視症的要素が前エディプス期からかなり発達し，それがエディプス期へと持ち越されていた。ここではフロイトの自由な教育の影響を受けた両親の努力が，一つの要素をなしていたと思われる。その新しい自由のなかに含まれていた誘惑性が，見落とされていたとシルヴァーマンは示唆している（われわれは同じ問題にドラ症例で出会った）。口唇期および肛門期に関する情報が十分に与えられているので，その子どもの人格形成を現代的な発達ラインにそって描くことができる。今日では妹が誕生したことのショックは，シルヴァーマンの提案す

る縦断的，横断的見方との関連で，はるかに容易に評価することができる。

　少年の治療は，精神分析というよりむしろわれわれが今日言うところの家族療法が，かなりの程度加味されていたとは言え，その結果はいちじるしく良好であったとシルヴァーマンは結論している。その少なからざる効用として，父と子は長く理解しあい愛し合って過ごすことができた。治療が終わるころには，少年はみずから率先して分析を先に進めるようになった。その後，両親は離婚するにいたったが，少年は父親にならって音楽の道に進み，傑出した存在となった。

　少年ハンスの治療の経過およびグラーフ家との関係を物語る材料が出てきたことから，われわれはフロイトの人間的側面をつぶさに垣間見ることができる。ハンスの父親は，やがて患者となる小さな息子の3回目の誕生日にフロイトが贈物の大きな揺り木馬——来るべき治療の予告——を，4階まで，階段を重そうに運び上げた様子を記している。ハンスが神経症だから遺伝がからんだ「変質者」だと人に思われるのではないか，とフロイトは述べているが，そこには，強い個人的な感情が見て取れる（1905, p.141）。言うまでもなく，ハンスに関しては味方だったが，神経症の子どもがいてその病気が人に知られたとしても，その子どもの側に立って世間の偏見と闘おうとまでは思わない，と彼は書いている。グレンが指摘するように，今日われわれは，ハンスの問題は成熟過程の一時的な現象であったに過ぎず，両親にその生育について助言すればそれでこと足りたのではないか，と感じている。諸症例を公開してフロイトが伝達したいと望んだものは，究極的には理論でもなければ臨床でもなくて，文化の問題だったのである。フロイトは，教育者たちがこれらの症例から子どもたちの内的な問題を学び，子どもたちを押さえこもうとしないで同情心を持ってよく理解してやって欲しいと希望している。フロイトはすべての症例に倦むことを知らぬ研究欲と，共感と創意で接したが，そのほかに大きな動機として社会的目的も抱いていたことを見逃してはならない。しかし患者の分析に限界があったと同様に，自己分析についても限界があった——おそらくその限界ゆえにドラのときにそうであったように，新しい努力と発見を目指してさらに拍車がかけられたのであった。

マックス・グラーフはフロイトを尊敬していたが，二人の友情に終止符を打つべき日が来た，と40年後に報告する羽目になったのは悲しいことである。「フロイトと私が対決し，フロイトの，そうしなさい，そうしてはいけません，という言葉に服従できなかったし服従したくもなかった私は，彼のグループから去るしか選択の道がなかった」(1942, p.475)。多分その瞬間に，彼のハンス少年との対抗同一化が決定的となったのだ。

「ねずみ男」という名称は，ねずみが自分の肛門と（すでに死んでいる）父親の肛門，さらに，恋人の肛門を喰い破って入り込むという強迫観念があるためにつけられたものだが，この患者はフロイトの古典的な症例研究の中の最初の成人患者であった。ねずみ男はまた，フロイトが（本人に無断で）水曜の夕べの会で数回にわたってメンバーに提示したので，精神分析的な臨床カンファランスで検討された最初の患者となった (Nunberg & Federn, 1962)。この会で話された考えのいくつかが，その後のフロイトの論文に書かれることによって，精神分析はただ一人の人物の科学であることをやめたのだった。

その治療は1907年の10月に始まったが，それはドラの治療が始まったほぼ7年後であった。自由連想の技法が進み，リビドー理論がさらに明確に定式化された。フロイトは転移をいっそう重要視するようになっていたが，しかし，人生早期のエディプス的関係を反映する非現実的な現象としてしか受取らず，それが患者との関係を告げ知らせるものとは考えなかった。そのために，患者が彼にたいして抱く感情を強調することもなければ，患者が現に抱えている適応上の問題を勘案することもなかった。また逆転移——この用語が造られたのは1910年の10月であった——の可能性を考慮することもなかった。基本的な理論的臨床的概念の解明は未来に持ち越された。しかし，ねずみ男については分析は11カ月の長きに及び，フロイトの全症例のうちでもっとも完全なかたちで報告がなされた。

刺激的な資料が目に触れるようになったのは，ずっとおそく1955年に標準版で日誌が公判された時点だった。そこには長くフロイトの綴じ込みの中で眠っていた，3カ月を越す治療の詳細が具体的に記録されていた。それは

これまでにない直接的で信頼の置ける記録で，日々の分析のセッションと，患者との会話の交換が記載してあり，分析状況でのフロイト自身の人格のありようを瞥見させるものであった。公式の症例研究と非公式の症例研究の違いには，しばしばいちじるしいものがある。たとえば，公式の部分では母親はほとんど蔭から姿を現さないが，非公式の部分では母親の役割はまったくきわだっている。患者の強い転移と（現実の）敵意があらわになるのは非公式の部分においてだけであり，とりわけ基本的に重要なフロイトの戦略と実際の言葉の選択は，非公式の部分で最も良く読み取れる。

フロイトの症例を新しく見直し，フロイトが共感的で逆転移的な反応を示している箇所を指摘する仕事は，本書に収録された私の 1952 年の論文，『ねずみ男の転移神経症』から始まる。この転移と区別される「転移神経症」は，フロイトのその後の経験の中から生まれたのであり，その発見によってフロイトは患者の現在の行動をもっと注意深く見ること，とりわけその行動を自分自身と関連づけて見ることを学んだ。その論文で私は，ねずみ男の分析中に転移神経症の影響が見られた別の流れがあること，そして転移神経症が直感に頼って扱われているが，もっと後になって転移を扱った方が目的に適ったやり方と解釈になったと思われること，などを指摘した。

この論文が書かれたのは，それまで知られていなかったフロイトの記録が公にされた 1955 年よりもまえのことであり，またゼッツェル（Zetzel 1956）とグリーンソン（Greenson 1965）によって治療同盟の概念が発表されるよりもまえのことであった。本書で私は，フロイトの記録を視野に収めながら解説し，治療同盟のある側面に考察を加えた。『ねずみ男に対するフロイトの"人間的な影響力"』という題名は，フロイト自身が自らの技法の発展を振り返った論文（1920）をもとにしている。ドラの治療を行った初期段階では，分析家が埋没していた記憶を解釈し，患者はその解釈を確認することを期待されている。次の段階では，分析家は転移の出現には気づいているが，その転移をもっぱら幼時早期の記憶の存在を確かめるためにのみ利用し，転移によってもたらされた暗示の力（"人間的な影響力"）で，患者に解釈を受け入れさせることだけに意を用いている。

私はまたこの"人間的な影響力"があったことの証拠として，フロイトが患者に理論的な説明を行って大いに教化した点を挙げたい．その教化をエルンスト・クリス（Kris 1951）は，"教義の注入"と呼んだ．ところで，フロイトが行ったこれらの説明を吟味してみると，隠喩に富んでいること，フロイト自身の生活の背景をしばしば例示していること，そしてその背景の意味するものが彼にとってはなはだ大きいことを知らされる．たとえば，『ジュリアス・シーザー』から引用してアンビヴァレンスの意味を説明しているが，以前にはこれを彼自身のアンビヴァレンスを例証するために引用したことがあったし，あるいはまた，診察室で墓から掘り出された置物を指さして墓地の雰囲気をつくり出し，その一方でフロイト自身もかつて父親に抱いたことのある死の願望を認めるように患者にさとしたりした．患者はそれに反応して，父親が生き返ってくる，という考えを抱く．
　自分がひどい罪悪感を感じている行為を実際にやったのだと考えるのを，分析家が馬鹿らしい考えとして否定してくれるだろうという期待——以前の関係から持ち越された期待——を，ロバート・ラングスは"誤同盟"と呼ぶ．そのような"誤同盟の領域"は，洞察を覆い隠すのでなくむしろ洞察を促進するために結ばれる真の同盟によって，とって代わられねばならなかった．ラングスはまた，フロイトが患者に恋人の写真を見せてくれとか名前を教えてくれとか言ったり，不適切な機会に夕食を御馳走したりしたのは，正しい分析の過程からの"逸脱"であると主張する．夕食を御馳走する行為は，全結果から見れば無害なたんなる分析家の優しさのあらわれである，などと言うことはできない（Zetzel 1966）．ラングスのそれに代わるやりかたは，そのような干渉が生じた背景を詳細に検討した結果にもとづいて説かれている．
　『ねずみ男の精神分析に関する考察と推測』を書いたスタンリー・S・ワイスは，患者・分析家関係をさかのぼって，両者が実際に出会う少し以前の状況をも調べている．そのほかの患者とフロイトとのあいだにも，直接間接の個人的接触があった．ねずみ男にはフロイトの著作に若干の馴染みがあり，フロイトは誤った情報としてであったが，ウェイターをしていた兄が殺

人罪で絞首刑に処せられたと聞いていたし，またねずみ男の姉とフロイトの兄とのあいだで結婚の話が起こったこともあった。ワイスはさらに進んで，当時のウィーン人たちの習慣，とりわけウィーンに住むユダヤ人たちの習慣に基づいて，彼らのあいだにある種の暗黙の関係があったことを，記している。ワイスに情報を提供してくれた人びとのなかには，ルネ・スピッツやウィリアム・G・ニーダーランドがいた。

ワイスは，ねずみ男の受診を現実に促したものは何かを検討し，ねずみ男にとって試練となった軍隊での訓練と，父のあとを受け継いで，反セム人的環境のなかでユダヤ人としてのストレスに立派に堪えるところを示す必要が生じたことを挙げている。ねずみによる拷問の話は，ねずみ男の父親からかつて暴力で身体を貫くニュルンベルクの漏斗拷問の話を聞かされていたので，特に強く心を揺さぶられたと思われる。神経症に先立って生じた眼鏡を失う事件は，現実との接触の稀薄化の象徴であると同時に，去勢の象徴であった。そしてその代金の支払いの問題は，とくに彼のユダヤ人としての同一性とも関係して，金銭に関する深く根差した葛藤を噴出させたのであった。彼がフロイトに語った多くの事柄は，その源にあるユダヤ的な意味づけが明らかにされると，新たな鋭さを増す（ワイスが行ったのはこれである）。また，彼自身がもっている反セム主義を嘲笑すること（ねずみ－攻撃者との同一化）は，二人の関係の発展をもたらす重要な要素となっている。

ワイスのアプローチは（私とラングスの似た研究が補遺となって），フロイトが初回のコミュニケーションの重要性を述べた中で，そこに現れている異性愛傾向と同性愛傾向との葛藤に特に注目したが，その際フロイトがリビドー理論を根拠にしていかに誤った情報を与えられていたかを，示している。現在さらに理解を深めてくれるのが，長くダウンステート大学の一員であったマートン・M・ギル，および初期に発表した解釈が妥当ではあるが慎重に受け取る必要もあるハイマン・L・ムスリムの二人による共著論文（Gill & Muslim 1976）である。二人はフロイトの治療への初期介入について（これは私も 1952 年の論文で述べたことであるが），フロイトがねずみ男に残酷なことをする気はないと告げたのは直観的な保証ではなかったこと，むしろ

意識的で間接的な解釈であったこと，などを論じている。たしかに，解釈というよりは保証に見える発言が，意識的無意識的な考慮からなされた，とする考えに反対すべき理由はない。ギルとムスリムもまた，つぎのような意見を述べている。すなわち，フロイトが同じ機会に，私は患者に考えを言わないでおく権利を与えることはできないが，それは患者に月を得る権利を与えられないのと同じだ，なぜならばいずれも自然の法則に従っており，それに何らかの影響を与えることなど望めないからだ，と告げたとき，フロイトは（私が指摘したように）基本規則への個人的責任は回避してはいなかったが，正当にも非個人的な側面を強調していたのであった。

　これはじつに根拠のある考察ではあるが，ここに見られる特殊な言葉づかいは厳密に非個人的なものであったとは思われない——分析の視点からはなぜ月まで引き合いに出したか疑問である——そしてすぐこれにつづいて，フロイトはねずみ男がすべてを打ち明ける必要はないことに同意して，基本規則さえも修正する事態が起きた。ねずみ男はただヒントだけ与えればよくて，その文章の残りはフロイトが"推し量って"くれる。これを"患者と一緒の行動化"と呼ぶことについては，ゼッツェル（Zetzel 1966）とメージャア（Major 1974）から批判があったが，これは曖昧な感じがあり，その論拠はフロイトが首尾一貫することができなかった，とする考えにあった。メージャアの指摘は，"guess"（推し量る）という語をドイツ語のerratenというもとのドイツ語に翻訳し，それによって私の見解に大きなものをつけ加えてくれた点に，真の価値があると思われる。erratenは，メージャアによると，"（霊感で）察知する，占う"という意味を持ち，ねずみを占いの道具として呼び出して患者の心の中を掘り進ませようとすることだという。われわれが注意すべきことは，フロイトはすでに分析の基本規則を空で回りつづける月と同じ自然力（または超自然力）の範疇に位置づけていたことであり，"人間的な影響力"というきわめて暗示的な力は，患者が神経症のために迷信を信じやすくなり，思考の魔術的性質を信奉しやすくなっていたがゆえに，患者に力を及ぼすにいたったということである。同じセッションのもっと早い時間に，彼は，子どものころに自分の話す声は聞いていないのに，自

分が両親に大きな声で話したので自分の考えが両親に知られていると思った，と言わなかっただろうか。このことはほとんどただちに，彼が心にあることをフロイトに言えないと主張し，かつまたフロイトがほんの僅かなヒントから，基本規則の助けも借りずに心の内容を「察知」できると表明したことの中で，試されたように思われる。このような暗示と逆暗示の相互作用は，分析過程によく見られるものであって，適切な時に共感から完全な意識へと持ち上げて，論理的な説明を加える必要がある。基本規則を変更する能力は，時には可能なだけでなく，必要なものでもあるのである。

　分析状況の境界は，レオナード・シェンゴールドとジュディス・ケステンバーグが，治療過程に発達論的視点を持ち込んだ時に，拡大された。シェンゴールドは，ねずみ男の中に，誘惑されて心に傷を受け，成人してから食人的空想を持つようになった子どもの例を見つけた（1967，1971）。邪悪で噛みつく動物であるねずみの中に，彼は自分の残忍な口唇性のシンボルを発見する。シェンゴールドは，「ねずみ人間」とは，ねずみを「トーテム動物」として共有していると言えるような人びとの全体である，と定義する。「ねずみ人間」を概観して，彼は幼児期の歯の萌出体験を論じ，それは歯が自分の「中に」侵入する苦痛な体験であって，貪り食われる感覚と関係があると述べた（これはレヴィンの「口唇性の三要素」(1950)によって，分析家によく知られている）。彼はまた，ねずみについて一貫したイメージを作り上げている民話や物語をたくさん集めたが，それによるとねずみは「歯を持つもの」であって，その真の性格と習慣は，ねずみが人間に対して持つようになった象徴的な形態と極めてよく似ているという。

　メタサイコロジカルな説明の中で，シェンゴールドは「ねずみ男」に見られる自我の分裂（splitting）を強調している。彼はこの自我の分裂を，重大な外傷体験の記憶に対する強力かつ堅固な防衛である分離の使用に関連して見出したのであった。意識の変容が分裂した断片の再現の機会を用意し，自我の払い退けられていた部分が，その自己象徴的な片われであるねずみのように現れたり消えたりする。ねずみとともに過去からの遺物（胸のイメージや糞便まで）が浮かんできて現れたり消えたりするが，自我は責任をもって

自分の各部分を支配しているという感覚はもてないままである（この点に関連して，ねずみ男の空想と症状に対する停留睾丸の影響を論じた，ケステンバーグの論文を参照されたい）。寝椅子に横たわる状況が意識の変容を引き起こし，その結果ねずみ男に「奔馬性の転移」が生じできた可能性がある。

　ジュディス・ケステンバーグは，早くも1966年にユニークな研究を発表して，ねずみ男の理解に貢献してくれた。彼女は，ねずみ男の行動と症状に，早期幼児期の運動機能の発達の典型的なパターンを見出した。ねずみが肛門に食い入って来るという恐怖症は，自分の外部にあると思われる肛門括約筋の運動と感覚に対する支配を確立しようとする，早期の努力に原因があるとされた。彼女によれば，驚いたときにフロイトの診察室の中を走りまわったのは，驚いた子どもが興奮して逃げる姿を再現していた。さらに10年間の観察と実験を重ねた後に，彼女は本書に『強迫性の発達における自我機構』と題する論文を寄稿した。フロイトは，この患者との言語的交流にだけにとどまらず，彼の表情や身体の動きも注意深く観察していた，と彼女は記載している。疑いもなくフロイトは，彼自身の表情，笑い声，彼の述べる驚きの感情によって，ねずみ男に影響を与えた。また彼の自然な態度は，彼が関心と同情心を備えた知的な新しい対象であることを示していて，両親と同じように，新たな自己像と対象像を形成するように影響を与え，この自己と対象像を手がかりにしてねずみ男は神経症によって妨げられていた成熟過程を完成できたのであった。

　ケステンバーグは，本書の他の何人かの寄稿者と同様に，主としてアニタ・ベル（Bell 1961）によって進められた男性の発達における睾丸の役割についての最近の知見に，強い印象を受けた。ねずみ男の停留睾丸については，フロイトは非公式の治療記録の中でさっと触れているだけだが，彼女には，患者の謎めいた呪文 Glejisamen（フロイトは，精子 samen と関係があると思っていた）を解く鍵と思われた。患者が連想できない二つの文字，e と i があった。彼女はこの二つをつなぎ合わせて，ドイツ語の Ei すなわち「卵」（睾丸）を作ったが，これは精子を作る器官であって，妊娠させてはいけないので恋人から離しておかなければならないものであった。ねずみは，

たくさんある特徴の一つとして，彼の身体の中に侵入した睾丸とみなされる。ケステンバーグはまた，睾丸に奇妙な夢を解く鍵を見つけるが，その夢は少女がニシンを二つの部分（睾丸）に切り分けるというものであった。

シュレーバー症例は，フロイトが治療したことも，あるいは会ったことさえなかった一人のパラノイアの判事の自伝に基づいているが，この判事の物語についてフロイトが解明したこと，並びにパラノイアに含まれる諸過程についてフロイトの下した結論は，彼の最も偉大な知的業績の一つである。判事の異常な父親や，シュレーバーのきわめて風変わりな妄想の幼児期体験に潜む現実的な核について，ウィリアム・G・ニーダーランドによって資料が発掘されたが，この仕事は，これまでにフロイトの症例史と命題に付け加えられた最も価値のある研究の一つに数えられるに違いない。フロイトのパラノイアに関する教えの中で，最も有名でしかも最も議論の的とされるのは，無意識的な同性愛がパラノイアの最も深い核心であり，その症状は同性愛欲求の洞察を避けるための試みなのだとする説であった。精神病は，（ある挫折の折りに）抑圧されたものが意識的な空想のかたちで戻って来るとともに生じたが，その空想は，女性になって性交したらさぞ楽しいに違いないというものだった。

フロイトのシュレーバー症例との関係には，逆転移感情は確かに認められないが，フリースとの自己分析で分析されずに残された転移の糸が続いていたように思われる。フリースとの自己分析は，フロイトが両性素質に関する自分の説を盗用したという，フリースによる必ずしもまったく妄想的ともいえない非難とともに終わりを告げたのであった。フロイトの喪失感は，まもなくカール・ユングに新たに愛着することによって和らげられたが，それもまたフリースとの関係と同様に，非難されたり非難し返したりする不愉快な手紙で終わる運命となった。フロイトは，男性との親密な関係の中で，このようなサイクルを追い求める反復衝動が自分にあることを認めていた。奇妙なことだが，ユングが受け入れられないと思ったのは，まさしくシュレーバーについてのフロイトの解釈であり，特にその性的側面であった（レオナード・シェンゴールドのフロイト－ユング往復書簡の考察，並びにフロイ

トとエマ・ユングのあいだで交された手紙についての私のコメントを参照されたい。いずれもわれわれの刊行した『フロイトと自己分析』所収）。

　フリースとの絶交（1901 ～ 1902 年）と，シュレーバー症例をユングが否定したことから生じたユングとの絶交（1912 年）の間に，フロイトは文学と美術の分野で二，三の半ば自伝的な研究に着手した。著名なのは，ヴィルヘルム・イェンゼンの『グラディーヴァ』研究だが，この研究は二人が親密な関係にあった平穏な頃のユングへと引き寄せてくれるものであった。『グラディーヴァ』は，考古学者が主人公の小説だが（考古学はフロイトが大きな情熱を抱いていた領域の一つだった），主人公は意識から断固として追い払っていた同郷の少女と出会い，ポンペイに旅行した際に，彼女は火山が爆発してローマ中の生命が死に絶えた時代から甦って来たのだ，という妄想にとらえられる。フロイトは，主人公の青年があたかも実在するかのように，彼の夢の解釈に嬉々として携わり，病める青年が再び心の健康を取り戻すのを助けた（もちろん伝統的なハッピー・エンドによって）少女の無意識的な技術について論じている。ジェームス・ストレイチーが述べているように，フロイト自身，旅行中にしばしばポンペイに心を惹かれ，ポンペイの歴史的運命（その埋葬と後の発掘）と，彼の知悉する心的事象——抑圧による埋葬と分析による発掘——との間の類似性に夢中になった。『グラディーヴァ』の分析を通して，長いこと旅行恐怖症に悩んでいたフロイトは，科学的なコントロールを弛めて，患者との逆同一化に安心して取り組めるようになったと思われる。

　シュレーバー研究に少し先立ってなされたレオナルドの分析は，同一化が推測されるルネッサンス期の天才に対する同性愛の昇華された形態であったと推定される。この 1910 年春に完成された仕事は，何よりもシュレーバー研究が広げたナルシシズムの概念を，科学的文献の中に導入した点で注目に値する。その夏，フロイトは南方への例年の旅行を企て，今回は彼が断続的に分析していた有能な弟子，サンドール・フェレェンチを同行した。この交友関係は必ずしもいつも愉快なものではなかったが，それは特にフェレェンチが機会を捉えてフロイトに私事を打ちあけるように求め，すべての被分

析者がもつ関係を逆転させたい空想を満たそうとしたからであった。フロイトは，この危険なゲームに引き入れられることはなかった。アーネスト・ジョーンズは，フロイトがこれに関して，1910年10月6日に書いた手紙を公刊し，フロイトは以前の患者に対する逆転移（この術語の最初の使用に当たる）を克服していなかったと述べている。ジョーンズはさらには付け加えて，フリースとの外傷的な経験以来，フロイトは「私のパーソナリティを完全に開示すること」に気が進まなくなり，「同性愛的なカセキシスの一部は撤回されて，私自身の自我を拡大するために利用されてきた。私はパラノイア患者が失敗した地点で成功したのだ」と述べている（フロイトはフリースが自分の分析者だというフィクションに頼るのをやめて，分析機能を内在化することができたのであった）。

　後にシュレーバーの分析へと進むフロイトの知力は，まさにこのシュレーバーのなし得なかった昇華の能力に支えられていた。シュレーバーに関するフロイトの論文の中で，2カ所で自己分析がはっきり見てとれる。この研究の終わり近くで，フロイトはシュレーバーの妄想と自分の提出した諸概念を比較して，その類似性を記している。すなわち，シュレーバーは神の光線を要請したが，私はリビドーの変遷を要請したのだと。パラノイア患者は妄想の基盤として真の内的過程についての精神内的（endopsychic）な知覚を有しているが，科学者はもっと個人を越えて，論理的に述べるべきだ，とフロイトは言っているが，それについては疑う余地はない。

　フロイトに典型的なことだが，彼はパラノイアを深く理解して広範な成果を挙げたが，それでも一臨床研究に満足することはなかった。太陽の象徴やパラノイア患者の心を占めるアニミズム的な諸力は，現実に神話によく出てくる主題であって，信仰心や帝国の権力構造に広く認められるものである。このことについてフロイトは，神話についてのちょっとした冗談を言う機会に触れている。鷲は息子にその出自を証明させるために，太陽をたじろがずに真っすぐに見つめるという神の試練を受けさせると。この冗談は，当時は自らの系統を明らかにせず，異説を立てるアドラー（鷲の意）とユング（息子の意）の二人に絡んでいた。その後まもなくフロイトは，『トーテムとタ

ブー』『モーゼと一神教』などの半自伝的な仕事の中で，異説を立てる二人に対する感情を処理するようになる。これらの仕事には，太陽と月（ねずみ男参照）という同一視（これは聖書にあるヤコブの息子，ヨーゼフとの明らかな同一視にも見られるのだが）に見られるのと同じような，ある種の宇宙的な誇大性が内在している。この精神分析の創建者のもつ柔和で合理的な側面が示されたのは，彼がこの 1914 年におけるストレスに満ちた時期を，『精神分析運動の歴史』を書いて終わらせたときであった。この論文の中で彼は「人間は強い思想を申し立てている間は強くていられるが，それと対立すると力を失う」と結論で述べ，個人的な栄光を否認している。しかし，次のように述べて二人の異端者から離れたとき，彼は果たして宇宙的魔術をまったく拒否していたのだろうか。「精神分析という地底にとどまることが，好みに合わず不快に思われる総ての人びとに対して，上方への愉快な旅が与えられるよう運命に願うのみである」。異端者を天国に送り届けるのは，必ずしも完全に慈悲深い願望とは聞こえないのだが。

　シュレーバー症例の発表に続く 10 年間，フロイトは自らの理論を批判し修正し続けた。1920 年代になされた構造論的見地の導入は，アーロウとブレナーによるフロイトの精神病概念の再評価（1964）の基礎となったが，この二人による発見は，『シュレーバーと狼男』の巻の第 5 章でジュール・グレンによって要約されている。二人は，フロイトが経済論的メタサイコロジーを強調し過ぎ，葛藤と防衛を軽視していると主張している。彼らは脱備給（デカセキシス）の役割は臨床的観察によって否定され，神経症に関するフロイトの諸発見をもっと悪性の疾患に応用すると，精神病の精神病理は説明可能となる，と断言する。グレンとルビンズは，シュレーバー症例を分析の学生たちに講義する中で，フロイトの経済論と後の構造論を統合しようと試みている。彼らはまた，子どもの発達に関する知識の進展によって，シュレーバー症例の執筆当時にフロイトが信奉していた発達論が修正された点を強調する。前エディプス期の母親の表象との交互作用が，統合失調症において重大な意味をもつことは，フロイトのシュレーバー論文以来解明されてきたところである。

1910年から1914年にかけては、フロイトの権威が弟子たちの中の異端者によって挑戦を受けていた時期に当たるが、「狼男」の分析はちょうどこの期間に行われ、ユングやアドラーとの対立の中で、神経症の起源が幼児性欲にあることを証明するための「テスト・ケース」となった。裕福なロシア青年である神経症患者が報告した「狼たちの夢」は、幼児神経症が現在の症状の核心にあることを証明していた。この症例報告で提示しようと目論まれていたのは、「幼児神経症」だけであって、現在の患者の適応様式の特徴や治療との関係については、二次的な考慮しか払われていなかった。その後の分析についての講義では、フロイト自身が狼男の治療結果に満足しておらず、ほとんどその直後から自分の治療的態度の根本的な変更に着手して、患者の現時点での適応様式、特に分析者に対する態度に治療中大きなウェイトを置くようになっていた事実は、必ずしも強調されてこなかった（Freud 1914, Kanzer, 1966）。

ハロルド・P・ブルムの論文『幼児期境界例としての狼男』は、狼男に関する巻の最初に掲載されているが、彼は初めて狼男にずっとつけられてきた強迫神経症という診断に疑問を投げかけ、むしろその状態は「境界例」ないし「妄想症」ではなかったかと述べている。現代のアプローチと一致する準拠枠を確定するために、フロイトが発生論的見地に基づいて患者の子ども時代について残してくれた豊富な資料を使って、彼は驚くほどモダンな「病歴」を示してくれた。この文脈で、彼はフロイトが重視した個人的な事件——患者の経験した心的外傷——を、家族との相特異的な関係の中に位置づけ、それが事件の衝撃を決定づけるのに与って力があったと述べている。前エディプス的な側面が、フロイトが評価していたよりも遙かに重視されることとなった。たとえば悪夢の中の恐ろしげな狼たちが提起した危険のもつ、口唇期的な意味がそれである。事実、レヴィンのいう口唇性の三要素（oral triad）（彼はこれを後に狼男恐怖症に応用した［1950］）は、きわめて重要であることが判明している。患者が未だ幼くて「二人の母親」——農家生まれの子守りと貴族出身で病気がちで留守がちの母——をもっていた時期は、患者のパーソナリティの内部の葛藤し合う発達ラインをあらかじめ決定づけ

た点で，重要な意義をもっている。

　ブルムはまた，フロイトが重い病気になった時期に，ルース・マック・ブランスウィックが行った治療を再検討し，それがフロイトに対する転移の残余を徹底操作すること以上に，どの程度のことをなし得たかを示した。ブルムは，フロイトの治療中には現れなかったブランスウィックに対するお姉さん転移と，狼男はフロイトの「お気に入りの患者」ではなかったという彼女の主張に現れている「弟逆転移」を見出した。彼女自身は，このような近親相姦的な心理が未だ特に関心を惹いていない時期に，フロイトの分析を受けていた。フロイトとブランスウィックがきわめて重視した原光景の役割は，ブルムの疑念を引き起こした。彼は，18カ月で罹患したマラリア，母親の心気症，父親の精神病などの因子をむしろ重視し，それらが狼男を自己愛的な発達ラインに向かわせるように影響した，という。狼男の症例史には，父親について地位も力もない取り立てて才能もない人間だったと描写されているが，父親が同時代の指導的な自由主義の政治家でもあったと知ると，驚かざるを得ない。ブルムは，次のように述べてその見解をまとめている。「悪夢の窓の中で，鏡を見つめまた鏡に見つめられつつ，彼は自らの葛藤に直面し，自己愛的対象を発見して，自らの同一性を確認しようと試みたのであった。迫害的な悪夢は，成人してからのパラノイアの中で反復され，自己愛的な融合へと向う境界例的退行を恐れて，その恐怖を支配しようとする自我の修復的努力が続くこととなった」。

　もう一つの論文『原光景の病因的影響——その再評価——』において，ブルムは分析家が未だ原光景の問題を完全には解決していない，と指摘している。分析家たちは，その影響を完全に理解しようとして研究を続けている。原光景体験が外傷となり，障害ないし病気の原因となるかどうかは，未だ確かではない。原光景体験が衝動の支配や成熟や昇華の技能にどのような影響を与えるかは，なお研究が必要である。他文化圏での原光景体験の役割，並びに異なる各発達段階でのこの体験の影響については，今後も研究を続ける必要がある。

　ロバート・J・ラングスもまた，狼男の分析について説得力のある再解釈

をいくつか提唱しているが，それらは転移の幼児期の起源を，現時点でフロイトとブランスウィックに当てはめて考察し，従来の考えを補足している。たとえば彼は，狼男の夢のもつ転移的側面を指摘しているが，それによると，患者は連想中に，父の領地でパスツールの弟子が羊に種痘して，その後で羊の群れが死んでしまった実験の話をしたことがあった。狼男は，自分に対するフロイトの関心には，明らかに治療以上のものが含まれていることを知っており，夢に出てきた狼の絵を描いて，それを一つの実験の先輩共同研究者と見なすに至ったフロイトに手渡す。この巻『シュレーバーと狼男』の諸論文を読むと，私たちは彼がまったく間違っていたのかどうか，疑問に思うようになる。

ラングスは，患者に課された実験的な目的は，治療同盟とは対照的な「誤同盟」であると見なし，治療終結の期日を決めたりするのは，ブランスウィックが「あなたはフロイトのお気に入り患者ではない」と決めつけたりするのと同様，威圧的な方法であって，「逸脱」であると考えた（この種の「誤同盟」には，治療の最初に患者に向かって，治療をすれば恋人ときっとうまくやっていけるようになるだろうと希望を与えたり，治療を中断して恋人を説得する機会を与えたりすることも加えて良いだろう——これらの事実については，公的な症例史では触れられていない）。

ユージン・ハルパートは，あいまいにしか記録されていないが，かなり興味深い分析中の一点に光を投げかける。姉が自殺した後，青年は決闘で死んだ著名な詩人の墓前で立ち止まり，激しい悲しみを爆発させた。フロイトは，これを，姉にまつわる感情の置き換えと考えた。フロイトはこの詩人の名を挙げていないが，ストレイチーは標準版の中で，詩人はプーシキンではなかったかと推測している。しかし，後になって狼男は，それが自分と身体的特徴が似ていて，作品が大好きだったレールモントフであることを明かした。ハルパートは墓前での悲嘆は果たして姉のためのものだったのか，それとも自己愛的な，彼自身のための悲しみではなかったのか，という疑問を提出しているが，それは正当なことであった。

『フロイトの原光景を求めて』という論文の中で，私は患者の神経症を幼

児神経症にまでさかのぼって跡づけようとするフロイトの決意は，必ずや見たに違いないと思われる原光景の詳細や，それを見た年齢に集中し，それが実際の記憶か空想かを問題にするようになった事実を重視した。フロイトは子どもの頃，3歳まで両親や弟たちと部屋を一緒にしていたが，そのような家庭状況が狼男の原光景体験の時期をほぼ同年代と考えるように働きかけたと思われる（Schur 1972, も参照）。彼は決断できずに悩んだ結果，この症例の公表を4年間差し控えていたが，結局次のような注目すべき結論に達した。すなわち，たとえ患者が実際には原光景を見ていなかったとしても，民族の中に遺伝された記憶によって彼にも原光景が賦与されており，それが子ども時代の同種の経験（交尾中の動物の目撃など）によって刺戟されて細部が完成したと考えられる，という。

　私は，フロイトが原光景の現実性を確証することに非常な重きを置いていたことに注目してきたが，そのような考えは，今では精神分析に当てはまらなくなっている。「この問題は，精神分析の全領域において最もデリケートな問題であることを認めなければならない。……疑いもなくこの問題は私を決定的に悩ませ，私の症例を公表することを控えさせた」。フロイトは，次のように考えて心を慰めた。「このような早期発達段階の記載や，精神生活の深層についての記載は，これまでに誰も試みたことのない課題である。この課題を前にして逃げるよりは，不十分であれそれを成しとげる方が良いのだ」（1918, p.103～104）このような言葉には，自分の使命に失敗したと感じている英雄的な探究者の感傷が感じとれる。フロイト自身が若い頃に見た夢，すなわち眠っているか死んでいる母親が鳥の頭をした二人のエジプトの神々によって運ばれている夢との関連性を探究し，かつエヴァ・ローゼンフェルトの類似の意見（1956）を参照すると，フロイトは狼男の原光景の真実性を追求しつつ，それを代理として自分自身の分析の「最終目標」を達成しようとしたと思われるのである。20年後，フロイトは『終わりある分析と終わりなき分析』（1937）において，分析は結局は終わりに到達できそうもない治療法であることを認めたが，その際フロイトの心に浮かんできたのは狼男であり，自己分析もまた終わりのないものであった。

第9章

結　論

マーク・カンザー
ジュール・グレン

　ハロルド・ブラム（Harold Blum）は狼男に関する論文の中で，ダウンステイトにおける教師たちが，フロイトの症例をまったく批判せずに忠実に再生していることについて論じている。確かに今日でさえも，フロイトの真の遺産を損なうほどの崇拝を目にするのは珍しいことではない。フロイトの残した真の遺産とは，伝統を畏怖せず，あるいは場合によっては，自分自身が先に述べた意見にこだわらず，自ら探索し，刷新し，決定していくことであった。ブラム，本書に寄与する数多くの人びと，すなわちダウンステイトで教育を受けた彼らはこの後者の精神を，教師の短所も含めて，吸収してきたと思われる。彼らの一人は，学生の探究精神——それはバツの悪い無知の露呈を避けるために用いられる手段でもあるが——を抑えることがいかに無益であったか，思い出している。

　症例を過剰に理想化することに対して，現在の精神分析の教育には症例は省くべきである，とか，あるいはその重要性を減じて，より現代的で適切なガイドラインを選んでいくべきである，という雰囲気があるが，これはギリシャ戯曲やシェイクスピア作品をより現代的な作品と挿げ替えるようなもので，およそあり得ないことであろう。フロイトの症例にみられる時代を超越した諸要素は，患者の心の内的な作用が，読み手のわれわれ自身が巻き込まれるほどに，われわれの眼前に説得力と芸術性をもって剥き出しになる，という事実から生まれてくるように思われる。残念ながらそれは，技術的にも

理論的にもより正しいはずの現在の症例提示に，必ずしも妥当していない。フロイトはかつてエディプス王がまるで精神分析をするように語ったと指摘したが，今度はわれわれがフロイトの分析は忘れることのできない偉大なドラマのように展開した，と言ってよいであろう。

さて，正しい教育の問題が残る。概念と技法は，フロイトの症例から学んだ教訓に基づいて，しばしばフロイト自身が率先して変更を加えてきた。最後の症例として刊行された『同性愛の女性』（1920）が書き留められていた頃，フロイトは，攻撃性と心の構造的な体制についての理論をまとめる瀬戸際にあり，そして児童と青年の分析はまだ揺籃期にあった。女性分析家がなしつつあった女性の心理に関する新しい諸発見に彼が驚嘆をしめすのは，さらに数年後のことである。1939 年，フロイトが逝去したとき，精神分析はこれ以上の進歩が不可能であるほど石化した状態で残されていたわけではなかった。精神分析は今も急速な進歩の歩みを続けている。

しかしながら，重要な部分が時代遅れになっている点が，症例の魅力を学生にも教師にも見えなくしてしまっているのも事実である。フロイトの症例研究は，すでに定まった，あるいは異なる光の下で検討されている特定の問題を例示するために，しばしば断片的に提示される。その一方で，フロイトがまったく見ていなかった意味が，現在の観察者によって提唱され，現代の議論を支持するために使用されている。したがって教師は，このような複雑さがあることを認識していなければならない。このような教師は，学生やより保守的な同僚にとって，フロイトの権威に挑戦し，新しい混乱の種を持ちこんでいると思われてしまう可能性がある。通常，学生はトレーニング初期にフロイト症例にふれるときには，教師が彼に詳しい見解を指摘したところで理解しえないことが多い。そして伝統によって神聖視され，信ずべき天才によって吟味された症例に，疑念をさしはさめないことに不満を感じるだろう。

このような問題は，よくあるように「症例自体が教える」との誤った見解に基づいて比較的若い教員が選ばれて教えるような場合，むしろ重大となる。となれば，候補生は，トレーニングが進んだ段階で，かつ最も経験のある信ずべき権威のある教師から症例を学べば実りがある，ということになる。

本書は畢竟，後者の部類に役立つはずである。われわれは症例を現代の枠組の中に置き換え直し，年余にわたって選り抜いてきた補足的素材を提供した。しかも中には公表された追跡調査さえ含まれている。分析のプロセスを二人の人間の関係に伴うものとしてみる現代の傾向は，フロイトと患者の交流の中で，患者のみならず，フロイトにも焦点をあてることになる。彼の鋭い直観力とパイオニア的な介入は，症例の魅力の一部となっており，また，彼の言葉の選択と比喩は，広範な自己分析と自伝的記録に基づいていて，しばしば彼の概念が生まれてくる内的な深みと，患者と彼自身の間を行き交う示唆に富む影響をしのばせるのである。このようなことから，われわれは本書でフロイトの刊行された著作にはほとんど表現されていない精神分析の本質的な課題――すなわち患者の分析と治療者の自己分析の交流――を提示している，と自負している。

　症例は，われわれがフロイトの才知を理解するための有益で独自的なアプローチであるとともに，理論と技法の分析的発想の歴史を教えてくれる価値がある。しかしそれに留まらない。フロイト症例は，稀有な芸術作品であり，かつ並ぶものもない科学的発見にこめられた人間精神の理解の記録なのである。われわれは，オデッセウスのようなはかない曇ったまなざしで見たものを，本書で記しているのではない，と確信を持って言える。われわれはフロイトの言葉「仕事を前にして逃げ出すより，たとえ拙くとも成し遂げるほうが良いのです」に力づけられる。一分析研究所での4半世紀に及ぶ教育と研究から，あらゆる精神分析家の興味をひかずにはいない本書がうまれたのである。

第10章

フロイト症例の概要

ハーヴェイ・ビザァラー

　フロイトのドラの分析とシュレーバー回想録に関する議論は，『フロイトの青年期の患者たち：ドラ，カタリーナ，"同性愛の女性"』と『フロイト症例を教える――シュレーバーをめぐって』に要約されている。
　ここではハンス，ねずみ男，狼男の3症例を要約することにしよう。しかしここで示すのは，原論文の代用物でも，完全な梗概でもない。分析の臨床的な流れについて読者が記憶を新たにできるよう，理論的問題は最低限に抑えて，述べていくことにする。

5歳の少年に見られた恐怖症の分析の概要
（小さなハンスの症例）

　フロイトはこの"幼い患者"の分析に着手する前に，まず背景となる素材を提示している。ハンスは音楽評論家の父とその妻の間に生まれた息子であるが，父親はかつてフロイトの患者であって，両親とも早くから精神分析的な見解に理解があった。ハンスの父はフロイトの指示に従って，子どもの発達の記録を注意深く作成していた。これによるとハンスは早くから自分の"おちんちん"（ペニス）に興味を持ちつづけていたことが分かるが，この点は成人の分析から得られた精神分析的再構成の通りであった。3歳になる前に，ハンスは雌牛の乳房を見て，ペニスと間違えたことがあった。またその頃，母親にお母さんのおちんちんについて尋ねたことがあり，その時母親

は，私にもあるのよ，と嘘をついたという。それでも，彼のペニスへの好奇心は失せず，男も女もペニスを持っていると信じ，その信念を持ち続けるために多大な努力をしていた。彼が3歳半の時生まれた妹のハンナにも，ペニスがあると，言い張っていた。

ハンスには，多数の男の子や女の子の友だちがおり，そして無論両親がいて，溢れんばかりの愛情に満ちた生活があったことが知られている。彼が風呂に入るとき，母に一緒に来て触ってみて，と求めて母に叱られたことがあるが，それは明らかに，性器に快感があることに気づいていたことを示している。

ハンスが神経症を発症したのは，4歳9カ月頃である。1908年1月，ハンスは"お母ちゃま"を失い，誰にも"あやして"（愛撫して）もらえなくなる，という悪夢を見た。それから数日にわたって，母（母はハンスを自分のベッドに入れて可愛がってくれていた）を失うという不安が続き，散歩に出ることを嫌がるようになり，ついには「馬が僕に噛みつくんじゃないかって怖いんだ」と言うまでになった。フロイトは，ハンスがそれまですでに1年以上も自慰を続けていたことを聞き，それが問題の原因だ，と簡単に片付けた。事実ハンスは，この時何とか自慰をしないようにしており，不安の発生要因としてはまず考えられることではあった。フロイトは相談に来た父親にむかって，「馬を心配するなんてばかげてるよ」とハンスに言ってきかせるよう助言した。さらにまた，ハンスはお母さんが好きだし，お母さんのベッドに入っていることも好きで，ハンスの恐怖はおちんちんへの興味から来ているんだ，とハンスに話してやるように，とも示唆した。最後にフロイトは，ハンスの女性についての誤解を解いてやるように，つまり，「女の人には，おちんちんは無いんだよ」と教えてやるようにと，父親に勧めたのであった。

こうした指示は大して助けにならなかった。症状は軽減したが，インフルエンザが長引き，扁桃腺を腫らすとすぐに再燃した。父親は，ハンスの不安は，おちんちんに触るからだよと教えてやり，ハンスが我慢しやすいように寝袋に寝せることさえした。するとハンスは自身の自慰している時のファン

タジーを語ったのであった。「僕はおちんちんにちょっとだけ指でふれるの。お母ちゃまがシュミーズだけ着てて，裸みたいになってる。それから，お母ちゃまは僕にお母ちゃまのおちんちんを見せてくれるの。僕はグレーテに，僕のグレーテにお母ちゃまがしていることが見えるようにしてあげる。それから僕のおちんちんも見せてあげる。そうして僕はおちんちんからさっと手を引っ込めるの」。

　父が女の人にはペニスがないことを教えたことは何の意味もなさなかった。ハンスは以前の思い違いを改めるのでなく，自分のおちんちんがしっかり付いているか，どうしても確かめずにいられなくなった。以前は楽しみを与えてくれた公園の大きな動物たちが，今では不安のもとになった。それはその大きさゆえでなく，彼のおちんちんが動物のそれと比べて小さいのを知ったからであった。

　父は，両親のベッドに寝に来るほどハンスをおびえさせたファンタジーについても報告した。それは，ハンスがぺちゃんこのキリンを大きなキリンから取ったので，大きなキリンが吠えた。大きなキリンが静かになると，ハンスはぺちゃんこのキリンの上に腰を下ろした，というものであった。このファンタジーは，毎朝ハンスが母親（ぺちゃんこのキリン）のベッドに行かないようにさせようとした父親（大きなキリン）の目論見に関連していた。父の試みは結局うまくいかなかったが。

　フロイトは分析中，この小さな患者には一度しか会っていない。フロイトが会ったとき，すでに彼は，父と馬を結びつけるのを可能にした事実をたくさん知っていた。動物の口のまわりの黒いしるしは，父の口髭に似ていた。フロイトはハンスに大胆な解釈を与えて言った，「キミはあんまりお母さんが好きだから，それでお父さんが怒るんじゃないかって怖がっているんだよ。でも，怖がったりしなくていいんだよ。お父さんが叱らないように，キミの困っていることを私から話しておくからね」と。その後幾分の改善がみられ，ハンスは馬が行き交っている時でも，通りに面したドアから，思い切って外に出ることができるようになった。ハンスは父に対して怒りと同時に好きという感情もあることを認め，父親との関係をより大きな意味で捉え

ることができるようになった．ハンスは自分の敵意に反応して父が報復してくるのではないか，と恐れていたが，同時にまた，憎みつつ愛していた父を気遣ってもいたのであった．

　恐怖症にともなう複雑な様相，微妙な色合いが次第に明らかになってゆく．ハンスは通りの反対側にある政府の倉庫に行き交う荷車に気を奪われるようになった．とりわけ彼は馬が躓いたり，荷台が動き出すのや，また緩やかに動く馬より，すばやく動く馬を見ると動転した．また，小さな馬より大きな馬の方が恐怖を引き起こした．これは偶然の事件，願望や感情に結びついた恐怖症の典型的な展開である．ハンスはこの恐怖をなんとかしようと，馬のふりをして父親を噛むことさえした．やがて通りを横切れるほど行動が自由になってきたが，それでも恐怖は続き，特に黒い口輪と足を踏み鳴らす音には，気を奪われてしまうのであった．足を踏み鳴らす音について話し合っていくと，ハンスは，遊んでいたいのにウンチやおしっこに行かされて腹が立った，ということを漏らした．ウンチの話は，母親がトイレにいるのを見るのが楽しみだった，というハンスの言葉へと繋がっていった．馬の重要性を解くもう一つの要因も見えてきたが，それはその夏，ハンスと遊んでいた子どもが，馬のフリをして転んで膝をすりむいた，ということにあった．

　毎日のハンスの分析報告の中で，ウンチのテーマは今一つ別のモチーフと統合され，妊娠への興味，特に妹ハンナの誕生との繋がりがうかがわれるようになってきた．幼児期ファンタジーでは，子どもの誕生は排便と同義なのである．トイレで生じる排便の音，重い荷車の恐怖，重く膨らんだ腹部への恐怖，これらすべてが一つの焦点に結ばれ，関連し合って見えてきた．浴槽に落ちる恐怖は，妹がそのような運命に落ちてほしいという願望から生まれたものであった．

　結果的にハンスが母の妊娠に気づいていたことは，父に知られることになった．荷車を引く馬は，重い腹部を抱えた母の象徴であった．一連のファンタジーは，ハンスが母の妊娠と妹の誕生について知っていることを表現していた．妹がまだ生まれていない夏の休暇の際に，妹はもういたんだよ，と

ハンスは言ったが，その言葉は正しかった．妹は"コウノトリの箱"に入っていて，特別のおくるみにくるまって夏の家に行ったのだ．馬を叩きたいという願望は，母に向けられた幼児性欲と父への敵意を反映していた．彼には父をライバルとして打ちのめしたい願望があった．ハンスは，夜，母のベッドに行き，母と二人きりでいられるように，"馬のように元気に溢れた"父を排除したい，と願った．また彼は，馬のふりをして遊んでいた子どものように，父が転んで怪我をしたらいい，とも願ったのである．

ハンスは自分が母親になることを考えては，妊娠と出産の問題に頭を悩ませていた．人形の腹部にナイフを差し入れ，足の間の穴から取り出して，出産のプロセスを象徴化した．また，ニワトリが卵を産むということに結びつけて，卵を温めたら，ハンナがもう一人生まれてくるよ，と赤ん坊を産む願望を話しもした．しかしハンスの探索は結局のところ，男性と女性の性器の違いを理解していなかったために，困惑に終わってしまうのだった．フロイトは父親に説明してやるように示唆したが，父親はハンスにほんの部分的にしかナゾを解いてやらなかった．父はハンスに，お母さんたちは赤ちゃんをお腹に抱えていて，産むときにはウンチをする時に感じるような痛みに耐えるんだよ，と教えたがそこまでであって，父親の役割については話さなかったのである．だがこのように限定的にしか教えられなかったにも関わらず，ハンスの行動は大幅に改善していった．

ハンスと父親の話し合いは，父を除いて母を独り占めにしたい，というハンスの欲求にふれるところまで進んだが，母と二人で赤ん坊を持つことへの関心――ここで人が大勢乗っているバスのイメージが現れた――についてはわずかしか進展しなかった．子どもを産むことに男性がどのように関わるのかよく分かっていなかったことが，明確な概念化を阻んだのである．分析が終わりに近づくにつれ，彼の関心はひとえに妊娠と誕生のテーマに集中していき，それが彼のファンタジーや遊びによく現れていた．この傾向が高まっていくと，やがて彼の不安はほとんど完全に消失した．ハンスは彼がウンチをする時，赤ちゃんが一人産まれる，とイメージして，"自分の子どもたち"と一緒にベッドで寝る話をしたりした．以前彼は家の向かいにある中庭

で荷を積んだ荷車が出発するのを見ては怖がっていたが，それは母がお産のとき彼を置いて連れ去られてしまうことの象徴的な表現であった。ハンスは今では，そこで行われていることを真似て，荷造り用の箱を積んだり下ろしたりして遊んでいた。ついにはハンスは父親に「僕はお母ちゃまと結婚して子どもを持つよ。お父ちゃまはおばあちゃまと結婚しておじいちゃまになるんだ」と見事な結論を思いついてみせた。ハンスは治り，再び何の恐怖を抱くこともなく自由に動けるようになった。公園にも堂々と出かける。以前のファンタジーの新しい表現だが，もう一つ補償的なファンタジーも話している。「鉛管工が来てね。そうしてまず僕のお尻をペンチで取ってしまったんだ。それから別のを付けてくれた。だから僕のおちんちんは前みたいにちゃんとあるんだ」。父はハンスに「その人は，ハンスにもっと大きいおちんちんともっと大きいお尻をつけてくれたんだね」と解釈した。

『強迫神経症の一症例に関する考察』の要約
（ねずみ男の症例）

　一人の青年がフロイトを訪れ，子ども時代からの強迫症状に悩んでいるが，ここ4年間は特にそれがひどくなった，と訴えた。彼は大学教育を受けた青年であった。彼は父親と心から愛する女性の身の上に何か悪いことが起こるのではないか，という恐れと，カミソリで自分の喉を切りそうになる衝動に苦しんでいた。これまでの治療は何の効果もなく，ただ，定期的に性行為を持てていたある期間だけは，良かったという。彼は自分の性生活を"未熟"と表現したが，最初の性交は26歳の時であった。彼にはねずみに関する特殊な強迫観念があり，そのためにフロイト派の文献では，ねずみ男の名で知られることになった。

　次に会った時，これが分析的面接の第1回となるが，この時にかなり詳細な話が語られた。まず始めに，彼は二人の男性から倫理的で知的であると評されたことがあると話したが，これは彼の潜在的な同性愛傾向を反映していた。最初の男性は14歳の時の家庭教師で，次は現在彼が非常に崇拝してい

る友人であった。このセッション中，彼は4，5歳の頃，女性の家庭教師フロイライン・ペーターに性器を見せられ，「女の人の身体を見たいという燃えるような悶えるような好奇心にとらわれました」と述べた。二人目の女性家庭教師とも性的な体験の機会があり，そして6歳になるまでに"勃起に悩むようになった"という。彼は両親に打ち明けるのをためらったが，しかしたとえ話さなくても二人は知っているだろう，と考えていた。女の子の裸身を見たい，という欲望がもたらす破滅的な結果を避けるために，"あらゆること"をしなければならない，とも考えていた。

　非常に幼い頃から，彼には父が死ぬのではないか，という恐れがあった。彼の父は彼が初めてフロイトに会う数年前にすでに亡くなっていたのだが，にもかかわらず，この恐れはまだ続いていた。

　2回目のセッションで，彼は重くのしかかっている恐怖について語った。軍隊での演習の時に，残酷な性癖のある大尉が，特に恐ろしい刑罰の話をしたという。その刑とはねずみを数匹鉢に入れ，罪人の肛門をうがってもぐらせる，というものであった。突然，この刑罰が彼にとって大切な人，父や恋人に与えられるのではないか，という考えが浮かび，彼は打ちのめされてしまった。彼はしばしばこの空想が現実にならないように，他の思考に気持ちを向けて，この不合理な強迫観念を追い払おうと苦闘しなければならなくなった。たとえば，彼がなくした鼻メガネの替えが届いた時，大尉がその包みを渡しながら，代金はA中尉に払うように，と言うと，患者はすぐさま，金を払ってはいけない，と考えてしまう。さもないと，あのねずみ刑が実行されてしまうだろう。「3,870クローネをA中尉に払うべし」という裁可は，以前から持っていた思考と衝突するのである。無意識的動機が発動し，一連の混乱した相反する行動と計画が続いていく。彼はA中尉に支払おうとしたが，A中尉は，立て替えていない，と言って受け取らない。そこで彼は次にB中尉に借りていると考えて，金をA中尉からB中尉に渡してもらおうとした。二人の中尉に会うより，先に友人を訪ねることにしたが，彼はまたしても気を変えて，二人に会うには列車のどの駅で降りればよいか，と悩んだ。最終的には，実際にその金を立て替えていたのは郵便局の若い女性

で，彼女に送金することで決着したのだが。彼はこのように強迫的に苦悶していた一方で，金を貸してくれたのは，A中尉でもB中尉でもなく，彼女であることを"知っていた"のである。

フロイトは第4，5，6，7回のセッションでの素材を詳細に見ていった。9年前，患者の父はねずみ男が傍にいない時に亡くなった。彼は病む父が非常に危険な状態にあることを知っていたにもかかわらず，良くなる，と思い込んで寝ていたのである。その後，彼はあたかも父がまだ生きているかのように考え行動した。彼が父の死を看取らなかったことに激しい苦痛を感じるようになったのは，死後18カ月が過ぎてからであった。

さらにその後のセッションで，フロイトはこの患者を精神分析的に教育しようと試みた。フロイトは罪責の感情は当然であること，その罪責感の原因は無意識にあることを言ってきかせた。また無意識の特徴と，成人した現在の症状は，患者が語る素材の話と関連しており，幼児期にその源がある，とも話してきかせた。ねずみ男は懐疑的ながらもこうした考えに納得し，「子どもの頃，いろいろなことをするもう一人の自分がいた」ことを思い出した。また，父の死についてのさまざまな思いが，これまでに何度か無意識的に湧き上がってきていたことも思い出した。12歳の時，何か不幸なことがあれば，好きな女の子の注意を引ける，と思ったことがあったし，また，父の死ぬほんの少し前には，父が死ねば遺産が入って裕福になり結婚できる，と考えたこともあった。このようにして彼は制止された肉感的感情と父の死を結びつけたのである。

第7回目のセッションで，患者は8歳になる前に弟に対して犯した"犯罪行為"について語った。彼はこの弟を愛してはいたが同時に強い嫉妬も感じていた。彼はおもちゃの銃に弾をこめ，弟が銃口をのぞき込んだとき引きがねを引いた。弟をひどく傷つけてやりたい，と願っていたにもかかわらず，弾は額に当たっただけだった。フロイトはねずみ男がもっと早くから父に対して同様の願望を持っていたに違いない，と指摘した。

この後フロイトは個々のセッションを詳細に報告するのをやめ，分析が進行するにつれて現れてきたテーマを提示するようになった（『本症例の原

記録』——分析当初4カ月についてのフロイトの覚書——は，のちに標準版第10巻中に発表され，フロイトとこの患者の実際の交流について独自の理解を伝えている。またこれは，ねずみ男の神経症の理解を豊かにしてくれている)。フロイトはねずみ男の自殺衝動を詳細に記述した。ねずみ男は喉をカミソリで切る，という考えを持っていたが，これは恋人が祖母の看護のために彼の元を離れたために生じた，祖母を殺したいという願望の反応であった。このような自分の嫉妬と憤怒に対する強い反応は，さらに増大していった。恋人のお気に入りのリチャードを殺したいと思い，そしてその反応は，過激な体重削減計画を自らに課す，という自己懲罰の形であらわれた。リチャードという名は愛称ディック，太っちょという意味であったから。また，自己懲罰行為として，崖から飛び降りなければならない，と感じもした。その他にも現れたさまざまな強迫症状は，恋人の好意を確認したい，という一つの願望を内包していた。自分が彼女を正しく理解しているかを確認しようとして，「今なんて言ったの」と繰り返し尋ねもした。彼女に対する両価的感情が行為と打ち消しの症状行為を生み出した。彼は彼女を守るために彼女の通る道から石を取り除き，それからまたその石をもとに置き直した。強迫患者に典型的なこの愛と憎しみの葛藤は，夢の中にも現れてきた。夢には，分析家に対して哀悼の言葉をいうべき状況で失礼な行動をしてしまう，という恐れが表れていた。

　この時点でフロイトはねずみ男の病を重くしている原因を発見した。患者の母は，彼が教育を終えた段階で裕福な親戚の娘と結婚させようと考えているのが分かったのである。彼は金のための結婚か，貧しい恋人との愛のための結婚かを選ばなければならない狭間にあった。事実，彼は裕福な母と結婚した父と同じ状況に立っていたのである。父への愛か恋人への愛かの間の葛藤が募っていった。病に倒れることで，彼はこの葛藤の解決を回避したのである。患者はフロイトへの転移を通して，このジレンマの現実を把握することができた。彼はフロイトが自分の娘を金のために彼と結婚させたいと思っている，と空想したが，その空想は彼女の目に大便が貼り付いているという夢に現れていた。

父との葛藤は子ども時代に端を発しており，自慰の際のファンタジーに表れた。ねずみ男の自慰行為は通常と異なっており，禁止と反抗を伴なう特に高尚だったり詩的だったりする瞬間に賦活されるのであった。彼はまた，学生の頃，真夜中を過ぎるとまもなく勉強を中断し，亡くなった父を捜すかのように玄関の戸を開けに行き，それから部屋に戻って次の間の鏡にペニスをうつして見つめていた，と報告した。この奇妙な行動の目的は，熱心に勉強して父を喜ばせ，次いで性的行動によって父に反抗する，ということであった。

ねずみ男が幼い頃，父に自慰をとがめられ，折檻されたことの結果として，ねずみ男には父が性的快感を禁じる者に見えるようになった，とフロイトは再構成した。すると患者は，今ではよくは思い出せないが子どもの頃のある出来事について話を聞いたことがある，と言い出した。3, 4歳の頃，彼は禁じられていたことをして——誰かを，おそらく看護師を噛んだ——，父に打たれたので，ひどく腹を立てた，という。この怒りの爆発ののち，彼は自分自身のあまりに強い怒りに恐れをなして，怒りを抑えるようになった。

フロイトは，軍の将校によるねずみの話と，金を返すようにという指示について，なぜ患者がこうも強迫的に没頭するのか，その意味を解くことを始めた。患者にとって特に重要なねずみは，多義的な意味をもっていた。父は若い頃軍隊で熱烈なカード賭博者（*Spielratte*, play-rat）として知られていて，公金を賭博の借金の支払いに使ったことがあり，友人が金を貸してくれて，ようやく法的トラブルから救われたことがあった。その時の借金はおそらく返済されていないと推測された。郵便局の若い女性局員に金を借りたことから，ねずみ男は彼女を父と同一視するようになり，性的感情もまた刺激された。患者の心の中で，彼女はもう一人の若い女性，郵便局の近くにあった宿屋の主人の娘のライバルとなり，再び二人の女性のどちらかを選ばなければならなかった父を思い出す状況を作ったのである。二人の中尉のどちらに金を払うべきかという患者の強迫症状もまた，この葛藤から引き出された。

ねずみ刑についての大尉の描写は，患者の肛門エロティシズムを賦活し，子どもの頃，腸の寄生虫に感染したときに経験した興奮を呼び覚ました。ね

ずみ（rats, Ratten）は金（分割支払い金＝Raten），特にフロイトへの支払いと父の遺産と結びついて，肛門のシンボルとなっていた。ねずみはさらにペニスでもあった。ペニスはねずみのように病気を伝染させるからである。ねずみは子どもとも同等であった。幼い頃の患者自身もそうだったように，子どもはねずみのように噛む。フロイトはこのように見ていき，ねずみ男は子どもが好きなので，そのため手術を受けて不妊症になった恋人との結婚をためらっているのだ，と指摘した。

ねずみにまつわる言語が理解されると，フロイトにはねずみ刑についての強迫観念の形成される過程が明らかになった。彼は以下のように明白に解決してみせた。

午後の休憩の時（この時，彼は鼻メガネを失った）大尉がねずみ刑について語ったが，この時患者はただ，その話しぶりから残酷さと猥褻さに衝撃を受けただけであった。しかしすぐにこれは彼が子どもの頃人を噛んだ場面に結びついていった。このような刑罰を擁護しうるような人間の仲間に入っている大尉は，父と重なり，元の場面で残酷な父に対して湧き上がった強い恨みの念の一部が，大尉の上にやどることになった。一瞬彼の意識にのぼった観念，こんなことが自分の愛する人におこるかもしれない，という観念は，おそらく願望に翻訳されて，「お前がそれを受けるべきだ」となり，話し手に向けられたが，それは話し手を通してその背後にいる父に向けられたのである。一日半経ち，大尉が代金後払いの小包を渡しながら，3,870 クローネを A 中尉に払うように言った時，彼はすでにこの"残酷な上官"が間違っており，彼が支払うべき唯一の相手は郵便局の若い女性であることに気づいていた。したがって，それは「私がですか」とか「あんたのばあちゃんに払ってやれ」とか「へぇーそうかね，その金を彼に払えって言うのかい」とか，強迫的な力にひしがれていない嘲笑的な返答を思い浮かべてもよかったのである。しかし，父親コンプレックスのしがらみと，子どもの頃の例の場面の記憶のために，「はい，父と彼女で子どもを産んだら A 中尉に金を返そう」とか「本当に父と彼女が子どもを持てるなら，必ず金を返しましょう」，といった答が

彼の中に形成されてしまったのである。端的にいえば，決して実現されないばかげた条件つきの嘲笑的な約束となった。(p.217〜218)

患者にとってこれは父と恋人に対して罪を犯すことであり，罰されなければならないことであった。そのため彼は不可能な強迫的作業をしなければならなくなった。性的な興奮が高まり，亡父の権威への反感と，恋人への執着が生じたときに，彼は発症した。複雑にからみ合った強迫症状がひとたび解決されると，ねずみ譫妄は消失したのであった。

『ある幼児神経症の病歴から』の要約
（狼男の症例）

アドラーとユングの脱退に直面したフロイトは，一次資料である症例研究に戻って，精神分析理論における幼児性欲の中心的重要性を再確認しようとした。『ある幼児神経症の病歴から』は広範囲にわたる分析治療から生まれたもので，主として，幼児期の性的刺激と，それが患者の発達に継続的に与え続けた影響に焦点をあてた素材を扱っている。患者の病歴は二つの時期に分けられる。一つは淋病に感染し肛門の治療を受けることになった情緒面の病で，これは18歳頃に始まった。もう一つは動物恐怖からくる不安ヒステリーに始まり，その後の宗教的強迫に苦しんだ4歳から10歳の間である。フロイトは幼児期の病のほうに主として集中し，これと比較すると成人になってからの病についてはほとんどコメントしていない。この論文は，精神分析の"新しい"批判者たち——技法は受け入れながら，子どもの性生活の存在のような基本的側面を無視する人びと——に向けられた批判を含んでいる。

フロイトにとって，これは困難で長時間を要する症例であった。分析の進みは非常に遅く，当初の数年はほとんど努力の甲斐がないようであった，と彼は述べている。彼は自身がどのくらい欲求不満を感じていたかを明らかにし，そしてただ分析諸概念の正当性への信念と，分析技法への献身によって不満を和らげていた，という。だがその結果として，患者の病の複雑さその

ものを追求できる状況に至ったことを，彼は幸運と感じることになった。さて，面接の場を支配していたのは，抵抗，つまり一見手におえない分離であった。このきわめて知的な患者は，分析家から安全な距離をとり，"おとなしい不関性"の態度をとりながら，"耳を傾け，理解し，それでいて近づき難いまま"なのであった。分析家が患者のバランスを動かし，真に分析作業へと入らせることができたのは，ただ患者がフロイトに陽性の愛着を感じていたからであった。ついにフロイトは，治療の終了の日を設定し，これを変更不可能とした。これはそうすれば患者が動くだろうと予期し，計算した上でとった態度であった。短時日のうちに抵抗は弱められ，おびただしい素材が現れて，幼児神経症の存在を明白にした。

　患者は富裕なロシア人であった。彼には2歳年上の姉がおり，彼女のことをフロイトは"活発，才知あり早熟で意地悪"と表現した。両親はともに病気がちで，母は胃腸系の障害に悩み，父は躁うつ病に苦しんでいた。彼は幼児の頃は田舎の二つの屋敷で過ごし，5歳の時都会の家に住むようになった。最初，彼の世話をしたのは"ナーニャ"だったが，すぐにイギリス人の家庭教師が関わるようになった。この家庭教師と一夏すごして，休暇から戻った両親は，彼がすっかり変わってしまったのに気づいた。彼はイライラし，粗暴で扱いにくい子どもになっていた。家庭教師は酒飲みであることが判明し，両親は彼のこの変化の原因は彼女の影響か，もしくは彼の大好きなナーニャと家庭教師との諍いにある，と考えた。この頃のことは，当初は彼の記憶におぼろげにしか残っていない。彼はあるクリスマスに，プレゼントを期待したほど貰えなかったために強い失望を感じたことを思い出した。クリスマスは誕生日にも当っていたので，彼はプレゼントを二重に貰える，と思っていたのだった。さらに彼は5歳になる前のある時期から，動物恐怖が始まったことも思い出した。ある特別な絵，一頭のオオカミがまっすぐに立っている絵を見ると，彼はおびえて泣き叫んだ。そしてまた彼は，彼が泣き出すのを姉が待ちかまえて喜んでいた光景も思い出した。彼はかつて黄色い縞のある蝶を追いかけていて恐怖に凍りついたことがあった。また，以前は昆虫の手足をもいだりする時期があったこと，だが後にカブトムシと毛虫が怖

くなったことも思い出した。馬は"彼に不気味な感じを与えた"。彼は馬が鞭打たれるのを見ると，大声で泣いたが，時にはそれを楽しみもした。不安の段階が過ぎると，やがて極端に信心深くなり，聖画に向かって何時間も祈ったりキスをしたりした。しかしこの信心とあわせて神への冒涜も存在していた。"神ーブタ""神ーくそったれ"といった考えや，神聖な三位一体をさして"馬のクソ三つ"といった思考が，この時期に目立って表れていた。このような幼児期はまた，父との関係が変化する時期でもあった。父にはそれまで親密な敬意を抱いていたが，それが疎遠となり，失望と恐怖に変わっていったのである。

　狼男が3歳3カ月の時，姉から誘惑されたことは重大であった。自分が姉の衣服を脱がせるという空想は，記憶の逆転であることが分った。彼女は弟のペニスをもてあそび，ナーニャも他の人とやってるのよ，たとえば庭師とかとね，「ナーニャは庭師を仰向けにねかせて，おちんちんを握るのよ」と話してきかせたのであった。攻撃的で知的な子どもであった姉は成人してから重い症状を示すようになり，ついに服毒自殺を遂げた。彼女の知的な優越性は彼の幼年時代に重くのしかかっていたが，14歳になると二人は親友同士のようになり，そして，彼女が拒絶したものの，彼の方から性的な申し込みをするほどの仲になった。姉に拒絶されてから彼は同じ名前を持つ召使にその欲求を向け，以後，姉への非難を続けるかのように，階級的にも知的にも劣った女性を相手にするようになった。これはしかしながら，彼の対象選択の要因の一つに過ぎないことを後にフロイトは発見している。

　患者の早期幼児期の生活史に戻って，フロイトは姉の性的誘惑がどんな結果をもたらしたかを論じている。狼男は間もなく関心を姉からナンヤに移し，ナンヤの前でオナニーをして見せるが，叱られてしまい，「傷ができるわよ」と注意される。そのため彼はナンヤにあまり関心をもたなくなるが，受身的な性的満足は求め続ける。その結果，去勢不安の活性化と否認が，彼の性活動を妨げ，肛門サディズム期への強い退行を惹き起こしてしまった。動物やナンヤに対する残酷な振る舞いは，彼の最初の性欲のはけ口となり，オナニーは抑制された。この頃サディスティックな空想と共に，マゾヒス

ティックな空想も生じて，罪悪感を償うのに役立った．彼は少年たちがペニスを叩かれている情景や，若い王子様が暗い小部屋で撲られている情景を空想した．父親がナンヤに代って，さらに重要な対象となり，彼はわざと腕白な行動をして父親を挑発して，満足を得た．

1枚の絵に不安を覚えるようになったのは4歳であるが，それ以前に受けた誘惑から始まる性的倒錯の時期は，一つの鍵となる夢，悪夢につながっていった．患者はその夢を以下のように話した．

> 私は夜，ベッドに横たわっている夢を見ました（私のベッドは足の方が窓に向いており，窓の外にはクルミの木の大木が一列に並んでいました．夢を見たのは冬で，それも夜であったと思います）．急に窓がひとりでに開きました．そして私は何頭かの白いオオカミが，たぶん6頭か7頭でしょうが，大きなクルミの木に座っているのを見て，非常な恐怖を感じました．オオカミは真っ白で，狐か牧羊犬のように見えました．というのは，それが狐のような大きな尻尾をもっていて，耳は犬が何かに注意を集中するときにやるようにピンと立っていたからです．とても怖くてあのオオカミにきっと食べられてしまう，と思い，私は大声をあげてとびおきました．(p.29)

この夢についての連想は分析の終わりまで，いや分析が終ってからも続いた．フロイトによる最初の連想は，夢の中の不動性と凝視に関すること，絵本の中のオオカミを恐怖する経緯，死んだ白い羊，祖父から聞いた仕立て屋のお伽話――仕立て屋が一頭のオオカミの尻尾を切り，後にそのオオカミに森で遭遇したとき，オオカミに無くした尻尾を思い出させてやって命が助かった話――，それからもう一つ，足の白いオオカミが6匹の子ヤギを食べ，7匹目は時計の中に隠れて助かった，という『オオカミと7匹の子ヤギ』のお話であった．この夢に関する作業をフロイトと患者は7年以上続けたが，それは幼児神経症の解明をもたらすものとなった．

オオカミによって象徴される父親に対する感情に焦点を当てた後，私たちは置き換えの機制の使用に注目することとなる．窓を開けることは目を覚ま

して目を開けることと関連付けられ，オオカミの凝視は彼自身の凝視と結びつけられた。さらに不動性の観念もまた置き換えである。静止の対極にある動きは，子どもが目を開いたとき見たものを特徴づけている。結局，夢は変装した形で一つの記憶，すなわち狼男が目覚めて，目を開き，性交している両親を見た記憶を表現していた。

もう一つの記憶が，この夢をクリスマスに結びつけた。父からの欲求充足を得たいという願望が，オオカミに食べられるという恐怖の中に表現されている去勢不安を活性化させた。さらにその他の夢や，連想や記憶を確かめていくと，次のことが再構成された。彼は1歳半の時，マラリヤにかかっていた。ある日の午後，5時ごろ，昼寝から覚めて性交している最中の両親を目撃した。それは後背位での挿入で，両親の性器が露わになっていた。彼に深い印象を残したこの出来事は，意識から退いたものの，しかし彼の発達に作用し続けており，夢の時点で組織的な形をとって表面化したのである。父の姿勢は恐ろしいオオカミの絵にそっくりで，その絵をたどってみると，『オオカミと7匹の子ヤギ』のお話の挿絵に行きついた。原光景中の母の姿勢は，成人してからの性的傾向にあらわれ，彼は臀部を彼のほうに向けて屈みこむ姿勢の女性を見ると，性的に興奮するようになった。

彼の宗教への没頭は，強迫症に典型的に見られる両価的感情で充満していた。彼はイコンに接吻し，一方で父なる神を残忍な所があるといって批判した。宗教的な事柄についてみると，そこには彼のもつたくさんの性的偏見がさらに念入りに練りこまれている。そこには，父への怒り，同性愛願望，男性でも女性でも子どもを産めるという考え，などが表れている。さらにまた，彼は神を恐れもしたが，それは，神が患者と同じくクリスマスに生まれた息子の死を何もせず見ていたからであった。

成人してから便秘のかたちであらわれた患者の腸障害を追求していくと，そこには彼の性的観念の発達の流れがいくつもからみあっているのが分かる。重要なのは，彼には潜在的に母との同一化があり，一孔仮説から，肛門は性交のための女性器官だと信じこみ，それがさらに強固になったことである。無意識の法則に従って，この信念は，これもすでに原光景によって活性

化されていた去勢恐怖と同時に存在した．彼の去勢恐怖は，女になりたいという願望から芽生えたのである．そして女になるには，性器を失うことが必要であった．

狼男の女性同一化は，腸症状の形で存続した．連想を続けた結果，患者はもとになった原光景を，大便をもらし，叫び声をあげて中断させた，という再構成が得られたのであった．

分析を終りにする意図が告げられてから，素材は迸るように流れ出し，謎のまま残っていた多くの点が解かれていった．特に重要であったのは，羽に黄色い縞のある蝶を恐れたことに関する一連の連想であった．蝶の黄色は"グルーシャ"と呼ばれる似た色の梨と結びつき，さらにこの名前の子守り娘へとつながっていった．2歳半の時に床を洗っているグルーシャを，彼は後ろから小便をしながら見ていたが，この時おそらく何か去勢威嚇と取れるような言葉で叱責されたのであろう．グルーシャの姿は，原光景の中の母のイメージを連想させた．グルーシャの見ている前で小便をすることは，子どもっぽい誘惑的行為ながら，彼の男性同一化を反映していた．グルーシャのエピソードの浮上とその分析から，彼がより劣った階層の女性に惹かれる理由が明らかになった．つまり，これらの女性はグルーシャの亡霊であり，そしてグルーシャは母とつながっていたのであった．

症候学上の別の側面が，もう一つの回想によって明確になった．浣腸されて排便する時だけ，ヴェールを隔てて世界を見ている感じが消えた，という症状である．彼は羊膜を被って生まれてきたと聞かされて，自分は無敵であると迷信的に確信していたが，それは淋病に罹患したときに潰えてしまった．当時フロイトは，再出生のファンタジーは根源的である，というユングの考えを攻撃していたが，そのフロイトによれば，狼男のもう一度生まれ出たいという願望は，空想の中であたかもヴェールが破れたと感じたときに達成されたのであり，より深いレベルでは，母になり代わって，父から性的満足を得たい，という願望を表していた．これは原光景に対する狼男の反応のもう一つ別の側面であって，原光景は彼に性の神秘を教えたのみならず，誕生の神秘についても教えたのであった．

もう一度述べれば，生育上の事件，神話，空想，願望が一つに溶け合い，症状と性格を形成していった。全体像は，個人の歴史の分析を通してのみ，完全に理解されうるのである。

　後年，狼男はいくつかの面で病状のぶり返しがあった。特にルース・マック・ブランスウィックの分析を受けた頃（1928）には顕著であった。そしてそのことが，彼の精神障害とそれに対する治療上の問題点の理解を深めることになった。

文　　献

第1章
Freud, S. (1909). Notes upon a case of obsessional neurosis. *Standard Edition* 10: 155-318.
Kris, E. (1951) Ego psychology and iuterpretation in psychoanalytic therapy. *Psychoanalytic Quarterly* 20: 15-30.

第2章
Balint, M. (1960). Primary narcissism and primary love. *Psychoanalytic Quarterly* 24: 6-43.
Bell, A. (1964). Bowel training difficulties in boys. *Journal of the American Psychoanalytic Association* 3: 577-590.
Birdwhistell. J. (1970). *Kinesics and Context*. Philadelphia: University of Pennsylvania Press.
Blos, P. (1960). Comments on the psychological consequences of cryptorchism. *Psychoanalytic Study of the Child* 15: 395-429.
Bornstein, B. (1951). On latency. *Psychoanalytic Study of the Child* 6: 279-285.
Erikson, E. (1959). *Identity and the Life Cycle*. New York: International Universities Press.
Freud, A. (1965). *Normality and Pathology in Childhood: Assessment of Development*. New York: International Universities Press.
—— (1966). Obsessional neurosis: a summary of psychoanalytic views. Presented at Congress. *International Journal of Psycho-Analysis* 47: 116-123.
Freud, S. (1909). Notes upon a case of obsessional neurosis. *Standard Edition* 10: 153-257.
—— (1923). The ego and the id. *Standard Edition* 19: 3-66.
—— (1925). Negation. *Standard Edition* 19: 235-239.
Gesell, A. (1940-1941). *Wolf Child and Human Child*. New York: Harper.
Glaser, V. (1970). Das Gamma-Nervenfaser System (GNS) als Psycho-Somatisches Bindeglied. *Atemschulung als Element der Psychotherapie*. Darmstadt: Wissenschaftliche Buchgesellschaft.
Hartmann, H. (1939). *Ego-Psychology and the Problem of Adaptation*. New York: International Universities Press, 1958.
Holland, N. N. (1975). An identity for the Rat Man. *International Review of Psycho-Analysis* 2: 157-169.
Jacobson, E. (1964). *The Self and the Object World*. New York: International Universities Press.
Kanzer, M. (1952). The transference neurosis of the Rat Man. *Psychoanalytic Quarterly* 21: 180-189.
—— (1966). The motor sphere of transference. *Psychoanalytic Quarterly* 35: 522-540.
—— (1976). Freud's "human influence" on the Rat Man. This volume, Part IV, Chapter 6.
Kestenberg, J. S. (1965, 1967a). *The Role of Movement Patterns in Development*. Reprinted from the *Psychoanalytic Quarterly* by the Dance Notation Bureau, N.Y., 1970.
—— (1966). Rhythm and organization in obsessive-compulsive development. *International*

Journal of Psycho-Analysis 47: 151-159.
—— (1967b). Phases of adolescence. I. *Journal of the American Academy of Child Psychiatry* 6: 426-463.
—— (1968). Outside and inside, male and female. *Journal of the American Psychoanalytic Association* 16: 457-520.
—— (1971). From organ-object imagery to self and object representations. In *Separation-Individuation: Papers in Honor of Margaret S. Mahler.*, eds. pp.75-99. New York: International Universities Press. McDevitt and Settlage.
—— (1974). Child therapy, child analysis and prevention. Tape produced by Psychotherapy Tape Library, N.Y.
—— (1975). *Children and Parents. Psychoanalytic Studies in Development.* New York: Jason Aronson.
—— (1976). The role of the transitional object in the development of the body image. In *Between Reality and Fantasy: Transitional Objects and Phenomena,* eds. S. Grolnik and L. Barkin with W. Muensterberger. New York: Jason Aronson.
Kestenberg, J. S., Marcus, H., Robbins, E., Berlow, J., and Buelte, A. (1971). Development of the young child as expressed through bodily movement. I. *Journal of the American Psychoanalytic Association* 19: 746-764.
Laban, R., and Lawrence, F. C. (1947). *Effort,* London: MacDonald and Evans.
Laban, R. (1960). *The Mastery of Movement.* 2nd ed., revised and enlarged by L. Ulman. London: MacDonald and Evans.
Lamb, W. (1961). Correspondence course in movement assessment. *Unpublished.*
Lamb, W. and Turner, D. (1969). *Management Behavior.* London: Duckworth.
Lewin, B. (1933). The body as a phallus. *Psychoanalytic Quarterly* 2: 24-27.
Mahler, M. (1968). *On Human Symbiosis and the Vicissitudes of Individuation.* New York: International Universities Press.
—— (1971). A study of the separation-individuation process and its possible application to borderline phenomena in the psychoanalytic situation. *Psychoanalytic Study of the Child* 26: 403-424. New York: Quadrangle.
Mahler, M., and Furer, M. (1963). Certain aspects of the individuation-separation phase. *Psychoanalytic Quarterly* 24: 483-498.
Mahler, M., Pine, F. and Bergman, A. (1975). *The Psychological Birth of the Human Infant.* New York: Basic Books.
Piaget, J. (1930). *The Child's Conception of Physical Causality.* New York: Harcourt.
Piaget, J., and Inhelder. B. (1969). *The Psychology of the Child.* New York: Basic Books.
Ramsden. P. (1973). *Top Team Planning.* New York: Wiley.
Schossberger, J. (1963). Deanimation, a stndy of the communication of the meaning by transient expressive configuration. *Psychoanalytic Quarterly* 32: 479-532.
Silving, H. (1964). *The Oath. Essays on Criminal Procedure.* Buffalo: Dennis.
Shengold, L. (1967). The effect of overstimulation: rat-people. *International Journal of Psycho-Analysis* 48: 403-415.
—— (1971). More about rats and rat people. *International Journal of Psycho-Analysis* 52: 277-289. This volume, Part IV, Chapter 3.
Spitz, R., and Wolff, K. M. (1946). Anaclitic depression: an inquiry into the genesis of

psychiatric conditions in early childhood. *Psychoanalytic Study of the Child* 2: 313-342.
Zetzel, E. (1966). Additional notes upon a case of obsessional neurosis: Freud 1909. *International Journal of Psycho-Analysis* 47: 123-129.

第3章

Abraham, K. (1922). The spider as a dream symbol. In *Selected Papers*. London: Hogarth Press, 1949.
—— (1924). The development of the libido. In *Selected Papers*. London: Hogarth Press, 1949.
Barker, W. (1951). *Familiar Animals of America*. New York: Harper.
Dickes, R. (1965). The defensive function of an altered state of consciousness: a hypnoid state. *Journal of the American Psychoanalytic Association* 13: 365-403.
Fliess, R. (1953). The hypnotic evasion. *Psychoanalytic Quarterly* 22: 497-511.
—— (1956). *Erogeneity and Libido*. New York: International Universities Press.
Frazer, J. G. (1890). *The New Golden Bough*, ed. Gaster. New York: Criterion, 1959.
Freud, S. (1893-1895). Studies on hysteria. *Standard Edition* 2.
—— (1900). The interpretation of dreams. *Standard Edition* 4/5.
—— (1909). Notes upon a case of obsessional neurosis. *Standard Edition* 10: 55-318.
—— (1920). Beyond the pleasure principle. *Standard Edition* 18: 7-64.
—— (1941). Schriften aus dem Nachlass. *G.W.* 17.
Hegner, R. (1942). *A Parade of Familiar Animals*. New York: Macmillan.
Hoffer, W. (1950). Oral aggressiveness and ego developmrnt. *International Journal of Psycho-Analysis* 31: 156-160.
Kanzer, M. (1952). The transference neurosis of the Rat Man. *Psychoanalytic Quarterly* 21: 181-189.
Keiser, S. (1954). Orality displaced to the urethra. *Journal of the American Psychoanalytic Association* 2: 263-279.
Klein, M. (1932). *The Psychoanalysis of Children*. London: Hogarth Press, 1949.
—— (1933). Early development of conscience in the child. *Contributions to Psycho-Analysis*. London: Hogarth Press, 1948.
Kucera, O. (1959). On teething. *Journal of the American Psychoanalytic Association* 7: 284-291.
Lamb, C. (1799). *Selected Letters*. ed. Matthews. New York: Farrar, Straus. 1956.
Lewin, B. D. (1950). *The Psychoanalysis of Elation*. New York: Norton.
Lewis, H. A. (1958). The effect of shedding the first deciduous tooth upon the passing of the oedipus complex of the male. *Journal of the American Pyschoanalytic Association* 6: 5-37.
Lorenz, K. (1966). *On Aggression*. New York: Harcout, Brace.
Mahler, M. S. (1952). On child psychosis and schizophrenia. *Psychoanalytic Study of the Child* 7: 286-305.
Mills, E. (1959). Rats, let's get rid of them. (U.S. Dept. of Interior circular, no. 22.)
Mirbeau, O. (1899). *Torture Garden*. New York: Citadel Press, 1948.
Protheroe, E. (1940). *New Illustrated Natural History of the World*. New York: Garden City Press.
Schour, I. and Masser, M. (1949). The teeth. In *The Rat in Laboratory Investigation*, ed. E.

J. Farris and J. Q. Griffith. Philadelphia: Lippincott.
Shengold. L. (1963). The parent as sphinx. *Journal of the American Psychoanalytic Association* 11: 725-751.
—— (1967). The effects of overstimulation: rat people. *International Journal of Psycho-Analysis* 48: 403-415.
Shuren, I. (1967). A contribution to the metapsychology of the preanalytic patient. *Psychoanalytic Study of the Child* 22: 103-126.
Simmel, E. (1944). Self-preservation and the death instinct. *Psychoanalytic Quarterly* 13: 160-185.
Spock. B. (1957). *Baby and Child Care*. New York: Duell. Sloan.
Wilson, E. (1950). In memory of Octave Mirbeau. *Classics and Commercials*. New Yoek: Farrar, Straus.
Zinnser, H. (1935). *Rats, Lice and History*. New York: Little, Brown.

第4章

Freud, S. (1901). The psychopathology of everyday life. *Standard Edition* 6.
—— (1908). Character and anal erotism. *Standard Edition* 9: 169-175.
—— (1909). Notes upon a case af absessional neurosis. *Standard Edition* 10: 153-318.
—— (1910). The future prospects of psycho-analytic therapy. *Standard Edition* 11: 139-151.
—— (1914). Remembering, repeating and working through. *Standard Edition* 12: 147-156.
—— (1920). Beyond the pleasure principle. *Standard Edition* 18: 7-64.
—— (1937). Analysis terminable and interminable. *Standard Edition* 23: 216-253.
Jones. E. (1959). *Free Association—Memories of a Psycho-Analyst*. New York: Basic Books.
Kanzer, M. (1952). The transference neurosis of the Rat Man. *Psychoanalytic Quarterly* 21: 181-189. This volume, Part IV, Chapter 1.
Niederland, W. (1973). Personal communication.
Plenary Papers, Discussion and other papers on obsessional neurosis (1966). *International Journal of Psycho-Analysis* 47: 116-212.
Rosten, L. (1970). *The Joys of Yiddish*. New York: Simon and Schuster.
Schur, M. (1972). *Freud: Living and Dying*. New York: International Universities Press.
Shengold, L. (1967). The effect of overstimulation: rat people. *International Journal of Psycho-Analysis* 48: 403-415.
—— (1971). More on rats and rat people. *International Journal of Psycho-Analysis* 52: 277-288. This volume, Part IV, Chapter 3.
Spitz, R. (1974). Personal communication.

第5章

Beigler, J. (1975). A commentary on Freud's treatment of the Rat Man. *The Annual of Psychoanalysis* 3: 271-285.
Ferenczi. Sándor (1909). Introjection and transference. In *Further Contributions to Psychoanalysis*. New York: Bruner. 1950.
Freud, S. (1909). Notes upon a case of obsessional neurosis. *Standard Edition* 10: 153-320.

Grunberger, B. (1966). Some reflections on the Rat Man. *International Journal of Psycho-Analysis* 47: 160-168.
Kanzer, M. (1952). The transference neurosis of the Rat Man. *Psychoanalytic Quarterly* 21: 181-189.
Kestenberg, J. (1966). Rhythm and organization in obsessive-compulsive development. *International Journal of Psycho-Analysis* 47: 151-159.
Kris, E. (1951). Ego psychology and interpretation in psychoanalytic therapy. *Psychoanalytic Quarterly* 20: 15-30.
Langs, R. (1973a). The patient's view of the therapist: reality or fantasy? *International Journal of Psychoanalytic Psychotherapy* 2: 411-431.
—— (1973b). *The Technique of Psychoanalytic Psychotherapy*. Vol. 1. New York: Jason Aronson.
—— (1974). *The Technique of Psychoanalytic Psychotherapy*. Vol. 2. New York: Jason Aronson.
—— (1975a). Therapeutic misalliances. *International Journal of Psychoanalytic Psychotherapy* 4: 77-105.
—— (1975b) The therapeutic relationship and deviations in technique. *International Journal of Psychoanalytic Psychotherapy* 4: 106-141.
—— (1975c). The patient's unconscious perception of the therapist's errors. In *Tactics and Techniques in Psychoanalytic Therapy*, Vol. II, Counter transference. ed. P. Giovacchini. New York: Jason Aronson.
—— (1976). *The Bipersonal Field*. New York: Jason Aronson.
Viderman, S. (1974). Interpretation in the analytic space. *International Review of Psycho-Analysis* 1: 467-480.
Zetzel, E. (1966). Additional 'notes upon a case of obsessional neurosis.' *International Journal of Psycho-Analysis* 47: 123-129.

第6章

Freud, S. (1900).The Interpretation of Dreams. *Standard Edition* 4-5.
Freud. S. (1905). Fragment of an analysis of a case of hysteria. *Standard Edition* 7: 7-122.
—— (1909). Notes upon a case of obsessional neurosis. *Standard Edition* 10: 155-327. (1913) On beginning the treatment. *Standard Edition* 12: 123-144.
—— (1914) Remembering. repeating and working-through. *Standard Edition* 12: 147-156.
—— (1918). From the history of an infantile neurosis. *Standard Edition* 17: 7-122
Kanzer, M. (1952). The transference neurosis of the Rat Man. *Psychoanalytic Quarterly* 21: 181-189. Part IV Chapter 1 of this volume.
Kanzer, M. (1969). Sigmund and Alexander Freud on the Acropolis. *American Imago* 26: 324-354.
—— (1975) The Therapeutic and the working alliances. *International Journal of Psychoanalytic Psychotherapy* 4: 48-73.
Kris, E. (1951). Ego psychology and interpretation in psychoanalytic theory. *Psychoanalytic Quarterly* 20: 15-30.
Major, R. (1974) The language of interpretation. *International Review of Psycho-Analysis* 1: 425-436.

Nunberg, H., and Federn, E. (1962). *Minutes of the Vienna Psychoanalytic Society.* Vol. 1, Chapter 16, Freud and His Self-analysis. Volume 1 of the Downstate Twenty-fifth Anniversary Series, New York: Jason Aronson 1906-1908.

Shakespeare, W. (1901). The Tragedy of Julius Caesar. In *The Complete Works of William Shakespeare* XI: 24-158.

Shengold, L. (1971) More on rats and rat people. *International Journal of Psycho-Analysis* 52: 277-288. Part IV, Chapter 3 of this volume.

Strachey, J. (1955) *Standard Edition of Freud* 10: 253-257.

Zetzel, E. (1966). The analytic situation. In *Psychoanalysis in the Americas,* ed. R. E. Litman, pp. 86-106. New York: International Universities Press.

第7章

Biegler, J.S. (1975). Treatment of the Rat Man. *Annual of Psychoanalysis* 3: 271 283.

―― (1914). Remembering, repeating and working through. *Standard Edition* 12: 147-156.

Freud, S. (1909). Notes upon a case of obsessional neurosis. Original Record of the Case. *Standard Edition* 10: 251-318.

Holland, N. (1975). An identity for the Rat Man. *International Review of Psycho-Analysis* 2: 157-169.

Kanzer. M. (1952). The transference neurosis of the Rat Man. *Psychoanalytic Quarterly* 21: 181-189. Part IV. Chapter 1 of this volume.

Kestenberg, J. (1966). Rhythm and organization in obsessive-compulsive development. *International Journal of Psycho-Analysis* 47: 151-159.

Lewin, B.D. (1950). *The Psychoanalysis of Elation.* New York: Norton.

Shengold, L. (1967). The effects of overstimulation: rat people. *International Journal of Psycho-Analysis* 41: 403-415.

―― More about rats and rat people. *International Journal of Psycho-Analysis* 52: 277-288. Part IV, Chapter 3 of this volume.

Zetzel, E. (1965). Additional notes upon a case of obsessional neurosis: Freud 1909. *International Journal of Psycho-Analysis* 47: 123- 129.

第8章

Arlow. J. and Brenner, C. (1964) *Psychoanalytic Concepts and the Structural Theory.* New York: International Universities Press.

Bell, A. (1961). Some observations on the role of the scrotal sac and testicles. *Journal of the American Psychoanalytic Association* 9: 261-286.

Blum. H. P. (1974) The borderline childhood of the Wolf Man. *Journal of the American Psychoanalytic Association* 22: 721-742. Part VI chapter 1 of this volume.

―― (1979). The pathogenic influence of the primal scene: A reevaluation. Part VI chapter 3 of this volume.

Breuer, J., and Freud, S. (1893-95). Studies on hysteria. *Standard Edition* 2.

Erikson, E.H. (1962). Reality and actuality. *Journal of the American Psychoanalytic Association* 10: 451-474.

Freud. S. (1900). The interpretation of dreams. *Standard Edition* 4 and 5.

——(1909). Analysis of a phobia in a five-year-old boy. *Standard Edition* 10: 135-149.
——(1914). On the history of the psycho-analylic movement. *Standard Edition* 14: 7-66.
——(1918). From the history of an infantile neurosis. *Standard Edition* 17: 7-122.
——(1937). Analysis terminable interminable. *Standard Edition* 23: 216-253.
——(1954). *Origins of Psychoanalysis* (1887-1902). New York: Basic Books.
Gardiner, M. Editor (1971) *The Wolf Man by The Wolf Man*. New York: Basic BooksGill, M., and Muslim, H. (1976). Early interpretation of transference. *Journal of the American Psychoanalytic Association* 24: 779-794.
Greenson, R. R. (1965). The working alliance and the transference neurosis. *Psychoanalytic Quarterly* 34: 155-181.
Jones. E. (1955). *The Life and Works of Sigmund Freud*, vol. 2. New York: Basic Books.
Kanzer, M. (1966). The motor sphere of the transference. *Psychoanalytic Quarterlr* 35: 522-539.
Kanzer, M. and Glenn, J., editors (1979). *Freud and His Self-Analysis*. New York: Jason Aronson.
Kris, E. (1951). Ego psychology and interpretation in psychoanalytic therapy. *Psychoanalytic Quarterly*. 20: 15-30.
Lewin, B.D. (1950). *The Psychoanalysis of Elation*. New York: Norton.
Kestenberg. J. (1966). Rhythm and organization in obsessive-compulsive development. *International Journal of Psycho-Analysis* 47: 151-159.
Major, R. (1974). The language of interpretation. *International Review of Psychoanalysis* 1: 425-436.
Nunberg, H. and Federn, E. (1962). *Minutes of the Vienna Psychoanalytic Society*. Vol. 1, 1906-1908.
Rosenfeld. E. (1956) Dream and Vision. *International Journal of Psycho-Analysis* 37: 97-105.
Schur, M. (1966) Some additional "day residues" of the specimen dream of psychoanalysis. In *Psychoanalysis—A General Psychology*. Ed. R.M. Loew-enstein, L. Newman, M. Schur, A.J. Solnit. pp. 45-85. New York: International Universities Press. Chapter 6, *Freud and His Self-Analysis*, volume 1 of the Downstate Twenty-fifth Anniversary Series.
——(1972). *Freud: Living and Dying*. New York: International Universities Press.
——(1971). More about rats and rat people. *International Journal of Psycho-Analysis* 52: 277-288. This volume, Part IV, Chapter 3.
Shengold, L. (1967). The effects of overstimulation: rat people. *International Journal of Psycho-Analysis* 48: 403-415.
Zetzel, E. (1956). Current concepts of transference. *International Journal of Psycho-Analysis* 37: 369-376.
——(1966). The analytic situation. In *Psychoanalysis in the Americas*, Ed. R.E. Litman. New York: International Universities Press.

第10章

Brunswick, R. M. (1928). A supplement to Freud's 'History of an infantile neurosis.' *International Journal of Psycho-Analysis* 9: 439-476.

解説として;『再検討』の再検討:
フロイト臨床の実態とフロイトの〈原〉技法
——相互主体性（Intersubjektivität）——

及川　卓（及川心理臨床研究所）

　日本語版『フロイト症例の再検討』は,「ねずみ男」をもって完結する。原著が約450ページにも及ぶ大作であったので,馬場謙一先生の監修のもと,奥村茉莉子,芳川玲子,岡元彩子,中野久夫,高塚雄介,児玉憲典の諸先生方の努力によって,1995年の『ドラとハンスの症例』から,2008年の『シュレーバーと狼男』を経て,約20年をかけての大訳出作業となった。フロイトの精神分析学を,その源泉ともいえる「五大症例」に遡ることによって,その理解を深化させ前進させようとする先生方の熱意なくしては,この翻訳は成立し得なかったであろう。監修・監訳者の馬場先生をはじめ,諸先生方の努力に敬意を払いたい。

　そして訳出を企画された当時とでは,フロイト研究は言うに及ばず,精神分析学を取り巻く学問的な状況に大きな変化が生じてしまい,そこで『再検討』の日本語訳を完結するに当たって,「本書」を含め"フロイト症例研究"の今日的な状況と評価についての解説の依頼を頂いた。そこで解説者は,原書『Freud and His Patients』（1980年）が刊行されてから,約30数年が経過し,その後に出現した新たな資料や研究を紹介しつつ,フロイトの症例研究が,現在どのような位置付けがなされ,それを巡ってどのような論議がされているかを紹介し,解説者の役割を果たしたいと考えている。そしてそれが,今後の精神分析の展望を見出すことに繋がることを強く願っている。

はじめに

　すでに1991年，米国精神分析学会会長・アロウ（Jacob Arlow）は，「100年も前の教科書を，いまだに使い続けているのは，精神分析学だけであろう」。「精神分析は，フロイトの人生における中心に存在したことは間違いない。しかし，フロイトの人生が，"科学としての精神分析学"の中心に位置している訳ではない」。「現在，精神分析学を志向するものは，フロイトへの病理学的な転移を克服するべきである」。さらに続けて，「フロイトの症例研究は，有効な臨床的な技法に関して，ほとんど教えてくれない」とまで言い切っている（Arlow 1991）。

　このような単純化に対して，馬場は，「フロイト以降に発展した精神分析理論を武器として，フロイトの症例研究を批判するのは，むしろ安易に過ぎるだろう。光学顕微鏡によってなされた研究を，電子顕微鏡を使ってあげつらうようなものだからである」（「フロイト症例の再検討・訳者あとがき」p.207）と，実に的確な反論を行った（馬場 1995）。

I　フロイト〈原〉技法の復元

　フロイト自身による精神分析的アプローチが，実際のところ，どのようなものであったかに関して，これまであまり研究がされていない。フロイトが，どのように被分析者 analysand（患者，分析志願者）と関わり，どのような臨床的対応をして，どのようにその技法を展開させ，そしてその治療的成果や予後がどのようなものであったか，こうした"フロイトの臨床の実態"に関して，これまで実証的で総合的な研究は，ほとんどされてこなかった。

　しかしながら，多くの精神分析家が，いわゆる，フロイトの「技法論」の中で"推奨された技法"（Freud's Recommended Technique），あるいは，それをより完成させた"精神分析の標準的技法"（The Standard Psychoanalytic Technique），現代的精神分析技法（Modern Psychoanalytic Technique）と呼ばれているものと（Lipton 1983），フロイト自身が，被分析者に対して実

施した臨床的アプローチとの間に，ある種のギャップ，微妙なズレが存在していることを，感じ取っていたことも事実である。

1. 馬場謙一によるブラントンの「教育分析記録」の翻訳と解説

早くも 1972 年，馬場謙一は，『フロイトとの日々』(Blanton 1971)の「訳者あとがき」において，このギャップの存在を，明確に指摘している。馬場はそこで，「フロイトには，いくつかの症例報告と多数の論文が有る。私たちはそれによって『精神分析』とは何かを知ることが出来る。しかし，それらはフロイトの手によって再構成され，理論化されたものにほかならず，フロイトの著書を読んだからと言ってフロイトによって真に実現されていた精神分析を知ることにはならない。つまり，〈理論化と再構成のプロセスでこぼれ落ち，あるいは無意識的に排除されていった，無数の何かがあったに違いない〉のである」(p.226)と鋭い洞察力を示している。

さらに続けて，「私たちは，フロイトのありのままの治療の現実と，「精神分析」理論との間に，どのようなギャップがあるかを，正しく認識する必要がある」(p.226)と強調する。

そして馬場は，この教育分析の記録における，フロイトとブラントン(Smiley Blanton)との関係を念頭に入れながら，「私にとって興味深かった点の一つは，フロイト自身が提唱して，後にフロイト的な治療態度の基本とされた"医師としての分別（禁欲）"，"分析的中立性"，"受動性（分析の隠れ身・匿名）"などよりも，実際の分析が，もっと柔軟で温かい，自由な交流を基礎として営まれていたということである」と率直な感想を述べ，さらに続けて，「フロイトの分析と言うと，むしろ権威的で，冷たい感じを抱きやすいが，〈フロイト的態度〉と称されるものは，いわば"理念としての資料の外枠"をなし，"資料の内実"はもっと人間的な，『相互主体的(Intersubjektivität) な営み』であったと言ってよさそうである」(pp.226-227)（下線は解説者強調）。ブラントンとの教育分析の記録を慎重に読むと，われわれが臨床活動において，日々，心がけなければならないとされている"標準的精神分析技法"，それらは「治療的中立性」，「分析の隠れ身」，さ

らに付け加えるならば,「分析外での接触」や「私的な関係の禁止」というフロイト技法とは,かなりかけ離れたフロイトの臨床的実践を垣間見ることができる(フロイトとブラントンとの間で生まれた特殊な関係については,「Ⅲ 1. フロイト先生の"お気に入り"」で詳述する)。

2. サミュエル・リプトン(Samuel Lipton)によるフロイト技法と"いわゆる標準的と呼ばれる(So-called Standard Technique)精神分析技法"への疑問と批判:フロイト〈原〉技法の優位性

　以上のような,馬場がブラントンの「教育分析」の記録を通して感じ取った印象と,非常によく似た見解を,1977年にシカゴの精神分析家サミュエル・リプトン(Samuel Lipton)が明瞭に提示した(Lipton 1977)。

　リプトンは,『ねずみ男』の症例を厳密に検証することから,次のような仮説を引き出した。「フロイトは,フロイトの技法論(を提示する際に(解説者補足)),被分析者との実際的で個人的な関係性を排除してしまった。さらに,このフロイトによって(技法論の中から)"排除されたもの"(被分析者との個人的関係)の特徴こそ,現代の精神分析技法を超えるフロイト技法の決定的な優位性の説明となろう」。ここでは,前述した馬場謙一の「つまり,理論化と再構成のプロセスでこぼれ落ち,あるいは無意識的に〈排除されて行った〉,無数の何かがあったに違いないのである」とまったく同じ表現"排除されたもの"という言葉が,使用されていることは,実に意義深い。

　いみじくも,この日米二人の分析家が,同じく"排除されたもの"と表現したものは,何であったであろうか。それは,精神分析状況と過程における,"分析家と被分析者との個人的で現実的な関係性"ということである。このことは,"分析家と被分析者との現実的な関係性"という概念の重要な再定義に繋がるであろう。すなわち,<u>精神分析家と被分析者との間で生まれる現実的な関係性は,精神分析技法の一部ではなく,それどころか,それは精神分析にとって"必須で不可欠の要素"なのである。</u>

　「私の見解では,問題の所在とは,フロイトが本来それらを,技法であるとは見なさず,その代わり,被分析者との技法的ではない(non-tecknical)

個人的（personal）関係の一部とみなしていたさまざまな事柄を一纏めにしようとするあまり，技法に関する現代的な概念が膨張したことにあるように思われる」。「現代的な技法論と，フロイトの技法論との間に存在する違いの本質とは，どこにあるのか。それは（現代的技法論の中では）技法の定義が，分析家が被分析者との関係で有する多様な側面を一括りにしようとして，拡散させられてしまったことにある。まさしく，この分析家と被分析者との関係の多様で多彩な側面こそ，フロイトが技法論から切り捨ててしまったものに他ならない」（Lipton 1979）。さらに，リプトンは，1983年になると「いわゆる標準的と呼ばれる（So-Called Standard Technique）精神分析技法への批判」を発表し，分析家と被分析者との間に生ずる現実的な関係性を無視する現代的な技法論に批判を加え，"フロイトの〈原〉技法"をそれに対峙させている（Lipton 1977）。またリプトンは，現実的な関係性を「作業同盟」（working alliance）（Greenson 1968）の一部として，統合している。何よりも彼が指摘する見解において重要な点は，いわゆる現代的な精神分析技法論よりも，フロイトの〈原〉技法の方が，「臨床的に優位に立つこと」を明確にしているところにあることは間違いない。

3. 諸外国の精神分析家によるフロイト技法と"現代的技法"との比較

1987年には，ナチスの『アウシュヴィッツ強制収容所』を生き抜いた経験を持つイタリアの女性精神分析家・ルチアーナ・モミグリアーノ（Luciana Momigliano）が，「はたしてフロイトは，フロイディアンであったのか？」（ma Freud era freudiano?）と題された論考を発表し，公表されたフロイトの被分析者の記録に基づいて，フロイト自身，現在標準化されたような技法に縛られておらず，さまざまな方向性から精神分析的アプローチの可能性を模索していたことを解明した（Momigliano 1985, 1992）。モミグリアーノによる調査と資料分析の中では，面接時間中に被分析者と世間話に興じ，ゴシップにも興味津々の態度を示す人間味溢れるフロイトの面接の様子が描き出されている。モミグリアーノは，このようなフロイトの臨床態度を彼女の臨床的基盤として，やがて英国対象関係論の成果をも汲み取り，分析家と被

分析者との『分かち合う体験』（Shared Experience）へと結実させていく。

　1995年には，アメリカの精神分析史研究者のローゼン（Paul Roazen）による，フロイトの被分析者への直接のインタビューに基づいて書き上げられた『フロイトはどのように仕事をしていたか：患者たちの目撃談』が発表された（Roazen 1995）。それはすでに刊行された，ローゼンの二つの著作（『フロイトとその追従者たち』Freud and his followers, 1976（Roazen 1976），『フロイト家族との出会い』Meeting Freud's Family 1993（Roazen 1993））を補完するだけでなく，フロイトの臨床的実態に関する新たな実証的な資料を提供している。1998年には，アメリカの精神科医デイヴィド・リーン（David Lynn）とジョージ・ヴァイラント（Geoge Vaillant）とが，共同でフロイトの被分析者に対する臨床的アプローチがどのようなものであったかを，詳細にかつ総合的に調査した（Lynn & Vaillant 1998）。

　2000年代に入ると，ドイツの精神分析家ファーレント（Fallend, K），ローテ（Rothe, H.-J），ライトナー（Leitner, M）らの研究が進み，とりわけウルリケ・マイ（Ulrike May）による『フロイトの面接予約表』（Freud Patientenkalender）の研究や，フロイトの臨床的な実態と技法的な柔軟性等が明らかにされ，フロイトがその数多くの論文・著書において提示した"技法的規範"と臨床的な実態の大きなギャップが，もはや否定することのできないものとなった（May 2006）。

4. Anlagen*注1（the essential foundation：本質的基盤）としての精神分析家と被分析者との現実的・人間的関係性

　また1999年，英国の精神分析家アーサー・コーチ（Arthur Couch）による「精神分析家との現実的な関係（the Real Relationship）の治療的な機能」が発表され（Coach 1999），1977年のリプトンに始まる数多くの精神分析家によって示唆されたり，仮説として提示されてきた"分析家と被分析者との間の現実的な関係"に関して精緻な文献的研究と臨床報告とが行われた。このコーチによる概念的でしかも臨床的でもある研究は，フロイトのきわめて"自然な態度"（natural）で"頑なではない"（non-rigid）精神分析のスタイ

ルを明確に描き出している。

（1）鏡としての分析家，（2）外科医のような感情を抑制した態度，（3）匿名性と禁欲に徹した態度（Freud 1958a）。「このようなフロイトが著述した処方箋（技法論）をあまりにも真に受け取る人たちには，"落とし穴"が待ち受けている。フロイトが，公式に表明しなかったけれど，"精神分析家と被分析者との間の現実的な関係"が，欠くことのできない人間の本質的基盤 Anlagen（the essential foundation）として，実に効果的な精神分析的精神療法の根本的な基盤となることを，見落としてしまうことになる」と，コーチは厳しく述べている。欧米に限らず，我が国においても，フロイトが論述した「技法論」を金科玉条のごとく取り扱う分析家たちは，一様にこの落とし穴に陥ってしまっていることは，残念なことである。

そして次のように結論づけた。「分析家と被分析者との現実的な関係性の実質的な一部は，Anlagen 本質的基盤として，分析的関係の背後に潜んでおり，そしてそれは常に存在し，また進行中の分析の中で転移と治療的関係とを織りなしている」。コーチの主張は，精神分析家と被分析者との間に生ずる人間的・現実的な関係性が，リプトンがいうような「作業同盟の一部であり，あるいは作業同盟へと統合されなければならない」といった範囲に留まるものでなく，精神分析的関係性の本質的な基盤に当たるということなのである。

コーチの見解を，次のように譬えることも可能ではないのだろうか。精神分析の総体をパソコンに譬えるならば，精神分析家と被分析者との現実的関係は，OS としてプレインストールされており，「技法」や「転移」，「抵抗」

＊注1　アーサー・コーチは，Anlagen というドイツ語を，ここであえて使用し，それに対応する英語として（the essential foundation：本質的基盤）を当てている。日本語に直訳すれば，「原基」という意味が，ふさわしいであろう。しかしながら，Anlagen のドイツ語の本来の意味は，素質や体質的要因という意味であり，本質的基盤という使われ方はされない。アーサー・コーチの独特の理解と見なすべきであろう。フロイトにおいては，いくつかの個所で，この Anlagen という用語が使用されている。解説者が知る範囲では，『性欲論三篇』（1905 年）の「第二篇・幼児の性愛」の中で「多形倒錯の素質」（Die polymorph perverse Anlage）という文脈で，フロイトはこの言葉を明瞭に使用している。

等々の操作的概念は，OS の上で作動するソフトのようなものであり，したがってそれらは，それぞれのケースの状態や病理，治療的過程や目標，家族関係や社会・経済的諸条件に応じて，カスタマイズされなければならないと。つまり，リプトンが"現実的関係"を作業同盟の必須条件と見なしたが，コーチの視座に立って考察すれば，こうした精神分析の OS に当たる"精神分析家と被分析者との現実的関係"は，フロイトにとってみれば，あまりにも当然のことであり，わざわざ記述したり，論及する必要性がないほど自明なことであったのであろう。したがって，それぞれの精神分析家が向きあわなければならない個別的な臨床的困難に対応して，それがカスタマイズされるように，「技法論」を論述したに過ぎないのである。

5. イルゼ・グルブリッヒ - シミティス（Ilse Grubrich-Simitis）による『フロイトとフェレンツィ往復書簡集』の紹介と解説より：「臨機応変（Takt）に」（フェレンツィ），「私の『提言』（Ratschläge）は，融通が利くものです」（フロイト）

ここで解説者が，精神分析の総体を，パソコンの OS とソフトに譬えて，それぞれの事例や臨床状況に応じて，精神分析上の操作的な概念は，カスタマイズされなければならないと強調したが，こうした解説者の見解を裏付けるような資料の発掘とその紹介・解説が，ドイツの精神分析家・イルゼ・グルブリッヒ - シミティス（Ilse Grubrich-Simitis）によって，すでに提出されていた。

1986 年，ドイツの精神分析家イルゼ・グルブリッヒ - シミティスは，フロイトとシャンドール・フェレンツィ（Sándor Ferenczi）の『往復書簡集』の中より，「技法」に関してきわめて興味深いフロイトとフェレンツィの意見のやり取りを発見し，翻訳・紹介した（Grubrich-Simitis 1986）。

フェレンツィは，『精神分析技法の柔軟性』（1927 年）を執筆し，その中で次のように語っている。

「分かっていただけると思いますが，「臨機応変」（Takt）という言葉を使用してしまえば，容易には明確化できないはずの（複雑な臨床上の）事柄

を，ある一つの簡単で単純化した定型語へと変えてしまうことになってしまいます。では，いったい「臨機応変」とは何でしょうか。その解答は難しくありません。「臨機応変」とは「感情移入」（Eeinfühlung：empathy, 共感性）の能力のことです」。

このフェレンツィの指摘に対して，1928年，1月4日付の書簡の中で，フロイトは，フェレンツィに対して率直に次のように語っている。

「あなたの論文のタイトルは，卓越していますし，それはより多くの評価が与えられるにふさわしいでしょう。かなり以前に，私が書いた技法に関する提言（Ratschläge：recommendations）は，本質的にネガティブなものでした。そこでは，してはいけないことばかりを強調し，さらに分析とは逆行してしまいがちな誘惑の魔手を指摘しておくことが，最も重要であると，私は考えていました。ポジティブな方向性を持って，こうすべきであるということのほとんどすべては，あなたが導入したところの「臨機応変」（Takt）に任せてしまったのでした。ところがその結果，従順な分析家たちは，私の提言を，あたかもタブーであるかのようにみなし，さらにそれらが融通の利くものだということに気が付かずに，（私としては助言のつもりが，彼らにとっては警告のように受け止められ：解説者補足），これらの訓告に服従してしまいました。いつの日か技法に関する提言は，改定しなければならないでしょう」。

このフロイトとフェレンツィの精神分析技法に関する意見の交換は，現代の精神分析的精神療法に，大きな問題提起をなすものである。臨機応変を共感性と結びつけ，共感性に裏付けられた，臨機応変なアプローチの重要性を主張したフェレンツィの着眼点は，フロイト自身が評価するとおり"卓越したもの"であろう。そしてフロイトが，「私の技法論上の推奨（提言）は，融通が利くものです」とも述べていることは，フロイト自身が，"論文化した技法論"に満足していなかったことを，何よりも如実に物語っている。

「4」で紹介した，コーチは，ウィーン出身の第一世代の分析家，そしてアンナ・フロイトによる二度の"古典的"教育分析の体験に基づいて，自我心

理学においても，対象関係論においても，精神分析技法の硬直化が深刻な状態に陥っていることを批判し，精神分析臨床においてフロイトの〈原〉技法が内包させていた柔軟性・人間性を回復させることの必要性を，再三にわたって訴えている．

II フロイト自身による規範からの逸脱：
その臨床的柔軟性と応用

　以上，紹介した数多くの精神分析家（精神分析史家）による，これまでのフロイト臨床実態に関する研究成果を総合しつつ，フロイト臨床の実態について，さらに検討を深めてみたい．とりわけ，1998年，リーンとヴァイラントとが共同で，1）フロイトによって公刊された論著，2）フロイトの書簡集，3）フロイトの継続的治療の臨床記録，4）フロイトの被分析者による報告や自伝（それが公表されたものであれ，非公表のものにせよ記録として残っているものも含めて），5）被分析者による手紙，6）被分析者との直接インタビュー，を，徹底的に調査した（Lynn & Vaillant 1998）．この両者が行った調査結果は，衝撃以外の何ものでもなかった．

　彼らが，詳細に調査できた被分析者は，『図1』に挙げられたとおり，43名である[*注2]（なおここには，フェアバーンとランダウアーの2名の分析家の名前が挙げられていない．この点に関しては，ドイツの精神分析家マイの研究を参照されたい（May 2007））．43名のうちで，治療的精神分析が10名，教育分析が19名，さらに治療的，かつ教育的な目的を持った精神分析が14名，合計で43名に及ぶ．この43名は，1907年から1939年に至る，フロイトが，もっとも充実した精神分析的な実践と活動を行った期間であり，この43名は，有名無名を問わず，フロイトの精神分析の最盛期の主要な被分析者たちであることには間違いはない．

　『表1』から明瞭に解ることは，フロイトが，精神分析の技法的な規範とした，その1．匿名性（Anonymity）は，43名全員において，破られてい

た。その2.　中立性（Neutrality）は，37名（86％）において破られている。その3.　守秘義務（Confidentiality）は，23名（53％）において守られていなかった。さらに付け加えるならば，フロイトは，これら43名中の31名の被分析者と，何らかの"分析外の関係"（Extra analytic relation）や私的－現実的接触（Real relationship）を持っていた。

　これらの事実から，フロイトがその論著の中で，再三にわたり提唱し，分析的技法と見なす"規範や方法論"（①禁欲，②中立性，③匿名性，④守秘義務，⑤私的関係の禁止）と，フロイト自身が行った精神分析的なアプローチとの間には，明確な食い違いや矛盾が存在していることが，証明される。フロイトによって提示され，規範として推奨されたフロイトの処方箋（精神分析技法論）は，フロイトの臨床実践においては，実証も使用もされていなかったこととなる（Freud 1913, 1917a,b, 1919 [1918], 1926, 1937, 1940 [1938], 1958b）。

　こうした，フロイトの技法論と，フロイトの臨床実態との想像を超えるギャップに関して，1972年の馬場謙一から，1977年のリプトン，1986年のグルブリッヒ-シミティス，1999年のコーチ，2006年のマイに至るそれぞれの見解から，われわれは何を学びうるのであろうか。そこには，フロイト自身が，技法論を金貨玉上のごとく見なしてはいなかったこと，さらには，それぞれの被分析者に応じて，臨床的なアプローチを柔軟に変えていたこ

＊注2　ドイツの精神分析家たちは，この43名以外に，他の2名の高名な精神分析家の名前が記載されていないことを発見した。その一人は，英国対象関係論の基礎を築いたとみなされるフェアバーン（W. R. D. Fairbairn）である。ファレント（Fallend）の記録によれば，フェアバーンは，フロイトから35時間の教育分析を受けている（Fallend 1995）。もう一人は，『フランクフルト精神分析研究所』を開設し，その中心メンバーであったカール・ランダウアー（Karl Landauer）である。ランダウアーは，1912年以降にフロイトから分析を受けていたとライトナー（Leitner）は指摘している（Leitner 2001）。ランダウアーは，『フランクフルト研究所』において，マックス・フォルクハイマー（Max Horkheimer）を教育分析し，彼以外にも，テオドール・アドルノ（Theodor Ludwig Adorno），ヘルベルト・マルクーゼ（Herbert Marcuse）等々，いわゆるフランクフルト学派として，世界的に影響を及ぼすこととなる哲学者や社会学者たちを，精神分析学的に教育・指導している。ランダウアーは，ナチスによって『ベルゲン・ベルゼン強制収容所』で惨殺されるという悲劇的な最期を迎えた。

220

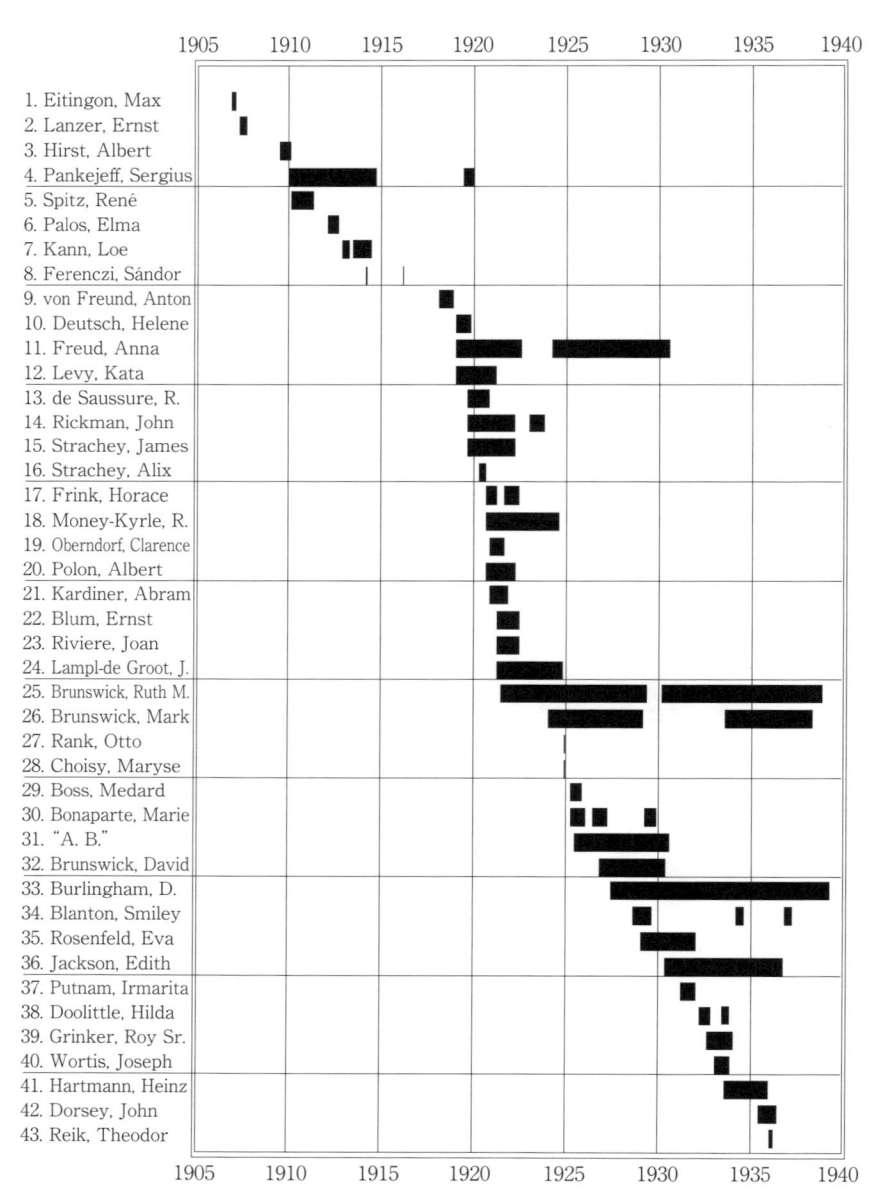

1. Eitingon, Max	
2. Lanzer, Ernst	
3. Hirst, Albert	
4. Pankejeff, Sergius	
5. Spitz, René	
6. Palos, Elma	
7. Kann, Loe	
8. Ferenczi, Sándor	
9. von Freund, Anton	
10. Deutsch, Helene	
11. Freud, Anna	
12. Levy, Kata	
13. de Saussure, R.	
14. Rickman, John	
15. Strachey, James	
16. Strachey, Alix	
17. Frink, Horace	
18. Money-Kyrle, R.	
19. Oberndorf, Clarence	
20. Polon, Albert	
21. Kardiner, Abram	
22. Blum, Ernst	
23. Riviere, Joan	
24. Lampl-de Groot, J.	
25. Brunswick, Ruth M.	
26. Brunswick, Mark	
27. Rank, Otto	
28. Choisy, Maryse	
29. Boss, Medard	
30. Bonaparte, Marie	
31. "A. B."	
32. Brunswick, David	
33. Burlingham, D.	
34. Blanton, Smiley	
35. Rosenfeld, Eva	
36. Jackson, Edith	
37. Putnam, Irmarita	
38. Doolittle, Hilda	
39. Grinker, Roy Sr.	
40. Wortis, Joseph	
41. Hartmann, Heinz	
42. Dorsey, John	
43. Reik, Theodor	

図1 フロイトによる43名の精神分析の時期と期間 (Lynn & Vaillant 1998)

表1 フロイトによる被分析者に関する情報流出と流出先 (Lynn & Vaillant 1998)

被分析者の症例番号と氏名	精神分析の開始時期	フロイトからの情報流出先	情報流出先の人物と被分析者の人生におけるその役割
1) Max Eitingon	1907	Karl Jung	Colleague, rival
6) Elma Palos	1912	Sándor Ferenczi	Analyst, fiancé, mother's lover, future stepfather
7) Loe Kann	1912	Ernest Jones	Common-law husband, exhusband
8) Sándor Ferenczi	1914	Smiley Blanton	Colleague
9) Anton von Freund	1918	Ernest Jones Karl Abraham	Colleague Colleague
11) Anna Freud	1918	Abram Kardiner Joan Riviere Eduardo Weiss	Colleague Colleague Colleague
15) James Strachey	1920	Ernest Jones	Boss
17) Horace Frink	1921	Ernest Jones Clarence Oberndorf Abram Kardiner	Colleague, rival Colleague, rival Colleague, friend
18) Roger Money-Kyrle	1921	Ernest Jones	Colleague, boss
19) Clarence Oberndorf	1921	Abram Kardiner	Colleague
20) Albert Polon	1921	Edith Jackson	Colleague
21) Abram Kardiner	1921	Horace Frink	Colleague, mentor
23) Joan Riviere	1922	Ernest Jones	Former analyst, boss, rival
25) Ruth Mack Brunswick	1922	Jeanne Lampl-de Groot Ernst Freud Anna Freud	Colleague Friend Friend
26) Mark Brunswick	1924	Ruth Mack Brunswick	Fiancée, wife
27) Otto Rank	1924	Karl Abraham Max Eitingon Ernest Jones Joan Riviere Marie Bonaparte Sándor Ferenczi Joseph Wortis Arnold Zweig	Colleague, rival Colleague, rival Colleague, rival Colleague Colleague Colleague, friend Colleague Acquaintance?
30) Marie Bonaparte	1925	Roger Money-Kyrle Arnold Zweig	Colleague Acquaintance?
32) David Brunswick	1927	Mark Brunswick Ruth Mack Brunswick	Brother Sister-in-law
33) Dorothy Burlingham	1927	Edith Jackson Max Eitingon Ludwig Binswanger	Collaborator Colleague Acquaintance?
35) Eva Rosenfeld	1929	Anna Freud	Collaborator, friend
36) Edith Jackson	1930	Martin Freud	Close friend
37) Irmarita Putnam	1931	Ives Hendrick	Colleague
40) Joseph Wortis	1934	Hilda Doolittle	Fellow analysand

と，分析外での接触や私的な関係をも許容し，被分析者を支えていこうとする精神分析家フロイトの姿がある。われわれが見出すものは，教条主義的な態度を排した柔軟で寛容な治療者としてのフロイト像である。

III　精神分析的な成功例，失敗例，精神分析そのものが外傷となってしまったフロイトの事例

ここで問われなければならないことは，こうしたフロイト自身による，技法論的原則を無視したかのような臨床的なアプローチが，被分析者にどのような影響を与えたかであろう。多くの研究者が，関心を向けるのは，まさしくこの一点であり，技法原則に制約されないフロイトの被分析者に対する関わり方が，成功，失敗，挫折，等々といった結果に，どのような効果・影響をもたらしているかである。それらをここで検討することで，フロイトの技法原則からの逸脱，あるいはそれに束縛されない柔軟なアプローチの意義と評価を，解説者は行いたいと思う。別の言い方をするならば，フロイトの姿勢が，被分析者に好ましい影響，すなわち治療的な成功をもたらしているのか。あるいは，好ましくない影響，率直に言って，失敗例となってしまったのか。場合によっては，フロイトの分析によって，大きなダメージを受け，それが生涯の損傷ともなってしまったかである。

1. 治療的に成功とみられる被分析者のグループ（フロイト先生の"お気に入りたち"Freud's favorites）

ここには，ねずみ男（Ernst Lanzer）(Freud 1955)，狼男（Selgius Pankeijeff）(Gardiner 1971)，前述した教育分析におけるヘレーネ・ドイチェ（Helene Deutsch）(Deutch 1973)，スマイリー・ブラントン（Blanton 1971），ジョアン・リヴィエール（Joan Rivière），ルース・ブルンスウィック（Ruth Brunswick）(Gardiner 1971, Roazen 1976)，マリー・ボナパルト（Marie Bonaparte）(Bertin 1982)，アブラム・カーディナー（Abram Kardiner）

(Kardiner 1977)，文学者であり，詩人でもあったヒルダ・ドゥリトル（Hilda Doolittle）（Doolittle 1956），等々が入るであろう。

　ここに名前を列挙した被分析者たちには，共通した傾向が見出せる。これらの被分析者たちは皆，フロイトに対して，強い敬意の念と，フロイトが成し遂げた業績への畏敬の念を持ち，フロイトの方法論（自由連想法）に対しても，従順な態度で取り組んだ。こうした被分析者に対しては，フロイト自身も，彼らの理想化に積極的に応え，人間の勇気と英知を追求する"導師の姿"をも，示すのであった（理想化転移）。また，被分析者たちが抱く劣等感や自信欠如に対しても，温かい言葉を投げかけたり，また彼らが多くの挫折と苦境を乗り切ったことを率直に褒めてあげ，彼らの努力に支持を表明している（共感と受容）。さらには，フロイトが老年を向かえて，重い病（癌）が進行する中でも，その苦痛に弱音を吐かず，自らの学問と信念で立ち向かう勇敢なフロイトの姿勢は，被分析者の心の中に，自らの困難をフロイトとともに乗り越えてゆくという"共同作業者・盟友"というような感情すら生み出していたのであった（相互性・連帯者）。

　さらに，時としては，分析外での接触，プレゼントや会食，私的な手紙の交換，被分析者家族との会食や面談，等々を通して，彼らに対して，さまざまな励ましや自信を与えるように，フロイトは配慮している。こうした分析外での関係（Extra analytic relations）は，本来であればフロイト自身が技法論上，適切なものとはみなさなかったものである。

　これらの被分析者たちの記録を読むと，一様にフロイトとの出会いが，自らの人生にとって，いかに大きな意味と価値を持っていたかを述べている。彼らが，フロイトの持つ洞察力，知的集中力，共感力，ユーモアと巧みな冗談，温かさと配慮，そして親切に，感謝を示していることは，十分に理解できることである。そして精神分析的に見て興味深い点は，これらの被分析者たちは，その表現の仕方はそれぞれ異なるものの，自分が「フロイトのお気に入り」（Freud's favorite）であったということを自認しているのが特徴である。

2. 治療的に失敗例とみられる被分析者のグループ

　このグループには，間違いなく，ドラ（本名は，Ida Bauer）(Mahony 1996)，ジョゼフ・ウォルティス（Joseph Wortis）(Wortis 1954)，ダヴィッド・ブルンスウィック（David Brunswick）(Roazen 1976, 1995) らが入るであろう。

　これらの被分析者たちは，フロイトの権威に従属せず，フロイトの指示や解釈に対して，時として，反発や反論をしたり，疑問を投げかけたりしたのである。こうした被分析者に対しては，フロイトは，懐疑的となり，心理的に距離を置く。当然のことながら，被分析者から発する疑問や批判は，"抵抗"とみなされて，徹底的に分析される。また被分析者に対するフロイトの距離を置いた姿勢への被分析者の混乱した感情は，すべて転移とみなされて解釈の対象とされてしまう。こうした被分析者たちに対して，フロイトは，転移と抵抗の解釈に専心し，"技法論の権化"のような姿で臨むのである。残念ながら，フロイトのこうした被分析者への非共感的な関わり方は，治療的な成果を挙げることができなかったばかりか，フロイトへの批判と反感が，彼らの心の中に強く残ってしまったことが，彼らの残した記録から，十分に推測ができる。

　ウォルティスは，確かに抑圧の機制の強い人であることは，ウォルティスの『フロイト体験』(Wortis 1954) からも読み取れる。しかしウォルティスは，「自分自身は病者でもなく，精神分析家になることを考えている訳でもなく，自由連想法を実地に体験することから精神分析を深く理解し，またそれを精神医学や他の学問領域で活用していきたい」と考えていた。ウォルティスは，学問的に熱心であり，彼の熱意は，それ相応に評価されてしかるべきであろう。また，彼がフロイトに対して発する学問的な質問は，真剣なものであり，フロイトはそれに対して，真摯な気持ちで対応するべきであった。しかしながら，このようなフロイトを崇拝せず，エリスや他の精神医学の権威と同列におき，自由連想法を深層心理へ近づく絶対的な方法と認めず，精神分析に対しても相対的な態度を取り，精神分析家となってフロイトの伝道者の道を進むことを否定するウォルティスに対して，フロイトは懐疑

心を持ち，それらをすべて"抵抗"として，切り捨ててしまうのである。その結果は，お互いにとって散々なものであった。

　ウォルティスの『フロイト体験』の訳者解説の中で，前田重治は，ブラントンやドゥリトルの分析体験とのあまりの違いに驚きを隠さない。「そこに展開されている分析過程が，分析家の思惑通りに進展していなくて，お互いに難渋していることである」。「他の二人と対比して，ウォルティスの分析の特徴を一言で名付けるのなら，〈フロイトとの対立〉，あるいは〈フロイトへの大抵抗〉とでも言えようか……」。さらに続けて「なまじフロイトから精神分析を受けたりしなければ，傷つくこともなくて，ウィーンでの研究生活を楽しめたであろうに，という思いがする。やはり精神分析には，むいている人とむいていない人がいるのだな，と感慨が起こってくる」という前田重治の指摘は，フロイトとウォルティスとの良好でなかった関係を，見事なまでに言い表しているであろう。

　ドラを見ても，ウォルティスの場合でも，被分析者が発する疑問や反論は，フロイトの逆鱗に触れて，不快感と怒りを引き出し，その結果，それらは，原則的な立場から「抵抗」とのみ見なされ，徹底的に解釈と分析が加えられる。第一の成功例グループに見られるような，フロイトの側から技法原則にとらわれない柔軟な臨床的アプローチを試みることはない。共感性や受容性，心理的支持を見出すことも，これらのグループにおいては非常に困難である。また分析外部での接触も形式ばった儀礼的なものとなる。

3.　精神分析体験そのものが損傷・災難となってしまったグループ

　この代表例は，オバーンドルフ（Clarence Oberndorf）（Oberndorf 1953）やフリンク（Horace Frink）（Warner 1994），マーク・ブルンスウィック（Mark Brunswick）（Roazen 1995）である。オバーンドルフに関して，詳しいことは知られていないが，夢の解釈をめぐって激しい対立が生じ，その結果フロイトから一方的に分析の中断を言い渡されたそうである。そのため，フロイトとの精神分析的な体験が，無価値であったと結論づけている（Oberndorf 1953）。

比較的によく知られている失敗例は，アメリカの精神科医フリンクに対する分析である。フロイトは，かつてカール・ユング（Karl Jung）に向けたであろうような，過大な期待をフリンクに寄せ，アメリカにおける精神分析の普及に貢献する役割を望んだ。そのため，フロイトは，フリンクの私生活に多大に侵入し，彼の結婚生活を破綻させることになる。フリンクの分析において，深刻な問題となっていたのは，フリンクの結婚生活を巡る外的な問題だけではなかった。フロイトが，フリンクの将来に期待するあまり，フリンクが潜伏性の精神病（Warner 1994）を抱えていたことを見逃していた点にあった。フロイトは，そのことに長く気が付かず神経症水準の転移解釈に集中し，それはその後，フリンクの精神病的な破綻を引き起こすことになってしまった。

　フロイトのフリンクへの分析は，今日，詳しく研究されているが，フロイトの「精神分析的野心」に基づいた，過剰なまでの私生活への干渉，とても治療的関与とは言い難いフリンクの実際的な人生への介入，さらにフリンクの潜伏性精神病の軽視は，大きな過失であったと，厳しい評価がくだされている（Warner 1994）。

　第三のグループを検討して，何よりも驚かされることは，フロイトが，被分析者の私生活や家族関係にまで，深く侵入していることである。それは現在において精神分析的関与と呼べる範囲を，はるかに超えている。被分析者の結婚や離婚，大学進学，将来の職業選択に対しても，強く指示を与えている。そうしたフロイトの介入や指示は，きわめて支配的であり，場合によっては独裁者的ですらあった。そこに現れたフロイトの姿は，技法論において推奨された，禁欲，分別，中立性，匿名性とは，際立って対照的なフロイトの権力者的行動であった。

IV　相互主体性（間主観性）（Intersubjektivität）
（Husserl 1936，広松 1972，及川 1975）

　このように，約50例に及ぶフロイトの精神分析例を通して，フロイト臨床の実態を詳細に検討し，成功例，失敗例，その他の挫折例に接した時，われわれはいったい何を学び取ることができるだろうか。

　とりわけ，フロイトの成功例に属する被分析者たちが，多くのことを示唆している。治療的に改善したり，成果を上げたと見なし得る「成功例」においては，ある共通した被分析者に対するフロイトの態度が見出せる。こうした被分析者との関係の中で，フロイトは，きわめて共感性と受容性に富み，理想的な教師像・東洋哲学的な導師像を示し，力強く，それでいてユーモアに溢れ，分析外部で世話を焼いたり面倒を見たりすることをも厭わない，情愛のこもった態度である。このグループにおいては，フロイトへの尊敬の念に溢れ，フロイトの自己愛を大いに満たしている。このような関係が，構築された際，フロイトは，共感的で支持的で，被分析者の感情の表出に対しても，穏やかに対応し，決して解釈を押し付けることはしない。また抵抗に対しても，フロイトは忍耐強く対応しているのが見て取れる。第一のグループに対しては，フロイトは"教科書的な技法"にまったく束縛されていない。

　成功例に属する被分析者たちからしてみると，フロイトの精神分析療法において，重要だったことは，何よりも第一にフロイトの存在（分析家）にあった。フロイトは，被分析者のこうした理想化の受け手としての機能を，自然に担った。被分析者が投げかける理想像（父親像，教師像，指導者像，東洋哲学的な表現をすれば，導師・尊師）であった。

　第二には，フロイトが，被分析者の心理的な困難や問題に，心からの共感を示したことである。被分析者たちが抱いている不安や孤独を，真に受容し，無意識の解釈を一方的に押し付けるだけではなく，自信の欠如には支持的な言葉を投げかけては勇気付け，手紙やプレゼントの交換，等々，面接室内外での接触や交流を通して，被分析者たちが，より自己実現を図るための好ましいさまざまな配慮を行っていたことである。

さらに第三には，自由連想法によって，被分析者たちが，自分自身の気持ちや感情を，何物にもとらわれることなく，制限を受けることなく，分析家に対して自由に表現できるという「精神分析的設定と枠組み」が"治療的威力"を発揮する。そうした自由なコミュニケーションは，分析家と被分析者との間に強い信頼感と連帯感を生み出す。

　要約するならば，分析家が被分析者の理想化の受け手となること，分析家が被分析者の苦しみに対して，共感的・受容的に接すること。そして転移の解釈や抵抗の分析を無理強いしないこと。これら2点に加えて，第三の点，すなわち非権威的で自由なコミュニケーションが重要な要因となる。まさしくこのような精神分析的関係性が，最も治療的であったのである。

　ここで解説者が述べた，精神分析療法において，成果を挙げるための重要な要因として取り上げた3点に関しては，「関係論的精神分析」に立つルイス・ブレガー（Louis Breger）（Breger 2009）や，ハインツ・コフート（Heinz Kohut）の「精神分析的自己心理学」（Psychoanalytic Self-Psychology）（Kohut 1984）の観点から，フロイト症例を再検討したバリー・マギッド（Barry Magid）（Magid 2002）の認識とも共有するものがある。

　フロイトが強調して止まない，「無意識の解釈や転移の分析を通して獲得される知的な洞察」は，精神分析療法にとっての重要な構成要素であるとしても，それが精神分析的関係（フロイト的構造，ジャック・ラカン（Jacques Lacan 1953））の全体・総体ではないのである。これらの厳然たる事実を，フロイト臨床の実態は，われわれに明らかにしてくれているのではないだろうか。

　こうしたフロイト臨床の実態とフロイト〈原〉技法を，検討してみた場合，フロイトによる精神分析療法の本質的な面と，それの今日的な意義が明瞭となってくるのではないだろうか。1972年に馬場が精神分析の〈相互主体性〉に言及しているが（馬場1972），それに先立つこと20年前（1953年），フランスの精神分析家ジャック・ラカンが，第1回ゼミナールで「ねずみ男」を解釈する中で，次のように語っている。「現在の我々にとって精神分析技法とは，治療過程において精神分析の本質として現実的に現れてく

る，〈相互主観的関係〉（intersubjectivité）に目を据えることを基盤にしています。そして，被分析者自身の中で確立されてくる過去と現在の関係，つまり被分析者の歴史の再構成を第一に踏まえるわけで，その上に立って，被分析者の人格がどのように構成されたのか解釈を与える場合でも，あくまで現実の〈相互主観的関係〉を通じてのことなのです」（Lacan 1953）と述べ，精神分析的な枠組みとプロセスの前提となるものとしての相互主体的関係性を強調する（小此木・及川 1981）。

　フロイトの症例の"再検討"は，フロイトと被分析者との間において，相互主体的な関係性を築けたか否かが，大きな要因になっていることを示している。こうした相互主体的関係を基盤として，意識と無意識，転移と逆転移，解釈と共感，対象関係と対人関係，内的現実と外的現実，等々の精神分析的な作業が展開可能となるのである。<u>精神分析的関係性とは相互主体性に，他ならない。</u>

む す び

　1980 年に刊行された原著『Freud and His Patients』の「まえがき」を読むと，ダウンステート研究所の創設 25 周年記念（1974 年）の誇りと自信，そして将来にわたり継続的に発展させてゆくことが可能になるという自負心が伝わってくる。そこから，その当時における，米国における精神分析学の存在感と影響力の大きさが推測できよう。

　しかしながら，このような米国精神分析の黄金時代を誇示するかのように，本書が出版された 1980 年は，現時点から見ると，皮肉なことに精神分析がその影響力を失い，下降線の一途をたどり始めた年でもあった。1980年は，アメリカ精神医学界が，「症状学・診断学」を重視して，『DSM-Ⅲ』を刊行し，精神分析的・精神力動的精神医学と，明確な距離を置こうとし始めた年であった。そしてその流れは，新クレペリン主義として，2013 年の『DSM-5』の刊行に至るまで，不変である。さらに，その 8 年後，SSRI が開発されて，向精神薬 Prozac が，一大社会ブームとなった。精神医学は，「症

状学・診断学」が中心となり，生物学的精神医学へと強く傾斜し，精神分析療法よりも向精神薬による治療に比重が移ってゆく。そして臨床心理学，精神療法の分野でも，行動修正療法，家族療法，認知行動療法，さらに各種カウンセリングが普及・拡大し，精神分析的精神療法は，影の薄い存在となり果ててしまった。

　現時点（2015）で，原著を手にしてみると，編集者マーク・カンザー，ジュール・グレンの意図であった精神分析のさらなる発展という意図よりも，その存在価値を失ってしまい，過ぎ去ってしまった黄金時代への郷愁を引き起こすような趣すら漂ってくる。

　このような今日的状況にあっても，フロイト的臨床を検討し，再構築する意義はどこにあるのだろうか。精神分析学が臨床の現場に対して，未だに提供できる何がしかの価値や意義が残っているのだろうか。そうした疑問に対して，解説者は，フロイトが構造的に開示した〈臨床における相互主体性〉という"概念枠"（認識論的枠組み）を強調したい。臨床的な作業の根幹を相互主体的関係性に据えた精神分析学の視点は，21世紀の今日にあっても，精神科医療・心理臨床において，さまざまな学派や立場を超えて，臨床に関わるものにとって根源的なテーマを提出している。

　またあえて付け加えるならば，昨今話題になることが多い「発達障害」「高機能自閉症」『自閉症スペクトラム障害』を解明し治療的な関与を可能にする上でも，この相互主体性は，T.O.M.（Theory of Mind）の先駆的な概念とも見なしうるからである（齊藤 2012）。フロイトの臨床的実態と〈原〉技法の再検討は，これらの視点に立つならば，将来においても存在意義を有する。

参考文献

Arlow, J. (1991) Address to the graduating class of the San Francisco Institute. The American Psychoanalyst, 25 ; 15-21.
馬場謙一 (1995) あとがき．（マーク・カンザー，ジュール・グレン編）フロイト症例の再検討Ⅰ．金剛出版．
Bertin, C. (1982) La Dernier Bonaparte. Paris, Librairie Perrin.
Blanton, S. (1971) Diary of My Analysis with Sigmund Freud. New York, Hawthorn.（馬

場謙一訳(1972)フロイトとの日々．日本教文社)
Breger, L. (2009) A Dream of Undying Fame : How Freud Betrayed His Mentor and Invented Psychoanalysis. New York, Basic Books.
Coach, A. (1999) Therapeutic Functions of the Real Relationship in Psychoanalysis. The Psychoanalytic Study of the Child, 54.
Deutch, H. (1973) Confrontations with Myself. New York, WW.Norton. (岸田秀訳 (1974) 自己との対決．河出書房新社)
Doolittle, H. (1956) Tribute to Freud. New York, Pantheon Books. (鈴木重吉訳 (1983) フロイトにささぐ．みすず書房)
Fallend, K. (1995) Sonderlinge, Träumer, Sensitive. Psychanalyse auf dem Weg zur Institution und Profession. Wien, Jugent & Folk.
Federn, P. (1956) Ichpsychologie und die Psychosen. Huber, Bern/Stuttgart.
Freud, S. (1913) On beginning the treatment : further recommendations on the technique of psycho-analysis, I. in Complete Psychological Works, standard ed, vol 12. London, Hogarth Press, pp.121-144.
—— (1917a) Introductory lectures on psycho-analysis (1916-1917 [1915-1917]), part III, lecture XXVIII : analytic therapy. Ibid, vol 16, pp.448-463.
—— (1917b) Introductory lectures on psycho-analysis (1916-1917 [1915-1917]), part III, lecture XXVII. transference. Ibid, vol 16, pp.431-447.
—— (1919) Lines of advance in psycho-analytic therapy [1918]. Ibid, vol 17, pp.157-168.
—— (1926) The question of lay analysis. Ibid, vol 20, pp.179–258.
—— (1937) Analysis terminable and interminable. Ibid, vol 23, pp.211-253.
—— (1940) An outline of psycho-analysis [1938]. Ibid, vol 23, pp.141-207.
—— (1955) Notes upon a case of obsessional neurosis [1909]. Ibid, vol 10, pp.153-318.
—— (1958a) Papers on technique [1911-1915]. Ibid, vol 12, pp.109-120.
—— (1958b) Recommendations to physicians practising psycho-analysis [1912]. Ibid, vol 12, pp.109-120.
Gardiner, M. (1971) The Wolf Man by the Wolf Man. New York, Basic Books. (馬場謙一訳 (2014) 狼男による狼男—フロイトの「最も有名な症例」による回想．みすず書房)
Grubrich-Simitis, I. (1986) Six letters of Sigmund Freud and Sándor Ferenczi on interrelationship of psychoanalytic theory and technique. The International Review of Psycho-Analysis. vol 13.
Greenson, R. (1968) The "real" relationship between patient and psychoanalyst. In : Kanzer, M.(ed). : The Unconscious Today. New York, International Universities Press.
広松渉 (1972) 世界の共同主観的存在構造．勁草書房．
Husserl, E. (1936) Die Krisis der europäischen Wissenschaften und die transzendentale Phänomenologie. Eine Einleitung in die phänomenologische Philosophie. : Husserliana, Edmund Husserl Gesammelte Werke, Band VI. 1976. Heidelberg, Springer.
Kardiner, A. (1977) My Analysis with Freud : Reminiscences. New York, Harper.
Kohut, H. (1984) How Does Analysis Cure? Chicago, London, University of Chicago Press.
Lacan, J. (1953) Le Mythe individuel du névrosé ou "poésie et vérité" dans la névrose, Centre de Documentation Universitaire. (新井清訳 (1973) 神経症における〈詩と真実〉．月刊みすず，168号)

Leitner, M. (2001) Ein gut gehütetes Geheimnis. Die Geschihite der psychoanalytischen Behandlungs-Technik von den Anfängen in Wien bis zur Gründung der Berliner Poliklinik im Jahr 1920. Gissen.

Lipton, S.D. (1977) The advantages of Freud's technique as shown in his analysis of the Rat Man. The International Journal of Psychoanalysis, 58 ; 255-273.

―― (1979) An addendum to "The advantages of Freud's technique as shown in his analysis of the Rat Man." The International Journal of Psychoanalysis, 60 ; 215-216.

―― (1983) A critique of so-called standard psychoanalytic technique. Contemporary Psychoanalysis, 19 ; 35-46.

Lynn, D. & Vaillant, G.E. (1998) Anonymity, neutrality, and confidentiality in the actual methods of Sigmund Freud. The American Journal of Psychiatry, 155(2) ; 163-171.

Magid, B. (2002) Freud's Case Studies : Self-Psychological Perspectives. Analytic Press.

Mahony, P. (1996) Freud's Dora, A Psychoanalytic, Historical, and Textual Study. New Heaven, Yale University Press.

May, U. (2006) Freuds Patientenkalender : Sieben Analytiker in Analyse bei Freud (1910-1920). Zeitschrift zur Geschichte der Psychoanalyse, 37. Tübingen.

―― (2007) Neunzehn Patienten in Analyse bei Freud (1910-1920). Psyche-Zeitschirift für Psychoanalyse, 61.

Momigliano, L.N. (1985) Una stagione a Vienna : ma Freud era freudiano? studia, senza retorica, il modo di lavorare di Freud con i suoi pazienti, che scopre assai poco "ortodosso" I at .P.A. Congress.

―― (1992) L'esperienza condivisa : saggi sulla relazione psicoanalitica. Milano, Raffaello Cortina Editore.

Oberndorf, C.P. (1953) A History of Psychoanalysis in America. New York, Grune & Stratton.

及川卓（1975）精神分析学における相互主体性（Intersubjektivität）．法政大学文学部．

小此木啓吾，及川卓（1981）臨床的問題としてのLacan．現代思想，9 ; 8.

Roazen, P. (1976) Freud and His Followers. New York, Alfred Knopf.（岸田秀・他訳（1988）フロイトと後継者たち．誠信書房）

―― (1993) Meeting Freud's Family. University of Massachusetts Press.

―― (1995) How Freud Worked. Northvale, NJ, Jason Aronson.

齊藤万比古（2012）発達障害について．日本青年期精神療法学会講演．

Warner, S.L. (1994) Freud's analysis of Horace Frink, MD : a previously unexplained therapeutic disaster. The Journal of the American Academy of Psychoanalysis, 22 ; 137-152.

Wortis, J. (1954) Fragments of an Analysis with Freud. New York, Simon & Schuster.（前田重治訳（1989）フロイト体験．岩崎学術出版社）

監訳者あとがき

　本訳書は，Freud and His Patients. edited by Mark Kanzer and Jules Glenn. Jason Aronson, New York, 1980. の第Ⅳ部と第Ⅶ部の翻訳である。原著のⅠ，Ⅱ，Ⅲ部は「フロイト症例の再検討――ドラとハンスの症例」と題して，Ⅴ，Ⅵ部は「シュレーバーと狼男」と題して，いずれも金剛出版からすでに刊行されている。したがって，今回でようやく原著の全訳が完成したことになる。

　原著 Freud and His Patients は，後のニューヨーク精神分析協会の母体となった組織 Downstate Psychoanalytic Institute の創立25周年を記念して刊行された。原著は450ページを越す大著であるために，金剛出版の中野久夫氏の発案で，訳書は三冊に分けて発行されることになった。それで安心したわけではないが，今回の全訳の完成までには，予想以上の長年月を要してしまった。多忙な臨床と教育のはざまの仕事であったので，止むを得ない点も若干はあったが，そのような言い訳が許されるはずもない。とにかく，長年にわたって根気強くお待ち頂いた金剛出版の皆さんと，倦きずに協力を続けてくださった共訳者の方々に，深くお詫び申し上げる次第である。

　本訳書は，症例ねずみ男を扱った第Ⅰ部と，フロイト症例の全体（ドラ，ハンス，シュレーバー，狼男，ねずみ男）を総合的に論じた第Ⅱ部とから成っている。第Ⅱ部には，補遺として症例の手際の良い要約も併載されているので，読者はまず第Ⅱ部を読まれて，症例全体の予備知識と問題点を整理されてから，第Ⅰ部をお読みになる方が，理解に便かとも思われる。

　ねずみ男は，フロイトが1907年10月から約11ヵ月間精神分析治療を行った強迫神経症患者である。フロイトはこの治療経験を1907年と1908年のウィーンとザルツブルクの学会で報告し，1909年「強迫神経症の一例に関する考察」と題する論文にまとめて発表した。

　本訳書では，フロイトが転移関係に対して十分な配慮をしていなかったこ

と，食事に招くなど私的で能動的な関わりを持って，分析的治療関係を逸脱したこと，等々の批判が展開されている．しかし転移の概念が未分化で，自我心理学の成立までなお十余年を残す当時にあって，本論文が強迫神経症患者の精神病理学，および精神分析的理解に寄与するところは甚だ大きかったと言わなければならない．

すなわち，強迫神経症の精神病理としては，疑惑癖，思考の万能，愛に対する不信，アンビヴァレンス等が指摘され，精神分析的には，反動形成，置き換え，分離，肛門サディズム段階への退行，現実行動から思考への退行，思考現象の性愛化などが明らかにされた．

また，父親との同一化をめぐる葛藤が深刻で，自分の愛を貫くか，それとも父親のように金持ちの娘と結婚すべきか，といった青年期的課題も背景にあったことを伝えていて，興味深いものがある．

本訳書は，初めの第Ⅰ部を児玉が，第Ⅱ部を馬場が担当して翻訳し，ついで訳稿を交換して相互に検討を重ねた．途中，仕事の遅れに業をにやされてか，中野久夫氏が第Ⅱ部第8章の前半部を自ら翻訳して届けてくださった．また第Ⅱ部第9章と第10章については，岡元彩子氏が初訳を御担当くださった．両氏には，大きな御助力を賜わったことに対して，心からの感謝を捧げます．

2014 年 12 月
馬場謙一

■訳者略歴

馬場謙一（ばば　けんいち）［第Ⅱ部担当，監訳］

1934年，新潟県に生まれる。東京大学文学部，慶應義塾大学医学部卒業。斎藤病院勤務，ゲッチンゲン大学研究員，群馬大学，横浜国立大学，放送大学，中部大学の教授を経て，現在，南八街病院，上諏訪病院勤務。

著書：『精神科臨床と精神療法』（弘文堂），『精神科の窓から』（日本教文社）
編著書：『臨床心理学』（弘文堂），『青年期の精神療法』（金剛出版），『心の病』（開隆堂出版），『神経症の発症機制と診断』（金原出版），『スタートライン臨床心理学』（弘文堂）
共編著書：『日本人の深層分析』（有斐閣），『医療心理臨床の基礎と経験』（日本評論社）
訳書：I・ドイッチュクローン『黄色い星を背負って』（岩波書店），G・ベネデッティ『精神分裂病論』（みすず書房），S・フロイト『精神分析入門』（共訳，日本教文社），G・ブランク『精神分析的心理療法を学ぶ』（監訳，金剛出版）など。

児玉憲典（こだま　けんすけ）［第Ⅰ部担当］

1944年，東京都に生まれる。1974年，早稲田大学大学院心理学専攻博士課程修了。医学博士。2010年，杏林大学医学部心理学教授，精神神経科学併任教授を定年退職。専攻は臨床心理学。臨床心理士。

訳書：S・タラチョウ『精神療法入門』（川島書店），P・Cホートン『移行対象の理論と臨床』（金剛出版），E・R・ヒルガード『ヒルガード　分割された意識』（金剛出版），P・ブロス『息子と父親』，M・プリンス『失われた私をもとめて』（学樹書院），K・ダルトン『PMSバイブル』（学樹書院）など。

■解説者略歴

及川　卓（おいかわ　たく）

1951年，東京に生まれる。1975年，法政大学文学部哲学科卒業。1982年，駒沢大学大学院博士課程心理学専攻修了。現在，及川心理臨床研究所・所長。専攻：臨床心理学，精神分析学，セックスとジェンダーに関する臨床研究，臨床心理士，日本性科学会認定セックスセラピスト。1990年～1993年，Archives of Sexual Behavior, Editorial board（国際編集委員）。

共著書：『The Homosexualities:Reality, Fantasy, and the Arts.』（International Universities Press, New York.），『家族精神医学』第3巻（弘文堂），『青年期の精神療法』（金剛出版），『臨床心理学大事典』（培風館），『DSM-5を読み解く』第5巻（中山書店）など。
訳書：アンリ・エー『無意識』第1巻，第4巻（金剛出版），米国精神分析学会『精神分析学の新しい動向』（岩崎学術書店）など。

「ねずみ男」の解読
――フロイト症例を再考する――

2015年7月 1 日印刷
2015年7月10日発行

編　者　マーク・カンザー
　　　　ジュール・グレン

監訳者　馬場　謙一

訳　者　児玉　憲典

発行人　立石　正信

発行所　株式会社 金剛出版
　　　　〒112-0005　東京都文京区水道 1-5-16
　　　　電話 03-3815-6661　振替 00120-6-34848

装丁　臼井新太郎
装画　鈴木恵美
組版　志賀圭一
印刷・製本　三報社印刷

ISBN978-4-7724-1427-2　C3011　　　Printed in Japan ⓒ 2015

転移分析
理論と技法

［著］=マートン・M・ギル　［訳］=神田橋條治　溝口純二

●A5判　●上製　●190頁　●定価 **3,400**円+税
● ISBN978-4-7724-0915-5 C3011

フロイトをはじめ多くの分析家の文献を引用しながら，
精神分析技法の核である転移分析の実際を情熱的かつ論理的に説いた，
転移分析についての詳細な臨床研究書。
ギルの主著であり，転移に関する文献として必ず引用される現代の古典。

フロイト再読

［著］=下坂幸三　［編］=中村伸一　黒田章史

●A5判　●上製　●260頁　●定価 **4,000**円+税
● ISBN978-4-7724-0971-1 C3011

雑誌連載中から評判の「フロイト再読」を中心に編まれた著者最後の論文集。
現代社会に生きる患者のもつ難しさに対し，著者は古典から学び，
その英知を生かした独自の「常識的家族面接」で応じた。
温故知新という言葉がぴったりの一冊。

セラピストと患者のための
実践的精神分析入門

［著］=オーウェン・レニック　［監訳］=妙木浩之

●A5判　●上製　●220頁　●定価 **3,400**円+税
● ISBN978-4-7724-1000-7 C3011

米国精神分析界を永らく牽引してきたレニック初の単著。
フロイト以降の精神分析理論における前提理論を
症例とともに検証しながら，
治療者と患者との相互作用を解説した好著。

精神分析過程

［著］=ドナルド・メルツァー　［監訳］=松木邦裕

●四六判　●上製　●300頁　●定価 **3,800**円+税
● ISBN978-4-7724-1173-8 C3011

フロイト，クライン，ビオンと対話しながら編まれた，
ドナルド・メルツァーの第一著作にして最重要作。
転移-逆転移，投影同一化，地理上の混乱，精神分析の終結を巡って
精神分析過程を記述した精神分析家必読の書。

こころの性愛状態

［著］=ドナルド・メルツァー　［監訳］=古賀靖彦　松木邦裕

●四六判　●上製　●372頁　●定価 **4,800**円+税
● ISBN978-4-7724-1278-0 C3011

フロイトの精神分析思考を継承する精神分析的性愛論。
クラインとビオンを中継しながらフロイトの「性欲論三篇」を深化させ，
人間の本質としての「性愛（sexuality）」に迫った，
『精神分析過程』に次ぐドナルド・メルツァー第二主著。

現代クライン派精神分析の臨床
その基礎と展開の探究

［著］=福本修

●A5判　●上製　●304頁　●定価 **4,200**円+税
● ISBN978-4-7724-1343-5 C3011

クライン，ビオン，メルツァーへと継承され，
精神分析的精神療法の礎を築いた現代クライン派精神分析を巡って，
転移-逆転移，抵抗，夢解釈の概念，精神病圏，気分障害，などの症例を考察。
現代クライン派精神分析の臨床的発展を論じる。

シュレーバーと狼男
フロイト症例を再読する

［編］＝ジュール・グレン　マーク・カンザー　［監訳］＝馬場謙一

● A5判　●上製　●190頁　●定価 **2,800**円＋税
● ISBN978-4-7724-1021-2 C3011

人類の遺産ともいうべきフロイト症例（シュレーバー，狼男）を
読み解く知的冒険の試み。
執筆者たちの緻密かつあざやかな症例検討により，
フロイトの技法論，精神分析のキーワードの理解が深まる。

精神分析的心理療法を学ぶ
発達理論の観点から

［著］＝G・ブランク　［監訳］＝馬場謙一

● A5判　●上製　●200頁　●定価 **3,800**円＋税
● ISBN978-4-7724-1345-9 C3011

自我心理学的対象関係論，発達論による治療技法を
Q＆A形式で事例を交えて構成。
自らの実践を体系的に整理できるように編集され，
入門書でありながら経験豊富な分析家にも役立つ一冊。

[新装版] 再考：精神病の精神分析論

［著］＝ウィルフレッド・R・ビオン　［監訳］＝松木邦裕

● A5判　●並製　●200頁　●定価 **4,200**円＋税
● ISBN978-4-7724-1344-2 C3011

ビオン自身がケースを提示しつつ
精神分析と精神病理論について書いた8本の論文に，
自らが再び思索を深め〈Second Thoughts〉，詳しく解説を加えた一冊。
フロイトからクラインへと続く精神分析を理解するための必読文献。